| 10. Oktober 1986 | 1. September 1987 | 23. Oktober 1989 | 6. September 1990 | 22. Februar 1990 | 4. Dezember 1990 | 27. September 1991 | 27. November 1992 | 10. November 1993 |
| Einweihung | 1. Absenkung | 2. Absenkung | 3. Absenkung | 4. Absenkung | 5. Absenkung | 6. Absenkung | 7. Absenkung | letzte Absenkung |

### 鄭安齊

1985 年生於台灣台南，2012 年起暫居德國柏林，現為奧登堡大學藝術教育博士生、
柏林藝術大學脈絡中的藝術研究中心碩士。研究主要聚焦於藝術、（體制外）教育、
政治及社會之間的交互關係和張力；近年以團體的方式，於公共空間進行藝術計畫，
曾加入「不願面對的紀念碑─在『承重體』的藝術計畫」（柏林，2013），共同
發起「共造城市─都市規劃的民主想像」（台灣，2018、2019）。曾任《藝術家》
雜誌海外特約、駐德代表處文化組德國藝文生態系調研規劃調研助理、「不義遺址
標示系統設計規劃」案顧問，另撰寫文化政策及藝術相關文章，散見於藝文媒體。

### 沃時文化有限公司 cultime.co.ltd

沃時文化成立於 2018 年，由一群當代藝術、文學、電影、設計等不同領域的藝文工作
者所組成的工作團隊。我們藉由創造性的途徑，看見公眾視野之外的台灣歷史，透過文
化生產與人員培力，轉化知識為可共享之資源。

# 不只哀悼——
## 如果記憶◇有形狀

| | | |
|---|---|---|
| 作　　　　者 | 鄭安齊 |
| 編　　　　輯 | 陳韋臻 |
| 美 術 設 計 | 夏皮南 Hemsl Design |
| 資訊圖表設計 | 陳瑞秋 |
| 別冊美術編輯 | 張苑霖 |
| 校　　　　對 | 蔡喻安 |
| 審 稿 人 | 戴達衛 David Demes |
| 顧　　　　問 | 林佳和 |

| | |
|---|---|
| 發 行 人 | 蔡雨辰 |
| 出　　　　版 | 沃時文化有限公司 |
| | 台北市士林區大南路 369 號 23 樓 |
| | 官方網站：cultime.co |
| | 讀者服務信箱：info@cultime.co |
| 台 灣 經 銷 | 白象文化 |
| | 台中市東區和平街 228 巷 44 號 |
| | 電話：04-2220-8589 |
| | 傳真：04-2220-8505 |
| 製 版 印 刷 | 晶華彩色印刷有限公司 |

國家圖書館出版品預行編目 (CIP) 資料

不只哀悼：如果記憶有形狀 / 鄭安齊作 . -- 初版 . --
臺北市：沃時文化有限公司, 2022.06

　面；　公分

ISBN 978-986-96841-1-8( 線裝 )

1.CST: 德國史 2.CST: 紀念碑 3.CST: 公共建築

743.3　　　　　　　　　　　　　　111007676

## 現象書寫 - 視覺藝評專案

贊助　NCAF 國｜藝｜會　WAF 文心藝術基金會 Winsing Arts Foundation　蘇美智女士

ISBN — 978-986-96841-1-8　（線裝）
初版一刷－ 2022 年 6 月
定價－新台幣 720 元

# 不只哀悼——
## 如果記憶有形狀

作者　鄭安齊

# 目次

# 序言

然而，它不只是石壘；而是能言善道的雕刻。就好像每隔四十
公分寫下一個字。整座紀念碑超過七十公尺長，大約二十五公
尺寬，八到十公尺高，每個方向的每塊石頭一枚挨著一枚，緊
密排列，宛如一個個手寫字。〔…〕
我踏上這樣一條通道，它像個句子般通往中心，在那，是半毀
的聖殿，我凝視著那些托伸而出的石頭。它們和這塊海灘上的
無數石頭一模一樣，例外的是，在這裡，由於它們的排列方式，
它們說話，而且雄辯滔滔。

——約翰伯格，《留住一切親愛的》，2008

二〇一二年起，我開始暫居柏林求學。雖然在調查就讀系所時，就已因為
柏林曾經歷過的納粹暴政及兩德分裂，而對此地充滿探究的好奇，甚至於
報考的研究計畫之中，也將曾位於冷戰前線的台灣和柏林作了一番對照比
較。然而，在真正踏足柏林之後，所見所聞還是超乎原先的想像。

一般在引介紀念碑／物的事例時，德國多被視作一個正面的例子。誠然，
德國直接見證廿世紀歐洲兩大人權浩劫——納粹以及東德的極權統治。
柏林，不僅是納粹時期發動暴政的核心，亦在兩德統一重新成為首都後，
成為許多紀念碑、物、標誌、館舍設置及活動發生的重要地點，除了高密
度的歷史事件層理，更在多年的累積之下，擁有各式公設紀念機構、半官
方的基金會和廣布於各街區的民間組織，自民間到政府的層級，都留下了
許多工作的方法與經驗。因此，柏林是能夠直接見證各種紀念碑／物案例
的現場，也有最新的訊息或論辯。在德國的公共藝術製作的傳統之中，「紀
念碑／物」更是一項長期處於核心地位的母題。

但這並不是故事的終結，這整件事並未發展成「向德國學習」，本書亦並
非意圖對德國轉型正義中文化實踐的實作形式、工作方法，進行單純的移
植倡議。

當時我所就讀的學系「脈絡中的藝術研究中心」，研究課程包含了對於「紀

念碑／物」的探討，這在德國已然是特殊的工作領域，兩個教學重點區塊「公共空間中的藝術」及「與社會團體合作的藝術」，亦與轉型正義的文化實踐工作息息相關。此所成立於七〇年代末，正好是本書第一部第三章所提及的，德國歷史考掘工作自民間群起時；所上歷來許多教師與學生／畢業生進行的計畫，都與歷史反思有深刻的連結。

公共藝術及紀念地景課程的教授史蒂芬妮·燕德里西，對我啟發重大。她是一九七七年柏林的視覺藝術創作者職業工會成立「公共空間中的藝術辦公室」時的首任專員，提供公共藝術計畫的諮詢，並協助、陪伴計畫的成形，參與了許多重要紀念館舍及紀念碑／物設置的評審或顧問，熟知各項計畫實施的細節。

史蒂芬妮常說，若沒有民間率先發起的倡議和行動，便不會有後續紀念碑的設立。她總是以豐富的第一手資料和自身經驗，以高度批判的視角，審視德國在轉型正義工作上的文化實踐。這使我對於德國所設置的紀念碑／物不僅停留在正面肯認的認識，而是有機會深入其設置過程中的各種背景脈絡，理解其中缺失與複雜度。

因此，本書所談論的德國各式紀念工作中的文化實踐，並非單純以「模範」的方式出現。


## 轉型正義的文化實踐

本書的成形，源自於國藝會「現象書寫」研究案，原案名為「轉型正義的文化實踐」。名稱的第一部分雖然是台灣人當前耳熟能詳的「轉型正義」，但事實上，在德國並不使用「轉型正義」這個詞，較常出現的是「處理歷史」以及「超克過去」（或譯做「克服過去」）。

「超克過去」是一個德文語境中特殊的概念。這個複合字的直譯可理解做「面對」或「克服」（bewältigen）過去（Vergangenheit），而「bewältigen」這個動詞往往對應於帶有負面意涵的事情（譬如困境和創傷）。然而「超克過去」一詞在德國的使用亦非全無爭議，當中不免隱含了過往事件的處置已完成、已達終點之意，並且伴隨著一個群體的「正常化」，從而揮別過去、忘卻過往，與已逝的歷史不再有關係。因為上述緣故，部分學者或

相關工作者也偏向於採用詞義上更為中性的「處理歷史」。除此之外，若要強調其政治性，那麼便會有後綴「政治」的一系列概念，譬如「記憶／紀念政治」，但這些概念不若「處理歷史」以及「超克過去」專指德國兩次負面歷史（納粹以及東德）過往的處置。

在台灣，「轉型正義」這個詞最初的來源，可考察的文獻是二〇〇〇年葉俊榮主持的國科會研究專案《轉型正義初探》。從葉俊榮及其團隊引介的文獻，可追溯至美國政治學者尼爾·克里茲一九九五年出版的《轉型正義：新興民主國家如何處置前政權》系列書籍（葉俊榮，2000）。

所以台灣慣常使用的概念，與本書文章裡將會談到的德國實例，實則出自兩個不同體系。接下來的文章裡，也會隨著對個別紀念碑／物的介紹以及歷史脈絡的整理，旁註解釋德國語境下的各種概念，好使我們談論的各個案例有所本且不失其原意。唯有辨明這些不同的概念在各種脈絡下的發展，細查其間的長處與缺失，我們才能整理出最適合台灣現狀的應對方式。

研究題旨的第二部分所指的「文化實踐」，筆者將以探討紀念碑／物為主。他們的形式和手段並沒有特定的形貌，隨著政治的演進、技術的革新、藝術及美學策略的發展，乃至歷史事證的考掘累加而變換。書中選擇的案例大多位於柏林，此地正是德國歷史層理最為複雜之處，亦是德國政治經濟加上社會張力的集中地。除此之外，仍有為數眾多的案例廣布各處，就像不義的歷史也曾一度深入日常之中的方方面面一樣。曾有不義之處，就可能有碑。

當我們「紀念」漫漫歷史長河之中的特定事件或人物時，因為事件與人物皆無原本重現的可能，真正在思維當中浮現的，其實是當下的我們對於過去的「記憶」，形塑「記憶」之過程中卻必然有揀選與重構。

至此，便涉及書名的探問：記憶有形狀嗎？記憶顯然並不真的有形體。許多人都曾經有「睹物思人」或者是「觸景傷情」的經驗，然而好比電影《王牌冤家》[1]當中，以空間中物件的錯置或接連消失的畫面，來表現腦中記

---

1 原文片名援引詩人亞歷山大·波普的「詩句無瑕心靈散發永恆陽光」（Eternal Sunshine of the Spotless Mind）。

憶遭改動及刪除的場景。記憶難以把握，卻可能與特定的空間及物件相聯繫，並在人與這些空間、物件的互動之中被建構出來。

「紀念碑」這項用以幫助記憶的人工物，其意義也不若打造它的材料那樣固著不變。法國社會學家昂希・列斐伏爾提及紀念碑（Monument）時指出，紀念碑具有一特定或不確定的多重意義，一個不斷變化的層次結構，在這層次結構之中，紀念碑的不同意指，會在特定的行動下不時輪番地浮現。因此，「它既不是雕塑，也不是人像，亦不是單純物質材料塑造的成果」[2]。

皮耶・諾哈關於「記憶之所」的研究，則闡釋了物質性的紀念碑之所以存在的背後需求。諾哈將記憶分為兩種，一種是「活的記憶」，隱於行為、習慣或者身體的知識中，以人做為記憶的載體；另一種則是「轉化為歷史」的記憶，也是一種「檔案化的記憶」──這種記憶的狀態是，若其內在體驗愈稀薄，就愈需要外部支撐及有型標誌物的存在，以維繫記憶的存續，「之所以有記憶之所，正是因為已經不存在記憶的環境」[3]。

承續諾哈的假設，即「記憶之所」與「記憶的消失／不續存」的負相關（記憶愈是消失，人們愈需要「記憶之所」），阿萊達・阿斯曼試著釐清各種不同的「記憶」（Gedächtnis）：她將生動的、鮮活的回憶歸為「經驗記憶」；由媒介支撐、仰賴物質載體，並透過特定的實踐而得以存在的記憶，則歸於「文化記憶」。然而，文化記憶無法自行延伸承繼，需要一再重新協商、創設、傳介與習得。[4]

阿斯曼論述，記憶的過程，主要是個體自發且依循心理機制的一般規律，但在集體和制度層面，這些記憶過程則受到政策調控，無論是針對特定記憶或遺忘的政策。因此，文化記憶之生成，亦存在扭曲、簡化以及工具化的風險──正因如此，在這本書當中，除了介紹個別紀念碑的形式與美學語彙以外，公共的批判、反思與討論也占據了相當篇幅。也唯有這樣，我們才能夠不僅將目標局限於「能夠紀念」，而是以「不只是哀悼」為目標，更進一步地追問「該如何紀念」。

---

2　參見：Lefebvre, 1974: 222, 224.

3　參見：Nora, 1998: 21-22.

4　參見：Assmann, 1999: 11-23.

## 何謂紀念碑？

而究竟什麼是「紀念碑」？其概念出自何處又如何演變？

「紀念碑」最初的意義，便是為了幫助記憶而存在。現今德語文化圈中慣用的「紀念碑」（Denkmal）一詞[5]，是馬丁·路德於一五二三年翻譯《聖經》時，將拉丁語中的「monumentum」及希臘文中的「mnemosynon」譯作「Denkmal」，帶有「幫助記憶」或是「記憶的支柱」之意。[6]十九世紀格林兄弟編纂的《德語字典》則定義「Denkmal」一詞為：「紀念人、物或重大事件的建物、立柱、雕像、畫像、墓丘，譬如勝利的戰役」或者是「用於紀念／追憶的物件」。[7]

約莫同時期的一八三八年，象徵當時「德意志民族」對於認同和統一之追求的〈赫爾曼紀念碑〉[8]，也於德特摩德郊區的所謂「條頓堡森林」一帶開始起建。這座紀念碑總高度近五十四公尺，單雕像就超過二十六公尺。這座紀念碑興建的時期，恰與格林兄弟編纂字典以及德意志國族意識形塑、建立現代國家約莫同時，無論是語言、文字的確立又或是紀念碑的建立，都是塑造共同體認同乃至國族意識的重要一環。

德語世界至今權威的《杜登辭典》則給予「Denkmal」兩種解釋：第一個是「為紀念一個人或者事件而建造的大型造形呈現；亦寫作Monument」，另一個則是「保存下來，能證成過去的文化的（藝術）作品」。前者較接近我們所理解的紀念碑，後者則帶有文化資產的意思。

---

5　英語文化圈中所使用的概念「Memorial」對應到的德語字詞較偏向「Gedenkstätte」。也就是說，在德語的概念之中，「Gedenkstätte」既可指紀念館，亦可指紀念碑，它所記憶的對象較傾向與死亡、毀壞及災難有關。相對而言，另一於英語中所使用的概念「Monument」則與德語中的「Monument」一樣來自拉丁語，或可在德語的概念中對應於「Denkmal」。不可忘的是這些字詞多帶有複數的意涵，需佐以使用者及使用當下的脈絡的資訊，才能更為清晰地理解特定狀態下所代表的意義。

6　參見：Scharf, 1984: 8; Wijsenbeek, 2010: 23.

7　參見：Kompetenzzentrum Trier, 2021.

8　原名為「阿米尼烏斯」（拉丁文），後因建構民族認同之需，被改賦予德語名稱的赫爾曼，是現代德國建立其起源論時的一個重要角色。

許多不同的字，其意義皆可為「紀念碑／物」，舉凡最常見的「Denkmal」「Mahnmal」「Gedenkzeichen」「Gedenkstätte」等。除此之外，在德語的使用當中，尚有數個詞語，都能約略指向「紀念碑」的意思，如「Monument」「Ehrenmal」及「Mahnmal」等。三者幾乎與「Denkmal」同義，但又各有差別：「Monument」字源來自於拉丁語[9]，帶有傾向「雄壯」「巍峨」的意涵；「Ehrenmal」則是意謂為紀念重要人物或在戰爭中犧牲者而豎立的大型紀念碑，它的字首「ehren」帶有榮耀、彰顯功績之意，也就是說，冠有「Ehrenmal」一字的紀念碑，較偏向正面讚頌的紀念；至於「Mahnmal」的字首「mahnen」則有警醒和勸誡之意，是較晚近的概念，於二戰終戰後才開始使用，結合了「不再重蹈覆轍」的希望，使人記得帶有負面傾向的事件。

一九九〇年代之後，更為中性的概念也被引入，特別是「紀念地」（Erinnerungsort）與「紀念標誌」（Erinnerungszeichen/Gedenkzeichen）這幾個字，廣用於描述設置有紀念碑／物之處，或者描述紀念碑／物本身，也是因當代紀念碑設置地點與形式的多元化，舊的概念難以概括承繼。

華文語境的「紀念碑」或「紀念物」名稱，顯然都不足以含括它在形式與類別上的複雜多面。因此當前在台灣發展中的轉型正義紀念工作，也試著採用不同的概念來指稱紀念碑／物，譬如「不義遺址視覺標誌與紀念物」。這些詞語的差異並非僅是使用習慣或者風潮的遞嬗，每一個概念的採用，都是有意識、伴隨著政治信念或是標定立場的選擇。


## 章節導讀

「紀念碑」是一種特殊的文化產製物。一方面它與歷史的建構有關：大多的紀念碑依據特定歷史事件或人物而設，作為承擔訊息載體的同時，往往也回頭對歷史敘事造成影響；另一方面，紀念碑也帶有它自身的形式與美學，能將訊息轉譯為特定的象徵性語彙，使意義跨越時空的限制流傳；最後，紀念碑儘管規模不一，但實施執行的過程中必然牽涉到「發起紀念者（委託者或案主）」「製作者」「受紀念的對象」以及「接收訊息的對象」

---

9 拉丁語中「Monument」的字根「monere」有「紀念」與「勸誡、提醒」之意。

等多方角色，而由於事關公眾集體，進入民主社會之後，紀念碑的設置也必須合於民主程序，因此，紀念碑的設置並不若一般的藝術創作，而是較近似於「受委託製作的藝術」（委託人可能是宗教領袖、掌權者、國家、買家或是全體公民），並與政治息息相關。

綜此，紀念碑／物的設置，實質上是一項跨在歷史、藝術及政治學科之間的實踐。從「紀念碑」這個核心延伸出來的問題，則尚有：何為紀念？如何紀念？誰是發起紀念行為的主體？紀念的對象是誰？這些問題，本書都將試著透過一個個的紀念碑／物案例來回答。

本書分作三個大部分：第一部依時序切分，第二部則是歸納不同的紀念策略，第三部則試圖探討當代仍為進行式的紀念碑／物設置議題。

進入正題前，我們有必要先對本書研究對象進行框限。首先，本書中的「紀念碑／物」所指的對象為人造物，並非自然生成品；其次，書中討論的「紀念碑／物」並非既有物件或文化資產，透過指定或標示／標誌而產生紀念意義，而是自始即有明確紀念對象及功能設定，亦即帶有目的性產出的物件；最後，廣義上的「紀念碑／物」可以有許多種形式，但在本書中筆者將聚焦於透過視覺與造型藝術為主要形式語言或媒介的紀念方式。

首先在第一部中，將依時序來談德國各個時期紀念碑／物設置狀況的發展。曾與台灣一樣位處冷戰時期前線的德國，從倡議到落實紀念工作的漫漫長路，有過何種經歷？當紀念工作從民間由下而上的推進時，體制內外之間又產生了哪些張力。

紀念碑並非是二戰後才出現，其發展史與現代德國的歷史相互對映：先是在起始時期發揮形塑（想像的）共同體的功能，隨後成為右翼國族主義意識形態的載體。戰後初期的西德，轉型正義的工作受到擱置或僅以低限度處理，故納粹方面的議題常被避而不談。曾為青年思想導師的著名學者米切利希夫婦，便以其著作《無能於哀悼》[10]形容這一境況。東邊的共產政權對於二戰終戰前的歷史，則定調以「反法西斯」為主軸，著墨在受難的左翼政治人物，其餘的受難群體則受到忽略。這時期的紀念碑，為戰後亟需穩定政權的冷戰兩方，透過歷史記憶敘事建立自身存續正當性上，發揮

---

10  參見：Mitscherlich & Mitscherlich, 1967.

了重要的作用。

一九七〇年代末起，民間遍地開花的自我組織和行動扭轉了局勢，加以政策上的呼應，歷史考掘反思的工作終於漸上軌道，更多的藝文形式介入其中的紀念策略也自此時發展起來。參與紀念碑／物設置的角色更多，詮釋與話語權的角力也更為複雜。而在圍牆倒塌、「新德國」建立之後，「共同體」的塑造再次成為論爭，各個群體對於認同的論爭或答案，也藉這個時期新設的紀念碑／物而具象化。

第二部試圖以紀念的策略區分出幾類不同的紀念碑／物，並選取當中的經典案例，來對應第一部當中，德國在各個時期立碑紀念過程所遺留下的未解問題。

基於社會逐漸對歷史反省產生共識，已有意願進行紀念工作時，問題也隨即更進一層面：該如何做？應不分受難者族群、性別傾向、國籍，將他們並置紀念？抑或是採取當前官方設置紀念物的作法：給予每個群體各自的紀念物？這樣的做法，是否又落入納粹將人「分類」的窠臼，又或是使各族群保有各自的主體性？紀念碑地點的選址亦是關鍵，是在城市中心、歷史現場，或是深入生活的街巷之間？形式或材質的選用又該因應哪些因素做決定？當政治與社會情勢轉變、舊時代的紀念物不再符合新價值之時，又該何去何從？

每一個寫於書中的案例，卻也絕非蓋棺論定之作，他們往往回應了過去累積的論爭，但隨即又開啟了另一端的論辯。歷史詮釋以及紀念工作的動態性格，在第二部中表露無遺。

第三部則希望將關注對準當下的論辯。當今的社會隨著資訊加速流通以及全球政治情勢的連動，許多趨勢近乎同步於各地以不同的形態發酵。昨日他處的議題，今天很可能就在台灣社會開始辯論。

面臨全球遷徙的時代，以及近年「黑人的命也是命」運動激起對於平權的關注，過去德意志帝國在他處殖民、侵略所留下的不公義，也成為一項有待處理的、其實早已擱置多時的「新議題」。已然邁入移民社會的今日德國，該如何調整具有國族色彩的紀念物、活動與儀式，讓它們在族群與國家邊界愈趨模糊的今日，仍能找到當代的意義？而極端國族主義下的事件

與受難群體，又該以何種形式語彙來對其進行合宜的紀念？

另一方面，近年來德國聯邦政府也在許多重要歷史時刻舉辦大規模的紀念儀式，這些與一般節慶幾無二異的活動，是否因此失卻反省歷史的內涵？「黑暗觀光」以及「暗黑／負面襲產」又是否具有政治及倫理上的正當性？在藝文領域受到廣泛應用的新媒體，又是否能在紀念工作上有所助益？

轉型正義的文化實踐經常有賴三方的合作──歷史考掘、藝術工作者（有時則為建築師或設計師）以及委託者（經常是官方，亦有由民間發動的設置計畫）方可成型。也因為三者之間所遵循的準則以及目標、利益不同，經常仰賴多方協調、折衝甚至角力。本書最末，藉由案例整理出的圖表，希望提供各個不同身分的人找到施力位置，參與到紀念工作之中成為積極的意義生產者，並且能夠相互制衡、彼此協助，使紀念工作達到真正的民主。


## 另一個權力的角力場

轉型正義裡的紀念工作，在台灣社會是一項高度敏感的議題，同時糾纏了許多模糊不清的概念，本身即需要許多的商榷，且並非毫無爭議。自常民百姓至政治人物對於「轉型正義」四字看似琅琅上口，然而其意義卻時常呈現空缺的的狀態，並隨發語者的需求而定。紀念碑／物的設置，則在藝術自主性與政治工具化的衝突之間擺盪，難以取得平衡，進而失卻了傳遞訊息的機會。

二〇一七年底《促進轉型正義條例》於立法院三讀通過，行政院設促進轉型正義委員會規劃「開放政治檔案、清除威權象徵，平復威權時期司法不法」等任務。法案的通過同時意味著，轉型正義將不再只從過往非政府／民間的體系來倡議推動，而是逐漸邁入新的階段，國家機構也參與其中，甚至直接擔當發動者之角色。可以預見的是，在法令漸趨完善與行政機關漸次投入轉型正義工作的運作時，所動員的資源及規模，將與過往有著不小的差距。對於關注這個議題的工作者乃至於社會大眾來說，該如何適切的運作這些人力物力，釐清轉型正義的工作與政治之間的含混糾纏，並於其中辨識出藝術與文化實踐可介入的空間，勢必是必須正視的課題。

轉型正義的工作之中，政治與歷史的思辨和考掘幫助我們理清真相，文化上的實踐則能重塑價值，轉換感知與行為準則，並觸發批判性反思。另一方面，紀念碑的存在更並非只是個別的單獨事例。紀念碑／物的設置必然牽連起整串直接與間接相關的行動者，及其背後所代表的各種機構或團體——從受難者團體為中心，層層向外，至透過媒體擴延及整個社會。以立碑為中間點切分時序，這項工作往前有立碑前的各種論爭，舉凡設碑地點、形式語彙、材質及對象等的選定，往後則有意義詮釋的爭奪，譬如各種紀念儀式、教育方案的制定，文康或中介活動的舉辦乃至於各類文案、文宣的編纂。

這些繁縟環節正體現了，紀念碑設置是連串複雜的權力網絡中，彼此角力過程的一個切面。紀念碑／物與連串的文化實踐是權力多樣的表現形式之一，它們起了表徵的作用並試圖召喚認同。但這項表徵的建立又必須在取得各種共識的前提之下才能成立。意識形態與實踐之間因而是辯證的關係——既因對方為基礎而生，但是自身卻也能夠對對方造成影響。一座紀念碑既與其它紀念碑／物可能在形式語彙上、紀念對象上相關，以批判的關係相連，也同時是更大的文化史脈絡之一部分；環繞著立碑過程而發生的這些文化實踐，亦為紀念碑／物以更接近於日常與公眾的形式再現之化身，是霸權鬥爭最基本的起始點。

時至今日，紀念工作仍然是從黨派政治到民間組織間錙銖必較的戰場，從設碑的形式，到哪怕僅是紀念的先後順序或碑文的一字之差，都事關重大。本書透過審視德國紀念碑的論辯過程，理解政治權力與藝術感知形式間的交織。權力於其中的運行並非僅有統治階層與受統治者的「壓迫／從屬」或者是雙方的「對抗」這樣的簡單二分關係，其中包含了許多靈活的挪移、吸納等策略運用，短或長期的結盟與分裂。也就是說，在紀念政治上的對抗，並不是簡單的正確與否問題，而是特定的集團如何透過結合既有的慣習與常識，塑造出一套能夠取得共識、使多數人認同之的繁複過程。且此處的權力競逐——無論是對歷史的詮釋或對紀念碑樣貌的決定權——都不是可以一勞永逸的解決，而是總處在變動、發展的過程中。

葛蘭西的理論中，意識形態的塑造是統治正當性之所倚，立基於日常常識及各式機構之中。[11]因此，統治者與受統治或受壓迫者間的關係，以及維

---

11　參見：Becker, Candeias, Niggemann & Steckner, 2013: 110-112.

繫這種關係的意識形態，不僅只是單向的強加於身、欺騙或操控人民的一種手段而已，而是一種近似於常識的存在，並且合於一般民眾的日常經驗，故使得受統治者進而主動對這套世界觀予以贊同。

同時，因為今日紀念物設置的特性，使得紀念此一行為與日常生活場域中的各種社會關係與實踐息息相關。正如列斐伏爾將空間定義為一種社會產物，有其政治屬性。以此為前提，空間不僅是可感的（空間實踐），也是概念和秩序、符碼的，可以用來再現權力和意識型態（空間再現），最後，也可以是被「活」出來的，屬於「居民」以及「使用者」的日常生活實踐發生之處（再現空間）。[12] 紀念碑正是居於空間與人之間，能夠藉此傳遞感知、遂行權力或積極行動的重要媒介。

這樣的分析，有助於讓我們找到紀念碑設置與設計過程中與各種方面的社會關係之勾連，同時也能夠讓有意或已投入這項領域者，認識到與日常文化對接之重要性。若僅是單向地將新的事物——思想、價值觀乃至歷史詮釋——加諸於民眾身上，不僅難以獲得贊同，更有引發危機的可能，進而使得另一集團及其世界觀占據政治位置，從而成為新的領導代表。日常經驗與常識之中，既帶有保守的特徵，卻也富含進步的潛能，充滿了各式的可能性。進步政治的任務則是將其辨識出來並與當前的政治實踐結合。[13] 這對當前無分何處的紀念碑設置工作，都深具啟發性。


## 不只哀悼

研究所的第一年，我們在課堂上參訪了史塔西博物館。售票的大叔好奇地詢問我來自何方。當聽到「台灣」這個答案時，他很快地反應脫口而出說「Ah! Chiang Kai-shek」（蔣介石）。原來，大叔是前東德人。不過身為史塔西博物館館員，且任職於這個標誌德國歷史反思工作的重要場所，我卻無法從他的表情中讀到任何介紹自身民主成就的喜色，反之，他則是對我說：「我們把獨裁的東德共黨政府趕下台，卻不是想要西邊的資本主義啊。」

---

12　參見：Lefebvre, 1974: 31-39.

13　參見：Jones, 2006: 7.

誠然，轉型正義的工作並不因建碑設牌的完成而終止。即便從規畫到揭幕也不免要歷經相當長的一段過程，然而，自揭幕的那一刻起，轉型正義或處理歷史的工作，可能才正要開始。今天我們所要提出的問題，基於前人的努力，已經不應僅是「我們能否哀悼」。我們更應該在這基礎之上，開展紀念工作之中各種不同的可能性。

可以的話，希望讀者能夠這樣去理解：整個轉型正義的紀念工作並非要達到歷史的終結、為所有的歷史做出普世性的評斷；反之，這是一項需要動態地，即不斷改變、刪減及增補的工作。堪可告慰的是，紀念碑仍具有投射向未來的意義，藝術與文化工作能夠在相對長的時間軸線上扭轉觀點、換位思考並重塑價值體系，也就能夠在這項持續性的工作當中發揮它的效力，最終，使所有暴政與不公義都不再發生。

然而，不應忘記的是，這類轉型正義藝術計畫的最終目標，即是終結這類計畫自身。願我輩會是最後一個需要研究這項事務的世代，因為紀念源自於暴政，源自於不公不義，它所映射的是曾經的苦難。當社會自集體至個人，都能常對歷史持警醒態度，並將公義實踐於現世之時，那就再也不需要任何的紀念碑了。[14]

---

14 此處掠美也曾多次從事紀念碑設置之藝術家約亨・蓋茨的話。他的原句是：「當人們都能透過記憶之不可見的圖象而保持警醒時，終有一天，我們將抵達一個不再需要任何反法西斯紀念碑的地方。」（Miles, 2010: 68）

# 第一部

# 轉型之長路

本部將依歷史的時序，來談論德國各個時期紀念碑／物設置狀況的發展，以及與紀念碑的設置互為表裡的紀念碑概念演變。

首先是紀念碑／物的設置在德國的早期發展，如何在起始時期發揮形塑共同體的功能，在社會激進化時成為右翼國族主義的載體，以及在戰後轉型正義的工作未有社會共識之時，如何藉由不同的文化產製尋找縫隙，以及有志設置紀念碑／物者將同時期的現代雕塑引進紀念工作中的軌跡。在這個時期我們也可以見到，不同傾向陣營的紀念工作與形式語彙之間的交互關係，並且找到左右翼之間在冷戰時期前，紀念工作上已現端倪的分裂。

第二章則分別交代東西德之間於冷戰時期不同的紀念進程。相較之下，西德社會對於納粹過往的處置較不積極，卻對東德的暴政有較多的著墨。而在東德的共產政權，國家機器雖投入大量的資源於紀念工作上──特別是三座由官方直接主導的集中營紀念館，然而，無論是哪一側的政權，這個時期的紀念工作重點依舊不在於紀念受難者，並且透過各式官民間的儀式與活動，各自建立了一套合於自身存續正當性的歷史記憶敘事。

七〇年代末起，紀念工作的主體則逐漸轉移至公民團體的身上，同時政治與社會提供了充足的條件，使得這些「由下而上」的模式得以實現。民間組織的考掘與倡議、凝聚市民共識、政治層面的應和到最終付諸執行，成為了自當時至今紀念碑／物設置最為慣行的模式。紀念工作關注的核心回到受難者、加害者以及歷史事件，紀念碑／物設置自此是每個地方、不同階層皆有機會涉足碰觸的公共事務，也因此，紀念碑／物的設置及概念都進入了一個新型態，參與其中的角色更多，詮釋與話語權的角力也更為複雜多面。

最後一章的提問則是再次關於「共同體」的塑造：既然此時已形成共識，應反省過往的暴政歷史並予以究責及紀念，那麼，透過紀念碑／物的設置所亦欲傳達的今日的「共同體」又該是什麼樣貌？無論是〈歐洲被害猶太人紀念碑〉的論爭（相對於西德政府及隨後的聯邦德國如何看待「德國」作為一個國家）或是對於東德德國社會主義統一黨暴政的紀念（對應冷戰的分斷體制結束後亟需重新建立的「認同」），其實都可以理解為是各個領域的行動者，他們藉著紀念工作，體現各自對一個全新的共同體的答案。

第一章

死亡的賦形

Source : akg-images

1960 年代，柏林圍牆逐步起建、橫亙在東西德之間，而舊時的德意志帝國榮光，歷經納粹的掌權與屠殺後，亦以一種扭曲而掙扎的姿態，被隱身在冷戰氛圍下。轉型正義的長路，才正要展開……

長久以來，我沒看到過什麼神聖的事，那些所謂光榮的事情，並沒有什麼光榮，而所謂犧牲，就像芝加哥的屠宰場，只不過這裡屠宰好的肉不是裝進罐頭，而是掩埋掉罷了。有許多字眼再也不堪入耳，最終，只有地名還保持著尊嚴。某些數字和某些日期亦是如此，只有這些和地名講起來才有意義。抽象的詞語，像光榮、榮譽、勇敢或神聖，倘若跟村莊具體的名稱、道路的號碼、河川的名字、部隊的番號和重大日期等等排在一起，著實令人厭惡。

——厄尼斯特‧海明威，《永別了，武器》，1929

Source : Arkivi

1933 年 8 月 27 日，納粹黨與薩爾協會聯盟共同發起「薩爾集會」，於〈下瓦爾德紀念碑〉前舉行。集會旨在宣傳薩爾回歸問題，藉此議題煽動民族情緒。帝國總理希特勒在當日登台演說，吸引了 8 萬多名薩爾人聚集於此。

# 犧牲的轉化——
# 二戰前的紀念碑

紀念
德意志人民
齊心
勝利的起義
以及
德意志帝國的
再起
1870～1871

——〈下瓦爾德紀念碑〉碑文

# 早年德意志帝國時期的重要紀念物

11          2          4      10  7              1

1. Völkerschlachtdenkmal - Leipzig . . 91,0 m

2. Kyffhäuserdenkmal . . . . . . 65,0 m

3. Kaiserdenkmal-Porta Westfalica 61,5 m

4. Siegessäule - Berlin . . . . . . . 61,0 m

5. Hermannsdenkmal . . . . 53,

6. Waterloosäule-Hannover . 47,

7. Kaiserdenkmal-Coblenz . . 41,

8. Niederwalddenkmal . . . 38,

*Leipzig*

Source：Verlag des Deutschen Patriotenbundes, Leipzig

5       3       12

9 . Kaiserdenkmal - Brandenburg a. d. H.    30,0 m

10 . Bavaria - München . . . . . .    26,9 m

11 . Siegesdenkmal - Leipzig . . . . .    18,2 m

12 . Siegesdenkmal - Dresden . . . . .    14,6 m

*Völkerschlachtdenkmal*

1 . 民族大會戰紀念碑 - 91m

2 . 基弗霍伊澤紀念碑 ( 巴巴羅薩紀念碑 ) - 65m

3 . 波爾塔韋斯特法利卡的威廉皇帝紀念碑 - 61.5m

4 . 勝利紀念柱 - 61m ( 原尺寸 )

5 . 赫爾曼紀念碑 - 53.6m

6 . 滑鐵盧紀念柱 - 47m

7 . 科布倫茨德皇紀念碑 - 41m

8 . 下瓦爾德紀念碑 - 38.6m

9 . 布蘭登堡哈弗河畔的德皇紀念碑 - 30m

10 . 慕尼黑巴伐利亞女神雕像 - 26.9m

11 . 萊比錫勝利紀念碑 - 18m

12 . 德勒斯登勝利紀念碑 - 14.6m

# 解放戰爭紀念碑

揭幕年分 ▶ 1821
設置地點 ▶ F9QJ+3H 柏林
設 計 者 ▶ 申克爾

19 世紀初，普魯士國王腓特烈‧威廉三世為了
紀念對抗拿破崙的戰役（1813 ～ 1815，亦稱
解放戰爭）設置紀念碑。原本計畫在波茨坦門
前建立一座哥德式紀念教堂，後改為設置紀念
塔於柏林南方的天普霍夫山丘頂，塔頂附有鐵
十字徽，此山也因此易名「十字山」。從畫家
繪於 1829 年的風景畫中（下），可見十字山上
近 19 公尺高的〈解放戰爭紀念碑〉，為柏林的
地標。

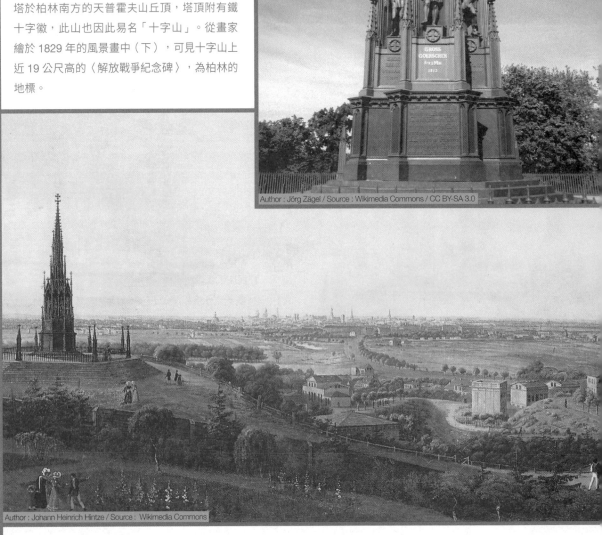

「戰士／戰爭紀念碑」不僅是各種形態的紀念碑之中最為普及、大量的一種，也自廣設以來，持續充滿爭議。

根據德國科學院聯盟的數位德語字典的分析，「紀念碑」（Denkmal）這個詞的使用自十六世紀起緩步增加，並在十九世紀中期達到頂峰。[1]實際上，近代德國史上首度紀念碑設置潮，落在十九世紀中期，特別是在德國國家統一將臨及成功建立國家後，紀念碑的古典意義建立在兩面的需求上──紀念士兵的死及頌揚國家之偉大；這兩者之間則藉由強化犧牲的英雄性、神聖與榮耀，連結在一起。

一切的起源始於十九世紀初，拿破崙戰爭影響了歐洲的軍事制度，戰爭開始動員一般平民。因此，戰爭中的犧牲者從過去的特定階級，擴張到了一般平民群體之中。德國方面，馮・沙恩霍斯特於一八一三年二月開始實施的徵兵制，使得「一國之所有公民皆生而同為其防衛者」[2]，戰爭從特定階級轉向捲動全民。在對抗拿破崙的戰爭（1813～1815，亦稱解放戰爭）前，普魯士國王腓特烈・威廉三世將服務普魯士皇室之建築師、畫家申克爾設計的鐵十字徽章[3]做為士兵戰功的獎勵，個別平民的生命首度綑綁了「奉獻為國」的新價值。加上威廉三世在一八一三年頒布的《為獨立及祖國陣亡者永久紀念碑創設命令》，對一般士兵的紀念從此有了依據。

緊接著，則是十九世紀下半葉，由普魯士對丹麥、奧地利和法國等數場戰役串成的德意志統一戰爭，德意志第二帝國於焉成立。數座巨大的紀念物陸續於重要城市的中心地帶設立，譬如萊比錫的〈民族大會戰紀念碑〉、柏林的〈國立解放戰爭紀念碑〉〈勝利紀念柱〉等。這個時期台座上的形象多是出自神話角色，像是由阿米尼烏斯而來的「赫爾曼」、德意志國族擬人形象的「日耳曼尼亞女神」，又或者歷代君王貴族的形象（譬如柏林當年勝利大道兩側的雕像）。戰勝的德意志帝國以此方式建構國族意識。

時序到了第一次世界大戰後，這次德國處於落敗方，卻更需要透過紀念碑／物的設置，將戰事的結果轉換為有利統治者的敘事，以掩飾戰敗的事實，而這個時期也正是德國戰士／戰爭紀念碑真正廣設的年代。據統計，在德國各地有多於十萬座的「戰士／戰爭紀念碑」（有時也稱作陣亡將士紀念碑）（Nathan, 2015）。因為徵兵上戰場，全國各地皆有人喪生於東西線遠方的戰場上，對其家屬與故舊來說，前往亡者埋骨之地路遙且難，於是各地的教區和各級退役軍人協會紛紛於各自的城鎮立碑紀念，作為悼

## 勝利紀念柱

揭幕年分 ▶ 1873.09.02
設置地點 ▶ G972+R2 柏林
設 計 者 ▶ 海因里希·史特拉克

1864 年普丹戰爭後，當時的普魯士國王、也是後來首任德皇威廉一世，委託其宮廷建築師設計〈勝利紀念柱〉。此雕像因文·溫德斯的電影《慾望之翼》廣為當代所知。

紀念柱原坐落在帝國議會前、僅有三段高，而正對紀念柱的是兩側設有雕像的勝利大道（下圖）；1938 ～ 1939 年〈勝利紀念柱〉被移至今日的大星角廣場，並增高了一層（右圖），因納粹政權推動的「世界之都日耳曼尼亞計畫」，〈勝利紀念柱〉被挪為該計畫東西軸線的一部分。

念活動的地點及對象物。這是德國大規模廣泛設置戰士／戰爭紀念碑的背景脈絡，也是在這個時期，以士兵為主體的紀念才開始以雕像或碑文的形式躍上了紀念碑。往後，納粹的崛起更將紀念文化導引向對外在威脅的復仇與鬥爭（Wijsenbeek, 2010: 23）。

## 犧牲的具現

此時重要的問題是：早先的解放戰爭及統一戰爭，德意志是站在勝利的一方，所以可以單純地頌揚戰士們對國家的貢獻；然而，世界大戰（當時誰都未能知曉還會有第二次）之後的德國，卻要面對占領、償地、賠款、帝國瓦解，乃至龐大的傷亡人數。在德國的紀念及歷史文化之中，「Opfer」一字的概念（犧牲／受害）占據了相當核心的位置；然而德語卻不若其他語言，可以區分自願的、自主的「犧牲」和無能力、被動遭難的「受害者」，反倒是將「犧牲」與「受害者」兩方通通合括於「Opfer」一字之中（Sabrow, 2008: 7-20）。這樣的曖昧，使得紀念工作及隨之衍生的各式紀念物，產生了受到「操作」的空間。

在此脈絡下，當時多數的紀念碑於是神聖化、英雄式地榮耀士兵之死，其犧牲必須受到包裝，是為對「祖國」之「榮光與名譽」之維護（往後這樣的標語也成為納粹思想的一部分，甚至當代仍有新納粹團夥以這樣的語句做為誓詞或口號）；更強烈一點的，則帶有復仇或者是「復生」的意味，藉此掩蓋戰敗以及政治上失落的屈辱，進而強化國族內部的情感甚至軍事上的動員。以建於一九二四至二六年間的慕尼黑〈王宮花園戰士紀念碑〉為例，其外部像是棺木的碑體，兩側分別刻有「我們的陣亡者」與「你們將會復活」的碑文。

在第一次世界大戰戰敗後的威瑪共和時期，並非沒有其他的紀念形式與聲音。相對於前述蔚為主調的英雄式戰士／戰爭紀念碑，此時期部分是將那個年代的前衛主義帶入紀念碑領域的製作，另一種則帶有較多傷感，呈現出戰爭與傷亡苦難的表現主義藝術類型紀念碑；前者的代表要屬包浩斯創辦人葛羅皮烏斯設計的〈三月死難者紀念碑〉以及包浩斯末任校長密斯·凡德羅的〈革命紀念碑〉。

| 2-3-3 |

Source：Wikimedia Commons

此碑由威瑪當地工會委託設計，紀念對抗極右翼卡普政變時遭軍隊射殺的罹難者，後遭納粹拆除。

紀念碑設計成數個楔形模塊的拼合，高起的部分斜插向上指天。動態斜上的雕塑遙相呼應了塔特林的〈第三國際紀念塔〉（右），線條也像《包浩斯宣言》當中的木刻版畫〈大教堂〉。設計者葛羅皮烏斯自己稱該作為「閃電」，希望以此形狀做為革命者活躍的精神之象徵。

Source：Nikolai Punin: Tatlin (Protiv kubizma). Gosizdat, Petrograd 1921, p. [1]

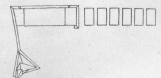

葛羅皮烏斯手稿，翻攝於紀念碑現場立牌。Author：鄭安齊

## 前衛藝術與紀念

一九二〇年，受威瑪當地工會的卡特爾工會（在地或跨地區的工會聯盟）委辦設計〈三月死難者紀念碑〉徵件，由包浩斯的創建者之一暨首任校長葛羅皮烏斯獲選。這座紀念碑旨在紀念同一年對抗極右翼卡普政變（反對威瑪共和）的總罷工當中，於威瑪的國民議院前集會、遭政變軍隊開火的遇難者。葛羅皮烏斯自身亦曾為藝術工委會[4]成員，藝術工委會創於「十一月革命」期間，由當時一群政治思想進步的藝術家所結成。思想上，藝術工委會欲使現今的社會與過去的德意志帝國及其代表的軍國主義劃清界線，因此除了要求解散皇家藝術學院，也訴求拆除所有（舊有的）戰爭紀念碑；此外，藉藝術的力量打造新社會的工作，將新式的藝術和建築帶給社會大眾，更是不在話下的任務（Bois, 2019）。從這點看起來，葛羅皮烏斯與這座紀念碑和所紀念的對象自始即有其政治上的淵源。[5]

葛羅皮烏斯走在時代的前端，將抽象／非具象的形態、建築與藝術融合的概念引入紀念碑領域中。[6]一九二二年揭幕的紀念碑卻也如電光般一閃即逝，隨著納粹上台，不合乎其政治與美學判準的藝術家、作品、象徵等都必須消失。帶有前衛藝術基因（納粹定義的「墮落藝術」）、出自包浩斯校長之手且紀念左翼工人運動的〈三月死難者紀念碑〉，高起的楔形部分在一九三三年即被搗毀，並在一九三六年完全拆除。[7]

密斯・凡德羅與葛羅皮烏斯一樣，都曾擔任包浩斯的校長，同樣承接了來自左傾政治團體的紀念碑委託製作。〈革命紀念碑〉的委託案來自德國共產黨，密斯・凡德羅本人則曾是以「十一月革命」為名的「十一月社」成員。該團體聚集一批藝術概念前衛、具革命思想且高度政治化的藝術家與建築師。〈革命紀念碑〉的紀念對象是遭自由軍團[8]鎮壓的左翼勢力受害者，以及後續許多左翼的起義及工人運動中的犧牲者，這當中最著名的紀念對象為組建斯巴達克斯同盟（左翼政治組織）以及德國共產黨的兩名創始人卡爾・李卜克內西、羅莎・盧森堡。同樣為斯巴達克斯同盟早期成員及德國共產黨創始人之一的威廉・皮克（東德唯一一任總統），在一九二五年德國共產黨代表大會上曾提及，這座紀念碑本應以法國雕塑家羅丹的作品為主體，搭配紅色砂岩材質的牆，既象徵一八七一年對巴黎公社的鎮壓，也連結莫斯科紅場上的圍牆邊對革命者的追思處。但因為一些偶然的機緣，與紀念碑設置委員會有聯繫的德國共產黨要員、文化史學者艾德華・福克斯將此案委託給密斯・凡德羅執行（Baacke, 1977: 280-298）。

# 革命紀念碑

Author : Curt Kanis / Source : Bauhaus-Archiv

Source : Bauhaus-Archiv

揭幕年分 ▶ 1926
設置地點 ▶ GGC8+XC 柏林
設 計 者 ▶ 路德維希・密斯・凡德羅

此碑由德國共產黨委託設計，紀念一戰後被威瑪共和早期半正規軍
事組織自由軍團鎮壓的左翼及工人受害者，後遭納粹拆除。
紀念碑以砌磚為主要材料，發展成多個長形幾何模塊組構而成的層
疊造形。砌磚刻意採用遭拆除的瓦礫堆中清出的磚材，加深質樸與
粗糙感。其上配有五芒星及鐮刀與鎚子的徽章，並設有儀式活動的
旗杆。
儘管造型前衛，但政治團體卻將它視作舞台或基座。而常被被德共
使用的羅莎・盧森堡名句「我來過，我又來到，我還將重臨」，亦
曾被標誌於碑上，但這並非凡德羅的原初設計。

密斯·凡德羅一改原先偏向古典形式的規畫，改為長形幾何模塊組構而成的層疊造形。但比起葛羅皮烏斯的〈三月死難者紀念碑〉純粹的前衛藝術樣式，〈革命紀念碑〉顯得像是各方意見的折衷。最後成形的紀念碑上，加了五芒星、鐮刀與鎚子的徽章，並設有旗杆；在一些活動紀錄影像中，還可以看到在某些儀式時，懸掛上大面積的標語字樣，覆蓋了紀念碑的中段。即便是相近的政治傾向，藝術語言與政治語彙間的張力仍顯現於具象化的紀念物之上。到了一九三三年，〈革命紀念碑〉先是遭納粹移除其五芒星徽章（倒可能意外地還原了密斯·凡德羅的原初構想）；至一九三五年，則與眾多受難革命者的墓地一同徹底遭到毀壞（Endlich, 2003: 20）。這一年，也正是薩爾公投[9]，回歸德國使得納粹聲勢高漲，隨後也重新宣布恢復徵兵、組建空軍，違反了《凡爾賽條約》的限制令。

在納粹執政下，未能留存的不僅是抽象形式的紀念物，一些帶著表現主義風格、不強調犧牲光榮，反倒凸顯戰爭與倖存苦難與哀慟的作品，也一併遭批判與移除。譬如恩斯特·巴拉赫設置於馬格德堡大教堂的〈馬格德堡紀念碑〉，前排三個一組的士兵半身像中，右邊的士兵面露驚嚇、脖前繫著防毒面具，中間的士兵化作骷髏般的面容，左邊的士兵披風蒙面雙手交握彷彿在顫抖，這樣的形象既不見容於納粹神聖化軍人犧牲的原則，再加上馬格德堡當地又是右翼軍國主義社團活躍之地，這樣的紀念方式必然不被接受。[10]

另外，又比如伯恩哈德·霍特格製作於不萊梅的〈聖殤—革命死難者紀念碑〉，紀念的對象則是一戰後短暫於不萊梅成立的蘇維埃革命政權，作品中表情哀痛的母親扶起瘦骨嶙峋的屍體，直面的姿勢彷彿正向觀看者控訴一般。這樣的控訴對納粹來說，自不該留在公共空間之中。


## 將紀念碑納入政治宣傳戰

一九三三年之後，納粹政權在紀念工作上，強化了前述神聖化、英雄式的趨勢。公共藝術、紀念碑研究者史蒂芬妮·燕德里西指出，納粹政權極度強化死亡、犧牲的意義，但同時又貶低個體的生命價值（Endlich, 2003: 47）。不僅於此，過去各由教區或軍人協會創設的紀念碑／物，往往因為經費短缺而採較簡易的方式，擱置或是以植樹代替立碑造像，但在納粹掌權後，則將立碑紀念視為「政治宣傳」的一環，特別著重在戰爭動員的面

# 紀念碑的摧毀與取代

地點 ▶ 7Q25+J4 杜塞道夫

## 內部的團結

揭幕年分 ▶ 1928
移除年分 ▶ 1933
設 計 者 ▶ 雕塑家尤普·呂布薩姆

Source：Duisburger Institut für Sprach-und Sozialforschung

Source：Duisburger Institut für Sprach-und Sozialforschung / Wikimedia Commons

## 第三十九輕步兵軍團紀念碑

揭幕年分 ▶ 1939
設 計 者 ▶ 雕刻家理查德·庫爾、建築師魯道夫·克洛普豪斯、阿圖爾·塔契爾

杜塞道夫的萊茵河岸，1982 年原先設有紀念第三十九輕步兵的〈內部的團結〉，兩名士兵趴臥的形象，其中一人未戴鋼頭似包覆繃帶，另一名應是未受傷的士兵握住傷者的手，像是定地支持著他。1933 年時因不合納粹準則，遭破壞移除。

在原地取而代之的是〈第三十九輕步兵軍團紀念碑〉，建材式近似柏林的納粹官方建築，中央有祭壇般的方形門拱，入上方寫著「第三十九軍團」，中央則懸著大大的鐵十字徽章門左右兩端各有四個一列的行進士兵浮雕，以透視的手法由高、由遠至近。

Author：Marek Gehmann / Source：Wikimedia Commons / CC BY-SA 4.0

Source：pixabay / CC0

向，故把注了國家的資源在其中，加速且擴大了這類工作的尺度以及政權對於所謂「紀念」的控制。

一戰結束初期的紀念碑裡，原先以躺臥的遺體做為呈現形象的士兵，在納粹掌權的階段中，從台座上爬起，以行軍的姿態進發，侵略性展露無遺，也常見雄鷹、寶劍等配置物——一如現實中納粹在德國的軍事動員一樣。一九三九年建成的〈第三十九輕步兵軍團紀念碑〉是個貼切的實例。在此碑建成之前，杜塞道夫其實早有另一座同樣目的、同樣紀念對象的紀念碑。雕塑家尤普・呂布薩姆於一九二七年參加第三十九輕步兵軍團傳統協會舉辦的競圖並勝出，碑體於隔年完工揭幕，作品命名為〈內部的團結〉。即便未表現出反戰姿態，但表達內容傾向溫和的互助、友愛，不僅與當時其他的紀念碑主題不符，也不合納粹準則，被認為不夠「德意志」而數度遭破壞，並在一九三三年遭移除。[11]

取而代之的新版〈第三十九輕步兵軍團紀念碑〉，設計方案在一九三二年的競圖中勝出後，經歷一段擱置期，一九三八年開始奠基建造，並於德國侵略波蘭前不久的一九三九年揭幕（Dietzsch, Paul, & Suermann, 2012: 29）。紀念碑主體是一座長形的樸素建築體，使用的建材和形式近似於首都柏林一系列新古典主義的納粹官方建築，中央懸著大大的鐵十字徽章（鐵十字不僅是過去帝國時期士兵的榮譽象徵，也在隨後爆發的第二次世界大戰中，被納粹再度設立為象徵核心的授勳制度）。左右兩端的行進士兵浮雕，就像是陣亡的第三十九軍團從地下復生走出祭壇。紀念碑前方則是遼闊的廣場，用以舉行各種政治動員儀式或閱兵，兩者的組合——紀念碑與廣場的儀式——正是納粹政治宣傳的固定模式。復生的石雕士兵與受檢閱、即將在東線戰場上獻出生命的士兵，在這個廣場上重合在一起，驅動了極具侵略性的國族意識。

至於納粹式的政治宣傳紀念碑之極致展現，屬柏林「世界之都日耳曼尼亞」計畫下的〈凱旋門〉。希特勒的這項都市再造計畫，意圖透過兩大軸線上的各式建物，更加徹底地使城市空間運作著權力展演的功能。紀念性的物件——特別是有軍國主義意味的紀念物——更是在當中扮演要角，被擺置於交通要衝，如〈勝利紀念柱〉在計畫中被移至東西軸線交通要衝的「大角星廣場」，並擴建基座、加高一層柱體（從三層增加為四層），增強其雄偉程度，彷彿象徵即將到來的一場由納粹政權領導的勝利。南北縱軸上最重要的建物，分別是北側的大會堂與南端的〈凱旋

# 世界之都日耳曼尼亞

希特勒自 1935 年開始規畫的柏林再造計
畫，由其御用建築師亞伯特・史佩爾設
計，目的在將此「日耳曼尼亞」城作為世
界中心。

此計畫將柏林市以東西、南北兩大軸線重
新改造，具軍國主義意味的紀念物被設
置於交通要衝。南北縱軸上最重要的建
物，分別是北側的大會堂與南端的〈凱旋
門〉。後者是古羅馬式樣的四柱式門拱，
按希特勒親手繪製的草圖高 120 公尺、
寬 170 公尺，建築上將刻滿陣亡士兵名

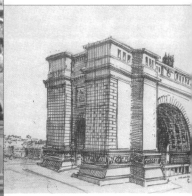

右圖為當年為測試地盤穩定度，官方驅使強迫勞動的戰俘和囚犯興建的實驗建物「承重
體」，在戰後因為測試柱體的規模龐大、難以處理，故留存於原地至今，此地也成為反省
納粹政權在都市規畫及建築領域之思維的重要據點。今日「承重體」仍以其巨大無當的尺
度，輔以一旁之資料展間，證成「世界之都日耳曼尼亞」計畫之荒謬。

門〉。[12]後者預計高達驚人的一二〇公尺，寬一七〇公尺（Berliner Unterwelten e. V., 2011: 58-59），當時具有凱旋門意義的布蘭登堡門，也不過區區廿六公尺高，加高後的勝利紀念柱更僅有希特勒計畫中的新版凱旋門一半高度（六十七公尺）。這座門拱更重要的使命還有紀念以及戰爭宣傳：一百八十餘萬名在一戰中陣亡的士兵，他們的名字將被全數刻載在建物本體上，就彷彿在說，犧牲與死亡終將換取帝國偉大的勝利。幸而希特勒欲見的「凱旋」未能實現，「世界之都日耳曼尼亞」計畫也因為戰爭大量耗用物資而停擺。

## 見證變化的新崗哨

當一部分設立於二戰前的紀念碑在德國政權數度遞移之下受到批鬥、遺忘甚至移除時，有一座紀念碑倒是一直留存下來。它一再受到不同意識型態與政治傾向的作用，以形態各異的變動，見證了政權與政治環境的變化和紀念工作之間的張力。這是座落於柏林椴樹下大道、目前名為〈戰爭與暴政犧牲者紀念館〉的〈新崗哨〉。

〈新崗哨〉是普魯士國王威廉三世於一八一六年委託申克爾所設計建造。擊退拿破崙的軍隊之後，普魯士取回布蘭登堡門上駕馬車的勝利女神維多利亞，為其加上象徵戰功的鐵十字與象徵榮譽的橡葉環，從這座門凱旋歸來，並藉機徹底整建這條設有皇宮、軍火庫、大學、大教堂等要地的椴樹下大道，而〈新崗哨〉正位於這條象徵權力之路的一段，故其改建（改造原有的炮兵崗哨）可說是整個權力象徵空間重塑的一環。一八一八年完工之後，除了名符其實地作為普魯士國王居所太子宮（位於〈新崗哨〉正對面處）的崗哨，也因其左右豎立解放戰爭中兩位主要統帥的雕像[13]，此後的一段時期，這裡亦被視作解放戰爭的紀念碑。

| 2-3-3 |　一九一八年，在德皇退位、皇室出逃海外後，此崗哨暫時失去其功能而閒置。一九二四年，首度有藝術史學者建議將此地做為紀念碑使用，接著在一九二七年，當時的威瑪共和普魯士省總理奧托·布勞恩才首度宣布將此地作為紀念碑使用，並隨後於一九三〇年的邀請競圖中，由當時活躍的建築師海因里希·泰森諾的方案中選，擊敗包括密斯·凡德羅等人的設計，隔年完工正式揭幕為紀念碑使用（Frey, 1993: 20-23）。

# 新崗哨的閒置與
# 紀念碑化（終戰前）

這座建造於 19 世紀初的〈新崗哨〉，坐落於普魯士的權力重心之地，因其左右豎立解放戰爭中兩位主要統帥——馮·沙恩霍斯特與比洛伯爵的雕像，故也被視作解放戰爭的紀念碑。每次政權更迭下皆有所轉變。

Author : Karl Friedrich Schinkel / Source : Wikimedia Commons

**1918　新崗哨**
普魯士國王威廉三世於 1816 年委託申克爾所設計建造。

**1918　新崗哨**
一戰結束後德皇退位、皇室出逃海外，崗哨暫時失去功能閒置。

**1931　世界大戰死難者紀念館**
威瑪共和普魯士省總理奧托·布勞恩宣布將此地作為紀念碑使用，1930 年的邀請競圖由建築師海因里希·泰森諾的方案中選。

**1933　致世界大戰死難者紀念碑**
納粹奪得政權增設一只巨大的十字架，外部兩側柱面掛上橡葉環。

1984 至 1902 年間新崗哨初建好的模樣
Source : Library of Congress, Print and Photographs Division, LC-DIG-ppmsca-00337

**1936**
柏林奧運之際，部分國際奧林匹克委員會成員、納粹政治人物及軍官於新崗哨內行納粹禮。

**1945**　二戰結束後，此處呈半毀狀態。

Source : Bundesarchiv, Bild 183-G00307 / CC-BY-SA 3.0

這時作為紀念碑的舊〈新崗哨〉，名為〈世界大戰死難者紀念館〉。爾後，納粹奪得政權，對此處再次進行更動：一只巨大的十字架增設於室內，外部兩側柱面則掛上橡葉環，名字也隨之重新命名為〈致世界大戰死難者紀念碑〉。除了橡葉環常做為榮耀象徵外，巨型十字架則常是納粹應用於提昇「為祖國而犧牲」之意義的場合（Meister, 1993: 31-36）。至於命名，雖然在翻譯上同樣是稱為紀念碑，但是納粹所選用的「Ehrenmal」一字的前綴「Ehre」或「ehren」，更帶有榮耀、表彰與尊敬之意──此時的〈新崗哨〉，已從悼念陣亡將士的屬性，轉而成為榮耀英勇為國捐軀的士兵。

在對「去納粹化」依然搖擺不定的 1952 年，本德勒街區的中庭立起了〈1944 年
七二〇謀刺案受難者紀念碑〉，用以紀念戰末意圖謀刺希特勒未果的軍官。

# 未竟的轉型——
# 戰後初期西德的
# 紀念碑

1947 年北萊茵─西伐利亞邦選舉，基督教民主聯盟競選海報標語：

為了
快速
且公正的
去納粹化
投給　基民盟

1949 年國會大選，自由民主黨競選海報標語：

停止
去納粹化
剝奪公民權
禁治產宣告

終結
次等公民

想要
公民平權的人
就投
自由民主黨

# 終戰：法西斯主義受難者紀念日

二戰終結後，為控訴納粹，1945 年 9 月 9 日於韋納 - 塞勒賓德競技體育場舉辦的紀念活動。舞台在左右兩側寫著「亡者警醒生者」，中間倒三角形舞台為納粹集中營的識別系統中的「政治犯」符號。現場共約 10 萬人參與。

倒三角形的舞台由漢斯‧夏隆設計，此圖形亦被使用於海報上（右圖）。

BERLIN EHRT
ALLE TOTEN u. LEBENDEN
HELDEN,
DIE KÄMPFER
GEGEN DEN FASCHISMUS

KZ

AM SONNTAG, DEN 9. SEPT. 1945 15 U
IN DER WERNER-SEELENBINDER-KAMPFBAHN NEU

MASSEN-
GEDÄCHTNISFEIER

MAGISTRAT DER STADT BERL
HAUPTAUSSCHUSS „OPFER DES FASCHISM

一九四五年五月八日的歐洲大陸，迎來戰爭的終結。

是年九月九日，一場盛大的「法西斯主義受難者紀念日」活動在新克爾恩區的韋納－塞勒賓德競技體育場舉行。在柏林市政府協助下，來自德國各地不同屬性的團體，舉凡黨派、工會、教會、各族裔的組織和青年團紛紛響應，約十萬人齊聚一堂。許多集中營的倖存者直接穿戴集中營裡的服裝出席這場聚會，以示對納粹的控訴（Coppi & Warmbold, 2005）。

在遼闊的競技場上，漢斯．夏隆[14]為這場集會設計了巨大尺寸的布景。[15]左右兩側對開的梯形量體上寫著「亡者警醒生者」，中間三角柱形的舞台，頂端是紅色的倒三角符號，它在納粹集中營的識別系統中意指「政治犯」（通常是社會主義或共產主義者），紅色倒三角上端加上集中營的德語縮寫「KZ」二字（Georgiev, 2016a: 14-15）。

有別於納粹時期的政治集會，這場紀念日活動既沒有軍國主義動員的那種整齊劃一，也少了許多激情和高昂。翻看檔案照片，人們臉上多帶著嚴肅沉靜的面容。

這是許多人等待已久的一刻，然而納粹政權的滲透既深且廣，涵蓋了政治、法律乃至文化和休閒娛樂等日常生活的肌理之中，這些層面的爭戰並未隨終戰而休止。有鑑於此，史達林、羅斯福與邱吉爾在終戰前的雅爾達會議[16]時已有共識，須在戰後建立國際法庭以審理納粹時期的一切——自戰犯、法律、組織到象徵物——都得被排除並禁止。這便是在戰後占領德國的四個盟國所發起、執行的「去納粹化」工作。

起初，德國政府以及民眾尚堪稱支持去納粹化，然而，隨時間過去，這項工作中的各種缺失，諸如各占領區標準不一、重大案件審判推遲卻盡是挑小人物定罪等，漸漸引起輿論的不滿。此外，仍有許多絲毫不將納粹視為壓迫者、不認為納粹需要接受制裁的人，認為占領國的審判和去納粹化，不過是「勝者的正義」，一種成王敗寇的體現。

隨著美國與蘇聯之間的冷戰激化，美國必然希望迅速使西德（德意志聯邦共和國）這個「隊友」的政經秩序盡早復原，好藉西德在歐洲能與扶持東德（德意志民主共和國）的蘇聯一方相抗衡。執行去納粹化的政策卻與此相悖，因為重建工作當中所需要的舊菁英階層與納粹的牽連，必須接受調

# 冷戰與紀念的糾纏

## 空中橋梁行動紀念碑

| | |
|---|---|
| 揭幕年分 ▶ | 1951.07 |
| 設置地點 ▶ | F9MP+MW 柏林 |
| 設 計 者 ▶ | 愛德華・路德維希 |

Author : Thilo Hilberer / CC BY-ND 2.0

二戰後，西德首座大型公共紀念碑，非關納粹歷史，而是紀念 1948 年西方陣營突破蘇聯在德境內交通封鎖的「柏林空中橋梁行動」（見下圖），展現出當時西德抵制共產政權的優位順序。紀念碑如真正的橋梁一樣由混凝土構成，以些微弧度朝向天空伸展，紀念碑的銅製底座則刻有運輸事故的喪生者之名。

Author : Mw9 / Source : Wikimedia Commons / CC BY-SA 3.0

Author : U.S. Air Force / Source : U.S. Navy National of Naval Aviation, photo No. 2000.043.012; Wikimedia Commons

查或審理。一九五〇年十二月十五日，西德的國會正式終止去納粹化的條例，這項轉型正義工作暫告失敗。


## 冷戰下，未竟的去納粹工作

在此東西兩大陣營的對立激化的情境下，西德建立後的首座大型公共紀念碑，完全與納粹歷史無直接相關。

一九四八年六月廿四日這天，冷戰時期首次迎來一觸即發的危機。原先戰後德國首都柏林由美、蘇、英、法四戰勝國分區占領，卻在領土合併、政經問題衝突不斷的情況下，蘇聯率先出手封鎖原由美、英、法三國管轄區（西柏林）的地面交通和資源，企圖迫使三國勢力撤出。西方陣營則展開「柏林空中橋梁行動」反制，以空運送入各式日常補給。堅持至隔年五月，西德的建立已近成事實，蘇聯了解到封鎖的策略已然失敗，才在十二日停止對柏林的封鎖。解除封鎖之後，西德旋即於廿三日成立，而東德也在蘇聯的支持下建立。兩方更分別加入北大西洋公約組織（西德於一九五五年五月八日加入）以及華沙公約組織（東德於一九五五年五月十四日參與創建）。至此，冷戰態勢進入兩大集團壁壘分明的對峙期。

一九五一年七月，天普霍夫機場前豎立起〈空中橋梁行動紀念碑〉，由曾受教於密斯‧凡德羅（〈革命紀念碑〉設計者）的建築師愛德華‧路德維希負責製作。碑體如橋梁般以弧線向上伸展，上有三道如肋骨般略凸的構造，暗示當時通往柏林的三條空中航道，及其與三個西柏林以外占領區（美、英、法）的連結。紀念碑底座上有浮起的碑文，寫著「他們將生命在空中橋梁行動的勤務中，獻給了柏林的自由」[17]，一旁則是喪生者的名字。[18]

當時在空中補給的過程中並未發生戰鬥事件，故名刻在上的死者多是喪生於事故，而非與蘇聯的交戰。雖然以因果關係來說，沒有蘇聯對西柏林的封鎖就不會有這些空中勤務的需求，但在時序上而言，官方發起大動作立碑紀念「空中橋梁行動」的死難者，排在立碑哀悼納粹暴政統治的死難者之前，便可感受到初成立的西德政府已率先將矛頭指向東方的共產陣營，暫時擱置其他事項了。[19]

去納粹化與冷戰因素，互為因果地構成了西德在轉型正義上的未竟和曖昧。

戰後首任西德總理阿登瑙，1949 年首次施政報告：

「因為『去納粹化』之故，導致了許多不幸
和傷害〔…〕
我們不該再把德國人分成兩個等級：政治上
有瑕疵的，和無瑕疵的。
這種區分得盡快消失。」

## 戰後的自我定位：「好」的德國／德國人

另一方面，戰後的西德社會依然必須定位自身與納粹時期歷史之間的關係。這個時期，有一種論述受到史學界與德國社會的歡迎，那就是在歷史研究中強調德國人民做為受害者，同時也是希特勒與納粹政權的反抗者的角色。其中，像是羅特費爾斯這名自美國歸來的學者以及他於一九四八年出版的著作《德國反希特勒的異議》，具有一定的影響力。[20]

羅特費爾斯的論點是，在納粹的政治宣傳、恐怖統治以及剝奪權力之下，德國人民成為了「直接受害者」，藉由放寬「反抗」的界定與強化「反抗」行為在納粹統治期間產生的作用，得以將「納粹政權」與「德國人民」分開來（Beyeler, 2015: 39-40）。若站在批判的角度，這種論點多少都為不曾真正反抗的群體脫了罪，且透過論述從而「正常化」這個群體；但另一方面，即使反抗者僅是納粹統治時期下德國人民的一小部分，他的書寫也為當年挺身而出者——不論是從事人道救援[21]、密謀行刺的行動[22]或者是呼籲公眾反抗的學生[23]，洗刷了即便在戰後仍被視為「背叛祖國」的觀感，給予他們應有的歷史評價。

在這之中，首先被選為立碑紀念對象的，是一眾陸軍軍官、貴族及政府官員策畫並失敗的「七二〇謀刺案」。由史陶芬貝格為首的這群軍官，實際上遠非民主派或進步異議人士，若不是納粹德國的戰事落入不利的境地，或許也不會為了終結戰爭而奮力一搏。他們因謀刺希特勒失敗而遭清算，英勇地獻出生命或自由。然而與其他反抗者相比，這群軍官之所以率先獲得追緬，有其天時地利人和。實際上，直到一九五二年之前，僅有其遺族和當年殘存的反抗者籲請辦理紀念活動，另有小部分學者致力透過研究為其擺脫「背叛者」之汙名。[24]而獲得紀念的原因，正在於西德需要納入抵抗運動作為自身建立的前歷史，以標誌出西德與納粹德國的斷裂、正當化自身，是另一種「好」的德國／德國人。且在冷戰因素下，西德需要借抵抗運動中「反極權」的元素影射東德政權，增加與之對抗的道德籌碼，[25]史陶芬貝格等人的炸彈謀殺行動以及隨後遭處刑的地點，又正好位於冷戰前線的西柏林孤島中——再沒有任何地方，比這裡更適合舉辦追悼德國抵抗運動的儀式了。

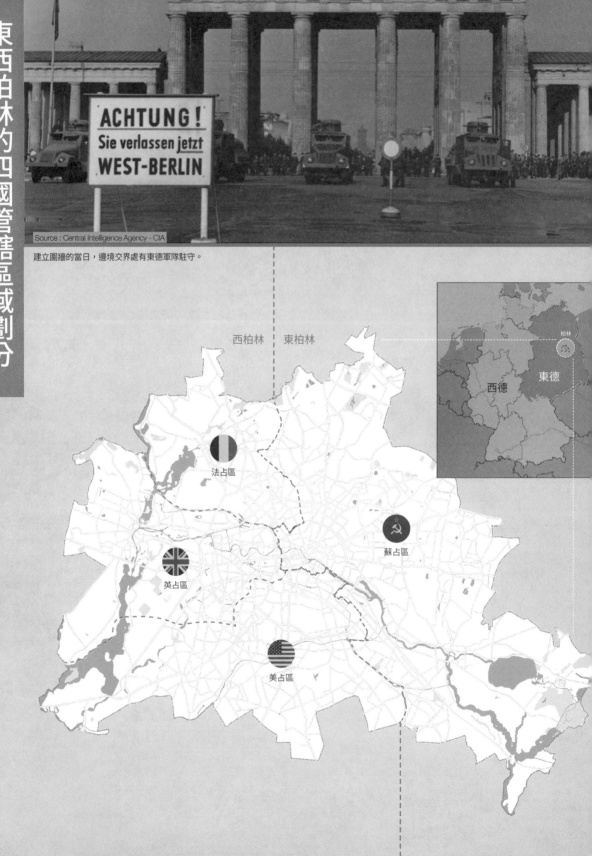

東西柏林的四國管轄區域劃分

ACHTUNG !
Sie verlassen jetzt
WEST-BERLIN

Source : Central Intelligence Agency - CIA

建立圍牆的當日,邊境交界處有東德軍隊駐守。

西柏林　東柏林

柏林

西德　東德

法占區

蘇占區

英占區

美占區

## 不散的納粹審美陰影

一九五二年七月廿日，西柏林市長羅伊特偕同「七二○謀刺案」受難者遺孀伊娃・歐布里希[26]出席紀念碑奠基儀式。自此刻起，與其說這一天成為紀念日，倒不如說是西德政治人物的重大日子；[27]隔年，市長羅伊特再次出席，揭幕〈一九四四年七二○謀刺案受難者紀念碑〉。這座雕像呈現一名體態良好的男性裸體，推測是以史陶芬貝格做為藍本的面容，雙唇緊閉、眉頭略垂，堅定但稍有愁緒，手腕處可見被綑綁的樣子。弔詭的是，這座代表了「反抗納粹抵抗運動」的雕像，卻從製作者到美學呈現上，都壟罩著納粹的幽魂。

雕像的製作者理夏德・賽伯大有來頭，卻不能說毫無爭議。賽伯曾於威瑪時期，受法本公司（即「染料工業利益集團」）[28]委託製作一戰期間陣亡員工的紀念雕像而聞名，隨後，他也獲得名校施泰德藝術學院的教職。短短幾年後，卻在法蘭克福聖保羅教堂的委託案上跌了一跤：為過世的威瑪共和總統艾伯特製作紀念碑時，賽伯所構思的裸女像引起各界議論。

一九三三年，賽伯連同一群同事在納粹重整藝術學院時遭解職。幾年前爭議的裸女像不合於納粹美學標準是可能的原因；[29]另一個可能是，賽伯與他被解職的同事們都涉入「新法蘭克福」[30]計畫案。在時任院長弗里茨・維歐特（一九二三年起就任）的帶領下，施泰德藝術學院是一所治學精神上接近包浩斯的學院，致力於結合藝術的實用性以及美學上革新的思想，堪稱德國在一九二、三○年代前衛運動的重要一環。但納粹上台後，無論是包浩斯或是施泰德藝術學院都面臨清算。在這樣的時代背景之下，幸虧希特勒面前的紅人亞伯特・史佩爾的擔保，賽伯才得以復職。

當一九三五年薩爾地區通過公投回歸德國，全德國族意識高漲之時，賽伯再次受到法本公司的委託，製作〈獲解放的薩爾〉以彰顯此事件（Radau, Birte & Zündorf, Irmgard, 2016）。紀念碑本身是一座正面的女性立像，簡單的皺褶暗示身上披有長袍，但非華美的衣裝；可觀之處在於雙手，其手腕部分各箍著一只手環，手環上懸著斷開的鏈條，方才掙脫枷鎖的這位女性，眼光堅定向前、無所遲疑（Bruno Kroll, 1939: 28）。這個形象更在隔年於威尼斯雙年展德國館展出（Zeller & Insitut für Auslandsbeziehungen, 2007: 200, 372），將納粹獨裁政權的一場大勝利，呈獻於國際舞台上。

Author : Liselotte Orgel-Köhne / Source : bpk, Deutsches Historisches Museum

Author : Kemmi.1(Stefan Kemmerling) / Source : Wikimedia Commons / CC BY-SA 3.0

由「神賜天賦名單」（見 P.54）之中的賽伯所製作的〈一九四四
年七二〇謀刺案受難者紀念碑〉，展出於德國國防軍所屬的本
德勒建築群庭院，底座刻有悼文。雕像或以「七二〇謀刺案」
的史陶芬貝格做為藍本，卻非寫實地呈現為完整無缺的亞利安
人形象。實際上史陶芬貝格於戰爭中負傷，失去一隻眼和一隻
手臂，但身體的殘缺未在此呈現。1980 年的整修擴建案、德國
抵抗運動紀念館成立後，雕像被移至地面，底座上的銘文則改
為鑄在銅製平板上，前方數公尺地面上添加兩道平行的銅條。
在去除雕塑台座、與周遭環境與脈絡結合後，不但暗示了槍決
的場景，也因與觀者的距離拉近，更加凸顯「亞利安理想體態」
的特徵，但至少已讓紀念碑從台座上卸下，去除部分崇高感。

IHR TRUGT DIE SCHANDE NICHT
IHR WEHRTET EUCH
IHR GABT DAS GROSSE EWIG WACHE ZEICHEN
DER UMKEHR
OPFERND EUER HEISSES LEBEN
FÜR FREIHEIT RECHT UND EHRE

一九三六到三七年是他最風光的時候，除了再次受委託，為一戰陣亡將士製作紀念碑〈跪姿的戰士〉，也創作了象徵納粹帝國空軍的〈準備就緒〉及隔年被希特勒購藏的〈沉思者〉，並被任命為教授。隨後，賽伯參與了大德意志藝術展[31]——他是少數的受青睞者，得以連年參展，且納粹高層紛紛購藏他的作品。同時期，被貶為「頹廢藝術」的創作者相繼退出普魯士藝術院[32]時，賽伯則偕一眾受到納粹讚賞的藝文人士，如史佩爾、托拉克及布雷克等，加入這個遭「清洗」的學院，成為院士。[33]

當戰後理應重新審視納粹時期一切事物的時刻來臨，賽伯這份令人尷尬的履歷為何仍能做為代表，出現在一九五二年如此重要的「七二〇謀刺案」紀念場合？〈一九四四年七二〇謀刺案受難者紀念碑〉至今仍立於德國抵抗運動紀念館的中庭，正好是當年西德戰後轉型正義施為的時代見證。戰後德國（西德）為了斷開與納粹德國的連結，建立受害者與反抗者的形象，標誌出與東德共產極權的差異，[34]而選擇在此地設立紀念雕像，紀念當年謀刺希特勒失敗的軍官；又因為去納粹化不夠徹底，導致在納粹時期自始至終享有名聲與經濟利益，甚至在戰爭末期被希特勒列入「神賜天賦名單」、免除被徵調上戰場風險的賽伯，戰後仍能繼續為官方造像，並且成為協助重塑國家認同形象的一員（Der Spiegel, 1994: 37-38）。

賽伯的紀念碑雕塑自身的美學風格，是與納粹政權、德國國族主義交纏難分的新古典主義形式。新古典主義[35]本著對於古希臘羅馬文明的崇尚，正好符合於納粹自認是歐洲羅馬帝國偉大傳統思想繼承者的想法；納粹時期的新古典主義雕塑藝術中的人物正姿、強健的體態，更是納粹標準理想的亞利安民族的樣貌。

至此，抵抗運動的意義已遠遠地偏離當時納粹統治下的時空脈絡，也並非真正、適切地紀念這群知其不可而為的軍官，而是為當下的政治需求所用。賽伯製作的〈一九四四年七二〇謀刺案受難者紀念碑〉，原意是為了否定納粹政權，但納粹政權在文化上的意識型態卻借這名「雙手被綑綁的男子」還魂，亞利安式的理想型態被灌注到抵抗運動的紀念之中，也替後來國族主義的再起留了機會。

1944 年，希特勒與納粹宣傳部共同編製一份 36 頁的藝術家名單，命名為「神賜天賦名單」，並為這些藝術家製作證明文件，其免受戰爭影響，可繼續從事創作。

# 神賜天賦名單
# 與
# 納粹審美

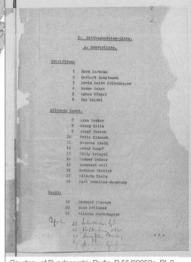

「神賜天賦名單」上包含藝術家理夏德・賽伯，製作有〈獲解放的薩爾〉、參加大德意志藝術展的〈十項全能運動員〉，擅長新古典主義的人像雕塑，在戰後亦獲選為〈一九四四年七二〇謀刺案受難者紀念碑〉的設計執行者。〈獲解放的薩爾〉是紀念 1935 年薩爾地區通過公投回歸德國。薩爾地區處法、德、盧森堡交界處，以煤礦重工業為盛，是德法長年爭奪標的，戰後的《凡爾賽條約》將此區自德國分割而出，於 1920 ～ 1935 年間由國際聯盟託管，1935 年薩爾人民公投決定去處。當年公投雖被操作成反希特勒的選戰，最終卻以 90.8％的選票回歸德國，成為納粹政權的全勝指標，此雕塑並在隔年參與威尼斯雙年展德國館。

當今德國的極右翼國族主義分子，包括右翼民粹政黨德國另類選擇黨在內，始終嘗試藉由重新定義七二〇謀刺案，來達成自身政治目的。譬如，將這群軍官的角色設定為「愛國者」，藉此強化德國國族高於一切的意識形態；或者將自身的身分帶入「反抗者」，挪用當年謀刺行動中設計出來的旗幟（特別是維爾默旗）為自身集會所用。[36]

柏林的雉雞街猶太會堂命運坎坷，在 1930 年代的反猶暴亂中，數度遭攻擊、關閉，
更於「十一月反猶暴亂」（舊稱「水晶之夜」）被縱火焚燒。1958 年，其殘存建築
被完全拆除，消失於歷史之中。

# 首度現身的
# 「猶太」紀念碑——
# 轉折六〇年代

這座紀念碑是首座由官方（舍訥貝格區議會）為了被滅絕的猶
太生命所設，同時也是標誌出具體歷史場所的早期案例之一。

—— 史蒂芬妮·燕德里西，〈致被摧毀猶太會堂紀念碑〉，

《通往紀念之路》，2006 [37]

# 全稱式的紀念立碑

兩德至 1960 年代前，紀念碑多以單一碑體及全稱方式，紀念不特定對象。戰後至 1949 年東西德正式分裂的幾年間，德國以「法西斯受難者」之名，設置了不少紀念碑。兩德分裂後，因「法西斯受難者」概念相對由共產陣營占據，西德遂改以其他稱呼紀念。

其中 1953 年設置的〈納粹受難者紀念石〉，採用了 1936 年「十一月反猶暴亂」被縱火焚燒的雄雞街猶太會堂的殘餘建材，作為猶太受難的殘存證明，但難以被後代所辨識。

| | |
|---|---|
| 揭幕年分 ▶ | 1948 |
| 設置地點 ▶ | GFCH+7W 柏林 |
| 倡 議 者 ▶ | 納粹政權受難者聯合會（VVN |

## 法西斯主義受難者紀念碑

| | |
|---|---|
| 揭幕年分 ▶ | 1945.04.20/21 |
| 設置地點 ▶ | MHGR+MV 貝爾瑙 |
| 倡 議 者 ▶ | 納粹政權受難者聯合會 |

## 納粹受難者紀念石

| | |
|---|---|
| 揭幕年分 ▶ | 1953 |
| 設置地點 ▶ | G85G+FH 柏林 |
| 倡 議 者 ▶ | 聯邦與納粹受迫害者共同倡議 |

## 史達林主義受難者紀念石

| | |
|---|---|
| 揭幕年分 ▶ | 1951 |
| 設置地點 ▶ | G85G+H8 柏林 |
| 倡 議 者 ▶ | 史達林主義受難者協會 |

DEN OPFERN
DES
STALINISMUS

1953 · 1945
DEN OPFERN
DES
NATIONALSOZIALISMUS

即便東、西德政府各自因為全球冷戰的政治情勢，塑造出所需的歷史敘事並占據主流位置，不同團體和組織也因政治意識型態差異而分裂[38]，但紀念物的設立行動，倒沒有因此全然中斷。

冷戰激化前，由於「法西斯受難者委員會」的設立運作，及「法西斯主義受難者紀念日」的影響，戰後的四〇年代末期，許多個別的立碑行動、社區的小型紀念碑，多是以一塊碑體（柱狀或是石塊）加上刻有「致法西斯主義受難者」字樣的簡易形式，出現在公園、廣場或是機構的入口（Endlich, 2006）。除此之外，前文所提及的，為了一九四五年的紀念日，漢斯‧夏隆設計的布景上所出現的紅色倒三角加「KZ」二字，也被廣泛運用在這些紀念物上。

| 1-1-2 |

隨著兩德政治上的分斷，西德在紀念碑／物設置上棄用「法西斯受難者」這個相較之下被共產陣營占據的概念，改用其他概念或稱呼來紀念，例如一九五二年起設的「民族哀悼日」。紀念物方面，兩德政權多各以全稱的方式立碑，紀念非特定對象。舉西柏林為例，不管是一九五一年建的〈史達林主義受難者紀念石〉或是一九五三年豎立的〈納粹受難者紀念石〉，碑文上都沒有特定指陳的受難族群對象。這種紀念方式，一方面模糊了受難群體的面容，二來也仍然使西德的官方敘事中，存在著將兩個不同的政權（納粹與東德）相提並論的空間。

不過，〈納粹受難者紀念石〉稍稍在紀念物的製作中加入了些許不同的素材，作為歷史灰燼的承載及回映。它採用鄰近的雉雞街猶太會堂的殘餘建材做為碑體（Endlich & Wurlitzer, 1990: 30-31），這座猶太會堂命運多舛，在一九三一與三五年選帝侯大街的反猶暴亂[39]中，都曾遭受攻擊，一九三六年更被納粹當局關閉，並在「十一月反猶暴亂」（舊稱「水晶之夜」[40]）被縱火焚燒。戰爭時期，也因空襲更加殘破，並於一九五八年被拆除。然而，這些未被具文記錄的過程，一旦能夠辨認出猶太會堂石灰岩材質的世代凋零後，對「反猶」的反思訊息便難以傳承下去，使關注焦點回到碑體上全稱的對象。不過，即便相當幽微，將猶太會堂的一部分融入紀念碑之中，暗示猶太群體是「納粹主義受難者」之一部分，是戰後早期在製作紀念物時的一個重要嘗試。

## 迫在眉睫的反猶覆轍

六○年代前夕的一連串事件，促使德國的各種紀念工作更進一步發展。

一九五九年，西北德廣電協會與南德廣電決定延續先前廣受好評的電視紀錄片《威瑪共和》，繼續按照時序推出《第三帝國》、共十四集的紀錄片。當時電視媒體正蓬勃發展，五○年代中期開始，西德各廣電公司陸續建立，電視台所製播的分鐘數也逐漸攀升。[41]在這樣的背景下，七十萬西德馬克的經費被挹注到《第三帝國》的製作當中。製作團隊除了優秀的導演與編輯以外，也延攬歷史學家為學術顧問，該團隊的目標是，補足當時德國學生對當代史認識的缺乏，所以《第三帝國》包含了大量的歷史畫面、檔案文件以及當事人的訪問，最終創造了每集約六至八百萬的觀看人數，平均收視率超過百分之五十。

《第三帝國》在公共電視台的播出，正好與前納粹黨衛軍少校艾希曼被逮捕、受審、處刑的時間點完全重疊。[42]這時，政治事件引起人們對歷史的關注，促使人們注意各種資訊；而各種文字、影像以及表演藝術等作品如雨後春筍般出現，以不同媒介進行歷史教育，彷彿是為了在現實中進行有益的論辯和行動做的行前準備。順帶一提，若以播出時間為一九六○至六一年計算，當時觀看紀錄片的中小學生，正好就是後來的六八世代大學生。[43]

製作教育素材的想法也非憑空而來。領導戰後重建的首任西德總理阿登瑙在一九四九年的首次施政報告中表示：「因為『去納粹化』之故，導致了許多不幸和傷害（⋯）我們不該再把德國人分成兩個等級：政治上有瑕疵的和無瑕疵的。這樣的區分應該盡快消失。」（Adenauer, 1949）

然而，鑑於「去納粹化」未遂的整個西德公務體系，加上深入在日常生活層次裡的納粹遺緒沒能有效處理，償債的時刻很快地到來。一九五九年，也就是被外媒譽為戰後「經濟奇蹟」典範的那年，西德境內醞釀著一股新的反猶浪潮。

一九五○年代中期一直有層出不窮的反猶言論和宣傳流竄，右翼的報紙和黨派也重新興起。一九五九年九月，剛重修完成的科隆猶太會堂，旋即於耶誕節遭人以納粹十字塗汙，並引起接二連三針對猶太會堂與墓地的連

# 戰後首座指名受害群體的紀念碑

## 致被摧毀猶太會堂紀念碑

| | |
|---|---|
| 倡議年分 ▶ | 1963.11.08 |
| 設置地點 ▶ | F8QR+WV 柏林 |
| 倡 議 者 ▶ | 柏林舍訥貝格區區議會 |
| 設 計 者 ▶ | 葛森‧費倫巴赫 |

〈致被摧毀猶太會堂紀念碑〉由數個方塊組成，左上角方塊上的浮雕是猶太教的光明節燭台，右下角方塊上則刻有「這裡曾是 1909 年建成的猶太教區會堂」。碑體形式更貼近現代主義雕塑，使它有別於 1940、50 年代僅以碑體加上文字的紀念石。

Source：Bezirksamt Tempelhof-Schöneberg

Author：鄭安齊

鎖破壞潮；至隔年統計下來，竟然累積超過六百件反猶破壞案（Munzert, 2015: 91-92）。深受驚嚇的西德社會方才警覺到，是該動員起來好好地面對歷史了。

## 紀念主體與對象的再思考

若是要回顧西德在這波反猶事件的對應以及在轉型正義工作上的推進，就不能忘記六八世代的青年們，特別是德國社會主義學生聯盟。

自六〇年代初開始，德國社會主義學生聯盟就活躍地透過檔案展、自行組織的課程以及形式各異的公開活動，要求調查並處置依舊潛伏各個領域中、仍未受到相應懲罰的納粹分子，範圍從政府、大學機構到甚至是自己的長輩。[44]對學運世代的青年來說，當時堪稱他們理論、精神上導師之一的米切利希夫婦所撰寫的《無能於哀悼：集體行為的基礎》，也直接指出了轉型正義工作未能遂行的弊害，使得一代人受到深切的影響。這段時期內，最為戲劇化的事件是一九六八年學運參與者貝婭特・克拉斯菲爾德於基督民主黨的大會上，在攝影機前打在時任總理基辛格臉上的耳光──克拉斯菲爾德當年也是投入調查、追究納粹時期罪責的運動青年之一；這巴掌的對象，正是曾加入納粹黨，而後卻再度踏上政治高位的代表人之一。

當人們拒絕再將詮釋與批判歷史的權力讓渡給有權者後，一座有明確指涉受害群體，且位於歷史場址的紀念碑，出現於這個時期。一九六三年十一月八日，也就是「十一月反猶暴亂」廿五周年紀念日前一天，柏林舍訥貝格區議會委託雕塑家在舊址上製作〈致被摧毀猶太會堂紀念碑〉。

同樣的六〇年代，南邊的慕尼黑也立起了致猶太會堂的〈一九三八遭毀慕尼黑猶太大會堂紀念石〉。比起柏林舍訥貝格的猶太會堂，這座位在慕尼黑老城區中心地帶的會堂，連一九三八年的反猶暴亂都未能等到，便先在該年六月被納粹當局以城市擴建為由，短短幾日內勒令拆除，並強迫以賤價出售土地[45]，所以此處也是最早遭難的幾處猶太會堂之一。

此紀念碑由藝術家赫爾伯特・彼特斯於一九六八年受委託製作。彼特斯在當時屬於慕尼黑的藝術團體「新組」，其成立源自於對現代藝術運動「慕尼黑新分離派」的承繼，成員要不曾是「新分離派」，就是屬於另個團體「無

| 1-1-2 |

# 一九三八遭毀慕尼黑猶太大會堂紀念石

揭幕年分 ▶ 1969.11.09
設置地點 ▶ 4HR9+28 慕尼黑
設計者 ▶ 赫爾伯特・彼特斯

此紀念碑由大面積的幾何石塊組
石塊表面質感是均勻的粗糙刻痕
面大面積的方形量體附帶有大衛
及銘文，背後稍帶弧型的石塊，
著希伯來文的碑文。兩大塊石塊
嵌有一較小的立方體，刻有光明
台浮雕。

# 納粹受難者紀念碑

揭幕年分 ▶ 1970
設置地點 ▶ Q5GJ+Q5 斯圖加特
倡議者 ▶ 斯圖加特市議會
設計者 ▶ 艾爾瑪・達浩爾

不同於前述案例，此紀念碑是由市議會評鑑委員會邀請知
名哲學家布洛赫事先撰擬碑文，再由藝術家依碑文發想競
圖。達浩爾的設計從九件競圖作品中脫穎而出。

此紀念碑設計亦由四塊大量體但造形簡練的石材組成，但
不純然是抽象雕塑，因為立方形的石塊其實是馬路上鋪面
石磚的放大版，其中三塊正擺，一塊傾斜地架於三塊之上。

評審團」，且曾遭受納粹迫害[46]——這兩個團體的部分成員及其創作皆曾被納粹認定為「墮落藝術」，並於一九三三年納粹上台後被強迫解散（Kissling, 2020: 1）。彼特斯的老師亞當·溫特則在納粹時期遭政治審查而被解除教職。由彼特斯承製這座紀念碑的政治意義，正好與五○年代賽伯承製抵抗運動紀念碑的政治意義成為對照。

| 1-1-2 |

一九六九年，也就是六八學運的隔年，斯圖加特市市議會組成的評鑑委員會委託製作了〈納粹受難者紀念碑〉。若沒有市議員艾柏樂的推動，就不會有這座紀念碑。艾柏樂曾經被關押於集中營，也參與過工會以及德國共產黨的組織，在一九六三年就嘗試在汽車工業繁盛、左翼團體和工會頗具規模的斯圖加特，推動這塊紀念碑的設立。碑文提到「國家社會主義（納粹）暴政」的句子，若考慮到艾氏的政治路線、撰寫碑文的哲學家布洛赫投身社會運動的紀錄，以及布洛赫與學運領袖杜契科的友誼，這四塊放大地磚組成的紀念碑，既像是呼應著六八學運本身與國家暴力化身的警察的對抗，也重申了「納粹暴政」，表達六八世代對於當時官方在批判性反思歷史、處置歷史工作上的不滿足。

從這時期開始，採用藝術家創作的抽象主義雕塑作品做為紀念碑再度成為一種新的模式。但若與威瑪時期明顯帶有政治意圖、源自於歷史前衛主義的抽象形式相比，此時期的抽象雕塑作品多傾向反敘事、去內容與去脈絡化、不帶有過多具象形體，並且宣稱從「政治」與「社會」的範疇中撤出。要以這些創作充作理應承載許多歷史與政治訊息的紀念碑，終究帶有不小的矛盾。不過若以〈致被摧毀猶太會堂紀念碑〉和〈一九三八遭毀慕尼黑猶太大會堂紀念石〉兩件以抽象雕塑作為表現形式的紀念碑作品來看，藝術家也都在作品上加上了帶有猶太意涵的符號，作為緩解此矛盾的策略，與密斯·凡德羅當年的〈革命紀念碑〉加上了共產黨的槌子鐮刀紋章有著

| 1-1-1 |

異曲同工之妙。而〈納粹受難者紀念碑〉採取放大現成物（石磚）的策略，不得不說在當時相當前衛，藝術家達浩爾製作的紀念碑雖帶有與當時的藝術風氣相似的外貌，但因為推動立碑者自身的故事和立碑當下的政治氛圍而飽含脈絡，恰與前述另兩件作品的性質涇渭分明。[47]

當藝術的自主性遇上委託製作的紀念碑，該如何協調這兩者，是接下來的年頭裡在紀念碑／物的設置過程中，需要解決的問題。但是，一九六○年代後的這些紀念碑作品，已讓紀念碑稍稍脫離從屬、服膺於當時冷戰體制的狀態。

第二章

# 圍牆光譜兩端

Author : brownphoto / CC0

1950 至 1960 年代間，東西德皆位在不同意識形態的端點，展開各自的紀念工作。上圖為 1961 年揭幕的薩克森豪森集中營紀念館，可透過塔樓正門上的鑄鐵門嵌字「工作使你自由」的縫隙間，窺見紀念碑與群像。

一場未曾發動的戰爭，很難找到對手犯罪的證據。因此他越是要喚起敵人的形象。更糟糕的是，現在擁有核武器但厭倦戰爭的超級大國，直到不久之前還一起對抗並擊敗了納粹。他們其中一方以自由和法治之名，另一方則代表了受強制的集體。

在這個態勢下，德國人肩負著一項奇怪的任務，即用昨日的素材來增強已被削弱的惡敵形象，同時將自身定位在成功的被殖民者角色。所以戰後德國人一方面是臭名遠播的不聽教誨，另一方面則被視為世界觀上的模範生。

——苔雅・朵恩、理查・華格納，《德意志之魂》，2011

1953 年 6 月 26 日，東德的流亡者在西柏林的波茨坦香榭大道靠近 115 號高速公路的交流道分隔島上，立起木製大型十字架，紀念在六一七起義中身亡的人。當時被當作紀念解放人民於納粹政權的蘇聯坦克仍擺放於此，而立於坦克紀念碑前方與之相對的十字架，是扭轉坦克紀念碑意義的嘗試。

## 第一節

# 冷戰時期的西德紀念政治——
# 「紅色獨裁」之於「自由」

起初，我認為我們應該對這（西德對東德文學的關切）巨大且不斷增長的迴響感到高興〔…〕但隨後出現的想法是，所有這些公開的關注都必有其原由〔…〕這不可能是單純的愛。

——東德作家尤瑞克・貝克，於 1974 年 6 月 23 日《明鏡周刊》報導中的發言

# 東德範圍內首次公開聚眾抗議／西德口中的『六一七起義』

1953 年從東柏林展開的工人抗議行動，引發的直接原由為勞動定額上升，導致建築工人罷工，在史達林大街上展開抗議行動，並遍及東德各地引發示威抗爭。東德人民警察以及駐紮於東德的蘇聯軍隊旋以坦克鎮壓，造成大量死傷及拘捕判刑。圖中可見向蘇聯 T-34 坦克投擲石塊的民眾，以及坦克與示威抗議群眾對峙的場景。

即使德國分立迄今已是三十年前的往事，但說到柏林，圍牆依舊是排在相關聯想詞的前幾位。而即便冷戰期間東西陣營各據一方，「隔空互設」紀念碑卻仍能成為彼此之間政治意識形態對抗的一環——比如東德的「六一七起義」，在圍牆旁的西柏林召喚出的一系列紀念行動。

| 1-4-3 | 「六一七起義」[1]是一九四五年蘇聯掌控德東之後，直到六一年柏林圍牆建立之前，東德範圍內的第一次公開聚眾抗議。早在東德建立之後，經濟傾頹、糧食供給不穩定以及隨之下降的生活品質，加以一連串壓迫人民生活的政策，諸如：軍事化對其他部門預算的排擠、針對私營小商家或小企業主的徵用、農業集體化政策的失當、對教會的鬥爭等，除了導致部分人民出逃，不滿的情緒亦早於內部蔓延。一九五三年五月，東德執政的德國社會主義統一黨更在工資保持不變的情況下，將勞動定額提高了百分之十‧三，亦即：薪水不變，但要做的工作更多，實質上是一種變相減薪（Hertle, 2013）。抗爭的火苗是從東柏林點燃的。勞動定額提高後的六月十五日一早，史達林大街[2]工地的建築工人拒絕上工，以抗議被削減的薪資，並要求降低勞動定額。隔日上午十點廿五分起，七百餘名工人開始在史達林大街上遊行，並陸續有其他工人參與抗議隊伍，訴求也從降低勞動定額擴張到要求自由選舉，並醞釀成發動總罷工的呼籲。

當晚，西柏林的美國占領區廣播電台對此事及抗議訴求的報導宣傳[3]，使整個東德地區都知悉此事，進而陸續在各地發動示威抗議（Hertle, Ciesla & Wahl, 2013）。六月十七日約有一百萬人走上東德的街頭，訴求略有差異，但不脫「降低勞動定額、釋放政治犯、統一社會黨政府辭職、自由選舉和德國統一」等。上午十一點三十分左右，蘇聯坦克開進東柏林市中心，並在各地宣告「緊急狀態」，開始對抗議群眾進行鎮壓。七百多個地點的示威和集會，最終被蘇聯坦克和軍隊瓦解，計有五十餘人被殺，數百人受重傷，一萬五千多人被捕，當中的數千人隨後被判處有期徒刑。

即便示威抗議大多發生於東德境內，但西柏林市議會仍在事發五天後，決議把正對著群眾聚集地的路段改名，直面東柏林心臟地帶的路段[4]改稱為「六一七大街」，以示對此事的紀念。隨後，西德的國會更將此日訂為「國家統一日」。[5]

# 六一七相關紀念碑

## 波茨坦香榭大道自由十字架

最初設立年分 ▶ 1953.06.25
石碑增設年分 ▶ 1954
設 置 地 點 ▶ C5CX+J7 柏林

【碑文】致受難者及無所畏懼爭取人權、人性尊嚴、真理及自由的鬥士，1953 年 6 月 17 日

Author：Fridolin freudenfett (Peter Kuley) / Source：Wikimedia Commons / CC BY SA 3.0

Author：Refactor / Source：Wikimedia Commons / CC BY SA 3.0

一般對於「六一七起義」紀念，大多是以一種集體「起義者」面貌呈現，甚至連民間所立的紀念物也例外，如左圖分隔島上的十字架。這種受害者缺席狀況，紀念物特別容易被轉用於其他政治目的，難者的面貌更加模糊。以「自由」為名的紀念物也合於冷戰下西方陣營自我標榜的意識形態。因設置於市立墓園的〈致一九五三年六月十七日受難者紀念碑〉有一重要性：將受害者銘刻於上，記住抗爭者的姓名身分。

## 致一九五三年六月十七日受難者紀念碑

設置年分 ▶ 1955.06.17
設置地點 ▶ H934+7J 柏林威丁區市立墓園

Author：Miriam Guterland / Source：Wikimedia Commons / CC BY SA 3.0

Author：Queryzo / Source：Wikimedia Commons / CC BY-SA 4.0

## 六一七紀念物

在極短的時間內，紀念碑也立刻設置起來。首先是民間社團最快有所反應：一九五三年六月廿六日，西柏林的波茨坦香榭大道靠近一一五號高速公路的交流道分隔島上，立起了一座木製的大型十字架，紀念起義中身亡的人，設立者是從東德流亡至西柏林的起義參與者。約莫一個月後的七月廿日，臨時設立的十字架被替換成附帶有紀念牌及碑文的十字架，並豎立至今。[6]每年，該處都會有「一九五三年六一七協會」辦理的紀念儀式。

從今日的狀況，可能看不出來當初為何選擇此地立碑。當時，該中央分隔島處，尚擺設有一輛蘇聯坦克——紅軍一九四五年戰勝納粹之後，設於該處做為紀念碑。同時，該地也正好是「布拉沃檢查哨」[7]所在之處，是東西德之間的閘口。將紀念碑擺放於此地，顯然是針對東德政權背後主導鎮壓的蘇聯的抗議。一九五四年，六一七協會更增列了一塊石碑，並在曾領導二月革命、但遭十月革命推翻的俄羅斯前總理克倫斯基出席下揭幕。該石碑紀念的是於鎮壓起義軍隊中拒絕對「暴民」開槍，卻因此遭軍隊處決的十八名士兵；但立碑的根據，僅只是事件過後一個蘇聯流亡反政府團體的傳單，且多年來史學家的考證皆無果，[8]因此此紀念碑存在的合法性屢遭質疑。然而可以見到的是，冷戰下強國內部政治鬥爭的戰場，亦可能藉著紀念物的設立，而延伸至其他地方，另一方面，特定對象的紀念反退而成為託辭。

相對較為可靠而有實證依據的紀念碑，則設置於威丁區市立墓園，此地亦葬有納粹受難者。[9]六一七事件過後，有八名抗爭者因傷被送往西柏林的醫院救治，隨後不治身亡，於廿三日在舍訥貝格的西柏林市政廳先舉辦悼念儀式，並於棺木覆蓋柏林市旗，接著移往市立墓園下葬，儀式當天有十二餘萬人參與，沿街也有諸多市民圍觀見證。二年後的紀念日上，一座石灰岩雕塑而成的碑在紀念儀式上揭幕，地面上則設有個別受難者的墓碑。製作的藝術家是卡爾・溫克，作品則呈現出一個意圖掙脫圍籬而出的人物模樣，看上去就彷若將從石頭中逃脫一般（Endlich & Wurlitzer, 1990: 194）。往後，西德政府、西柏林政府年年於此舉行紀念儀式，延續至今（Kaminsky, 2016: 102）。

紀念「六一七起義」的最後一座紀念碑，是一九六三年在柏林豎立的。往後對於「六一七起義」的記憶，則逐漸被其他更重大的事件取代——譬如

# 更動的碑文

揭幕年分 ▶ 1961.11
設置地點 ▶ G989+76 柏林
倡 議 者 ▶ 德國不可分割委員會

Author : David Wintzer / Source : Wikimedia Commons / CC BY-SA 4.0

【原碑文】

「致紅色獨裁的受難者」（Den Opf
der Roten Diktatur）

「你們的自由是我們的使命」（Eur
Freiheit ist unser Auftrag）

【1989 年改動碑文】

「致一九六一年八月十三日圍牆受難者」

此碑設立於東德建起圍牆的同年，由反共團
體「德國不可分割委員會」所設，造型模仿
早期柏林圍牆。原碑文「紅色獨裁」指稱紀
念共產統治者，與「自由」的意識形態對立。
爾後碑文被更動，卻出現無可查證圍牆受難
者、但帶有圍牆起建日象徵意義的「八月
十三日」之日期。

Author : OTFW / CC BY-SA 2.5

柏林圍牆的建立。下次要再有「六一七起義」紀念碑／物的設置，便已是圍牆倒塌之後的事了。


## 圍牆倒塌前的紀念

紀念碑與暴政是一體兩面。幾乎就在東德建起圍牆的那一刻，西德也隨之豎立起紀念碑。既然柏林圍牆作為冷戰的實體化，其折射面的紀念碑，必也帶著濃厚的冷戰意識形態。布蘭登堡門前的六十七大道上，於建起圍牆該年的十一月，便立起了一道〈致一九六一年八月十三日圍牆受難者紀念碑〉，以大塊混凝土磚砌成，高度約莫與成人齊眼，直白地模仿了最早期的柏林圍牆形式。

現在我們在碑上[10]可見的文字是「致一九六一年八月十三日圍牆受難者」，然而這已是在一九八九年改動過後的碑文。原碑文其實是「致紅色獨裁的受難者」和「你們的自由是我們的使命」。兩版碑文中，都不包含受難者的姓名，也沒有明確的加害者指稱，取而代之的是面貌模糊、冷戰意識形態先行的「紅色獨裁」與「自由使命」的對峙。在可查證的資料之中，第一位因想逃離圍牆封鎖而受傷致死者，是八月十九日攀繩垂降的魯道夫・烏爾班[11]，第一位直接因逃離圍牆舉動當場致死的，是同月廿二日墜樓的伊達・席克曼[12]，而第一個遭圍牆守軍射殺的，則是八月廿四日欲泳渡洪堡港水域邊界的鈞特・利特芬[13]，所以在現有資料庫中也不存在八月十三日當日的圍牆死難者（Hertle & Nooke, 2017: 1）。「八月十三日」這樣的說法僅具有象徵圍牆建立當日的意義（即便圍牆亦非一日建成）。[14]

豎立這座紀念碑的是「德國不可分割委員會」，成立於一九五四年，雖然成員跨越不同黨派，但其立場帶有反共的性質，特別是在六〇年代間隨著冷戰情勢高漲時期所策畫的各種紀念和宣傳活動。這個團體最初的訴求甚至一度擴及「收復」德國被蘇聯「侵占」的東方領土，早期的活動也都以紀念「六一七起義」為主，圍牆建立這種代表東西陣營衝突的政治事件，這個團體自然不缺席。不過因為六〇年代後半學生運動期間思想的左傾，以及時任總理布蘭特與冷戰東方陣營和解的「新東方政策」，不僅使「德國不可分割委員會」思想的不合時宜在公共領域得不到輿論支持，也引發了團體內部支持「新東方政策」與反共的派系路線之爭，逐漸在七、八〇年代間流失影響力，而淡出政治舞台（Meyer, 2014）。

# 民間自發，
# 致圍牆的受難者們

## 柏林圍牆
## 死難者紀念碑

| | |
|---|---|
| 受紀念者 ▶ | 佩特·費希特 |
| 立碑年分 ▶ | 1962 |
| 設置地點 ▶ | G95V+46 柏林 |

| | |
|---|---|
| 受紀念者 ▶ | 鈞特·利特芬 |
| 立碑年分 ▶ | 1962.08.24 |
| 設置地點 ▶ | G9FF+V3 柏林（新址） |

Author : Blunt / Source : Wikimedia Commons

Author : Ansgar Koreng / Source : Wikimedia Commons / CC BY 3.0 DE

## 柏林圍牆早期死難者

| 罹難日期 | 罹難者 |
|---|---|
| 1961.08.19 | 魯道夫·烏爾班 |
| 1961.08.22 | 伊達·席克曼 |
| 1961.08.24 | 鈞特·利特芬 |
| 1962.08.17 | 佩特·費希特 |

## 白十字紀念碑

| | |
|---|---|
| 揭幕年分 ▶ | 1971.08.13 |
| 設置地點 ▶ | G99G+2M 柏林（舊） |
| | G99G+RP 柏林（新） |
| 倡 議 者 ▶ | 柏林公民協會 |

Author : DoD / Source : Wikimedia Commons

其它較早期，建立於圍牆未倒塌之前的紀念碑，則幾乎皆是為了悼念因試圖越過圍牆而失去生命的人，且是由民間自發的立碑行為。當中最早的要屬佩特・費希特的紀念碑。一九六二年八月十七日試圖越過圍牆而遭射傷的他，因為無人能進入圍牆的區域內對他施救，導致失血過多而身亡。當日，便有西柏林居民自發性地在他遭射殺的圍牆邊放置花束和花圈，不久後，此地也立起了一座十字架，[15]在地上圈出一塊悼念的區域，並放上當時他遭射殺的紀錄照片。以儀式性的需求加上暴政的證據，就這樣構成了一塊相當簡易的紀念碑[16]。可與費希特紀念碑相比擬的還有〈白十字紀念碑〉，由民間社團「柏林公民協會」策畫製作，將附帶有逃亡受難者姓名及歿日的簡易白色十字架，懸於邊界的圍籬上作為紀念碑，於圍牆建成的十周年當日揭幕。因為後續事件死難者的增補，最後立於國會大廈南側的白十字架共有十五塊，並在前方加上一只木質十字架，十字架上附有說明牌，其樣式類似於前述費希特紀念碑早期型式的十字架。

另一位死難者鈞特・利特芬的紀念石，則在他被射殺的一年後建立。因為利特芬是被直接貫穿後腦射殺致死，這樣的事實披露到媒體上後，激起了西柏林市民的怒氣。在一場示威遊行後，市民在利特芬陳屍處的邊界岸邊留下了寫有「不管烏布利希再怎麼叫囂，柏林還是會繼續自由，永遠不被染紅」[17]這樣帶有強烈意識形態對抗（「自由」對上「染紅」）的橫幅。一年後，一塊上面載有姓名、生卒年的石板，以及左側一小塊象徵圍牆的磚體豎立在同個位置上，作為利特芬的紀念石。

雖然在公共空間設立需要官方同意，但是這些紀念並未因此得到經費挹注或各種官方的幫助。直到圍牆倒塌之前，像今日所見官方直接主導、公開的大型紀念碑設置行為或活動，相較下是缺乏的，這間接導致早期建立的紀念碑大多在形式與材質上都十分簡易，即便需要考慮到長期維護的可能性，也很難看到採用金屬材質的紀念碑。在那個「公共空間中的藝術」[18]或「附帶於建築的藝術」[19]尚未萌芽、具有資產的人才能委託建築師、雕刻家進行規畫製作公共藝術的年代，這類民間紀念物的製作少有文化工作者的參與或介入，美學上往往非常素樸，帶著一點宗教意味和直接的情緒，譬如大量使用十字架元素，更多時候也如利特芬的紀念石般類似墓碑。

為了布痕瓦爾德集中營紀念館，雕塑家克雷默在工作室中說明預計設置於「自由鐘塔」前的雕塑作品。此作多次受到主政者的介入修改。

## 第二節

# 冷戰時期東德的紀念政治——

# 「反法西斯鬥士」的正統繼承人們

在公義之城的種籽中，也藏了一顆有害的種籽：對於身處正義一方的肯定與自豪——認為自己比起許多自稱比正義本身還要正義的人，還要具備正義。這顆種籽在悲苦、敵對、憤恨之中發芽；而且報復不公不義的自然欲望，沾染了想佔有不義者的位置，並且像他們那樣子行動的渴望。

——伊塔羅‧卡爾維諾，《看不見的城市》，1972

# 戰後早期德國政治及
# 紀念事務大事紀

| 1945 | 04.11 | 美軍解放布痕瓦爾德集中營 |
| | 04.22 | 蘇聯紅軍及波蘭軍隊解放薩克森豪森集中營 |
| | 04.30 | 蘇聯紅軍解放拉文斯布呂克集中營 |
| | 05.08 | 第二次世界大戰歐洲戰場終戰日 |
| | 07.17~08.02 | 「波茨坦會議」，美蘇英法四國決議戰後對德國及其首都柏林的分區占領 |
| | 09.09 | 「法西斯主義受難者紀念日」活動於柏林舉辦 |
| 1947 | 03 | 「納粹政權受難者聯合會」（VVN）成立 |
| 1948 | 06.24~<br>1949.05.12 | 「柏林封鎖」，冷戰後首次國際危機 |
| 1949 | 05.23 | 德意志聯邦共和國（西德）建立 |
| | 10.07 | 德意志民主共和國（東德）建立 |
| 1950 | 02.08 | 東德國家安全局（史塔西）成立 |
| 1953 | 02 | 東德政府解散境內的 VVN，由受到德國社會主義統一黨主導的「反法西斯抵抗運動鬥士委員會」取代 |
| | 06.15~06.17 | 東德六一七起義 |
| 1954 | 02 | 「布痕瓦爾德小組」組成，專責三座集中營紀念館的規畫設計 |
| 1955 | 04 | 德國社會主義統一黨任命的國家紀念館建置理事會成立，做為直通中央的機關主管此事 |
| 1958 | 09.14 | 布痕瓦爾德國家警醒與紀念館揭幕 |
| | 11 | 赫魯雪夫發出「柏林通牒」，要求西柏林的控制權 |
| 1959 | 09.12 | 拉文斯布呂克國家警醒與紀念館揭幕 |
| 1961 | 04.23 | 薩克森豪森國家警醒與紀念館揭幕 |
| | 08.13 | 柏林圍牆起建 |

第二次世界大戰終結之後，東德（德意志民主共和國）處置納粹歷史的方式，比起西德（德意志聯邦共和國）的進程，相對不為我們所熟悉。然而，東邊的措施亦不乏值得參照及警惕的部分，因此，從東德的視角出發，也有助於我們從不同的角度，來審視德國的歷史記憶反省工程如何受到冷戰分斷體制的影響。

| 1-1-2 | 前段中提到，戰後西德初期的去納粹化工作，因為冷戰對抗下的需求而擱置。在東德這一方，主要的工作核心則定調為「反法西斯」。一方面，這使得東德政權成為了「反法西斯抵抗運動鬥士」們的後繼者，另一方面，敵對政權（西德）則被他們定調為納粹的承繼者。東德這一方的詮釋是，納粹分子持續在西德內部活躍，他們的父權沙文主義、壟斷資本色彩，正是納粹法西斯成形之根源。而上述這些詮釋，多是為了與東德政權產生對照：「資本主義」對上「共產主義」，「法西斯」對上「反法西斯」。東德掌權者認為，工農大眾與共黨分子是納粹政權下的受難者，加以他們定位自身是最終贏得對抗法西斯戰爭的勝者，從而劃清了自身與過去歷史的界線──縱使東德政權內部絕非徹底的清白。因此，就如同西德也藉著對「七二〇謀刺案」的紀念及碑體設置，建立自身作為反抗者之承繼的敘事，東德也欲藉此建立其作為一個「更好的」德國之合法性。

戰後初期在西德，左傾的各式紀念組織儘管遭遇國家邊緣化的對待，但仍存在活動的空間，即便難以獲得各類資源的挹注；然而在東德，國家卻很快地全面介入歷史記憶的工作，不符合前述意識型態的紀念敘事隨即遭到禁絕，包括一系列的民間左翼戰後倖存者組織（Würstenberg, 2020: 50），關乎歷史紀念的工作在國家的全面掌控下運作，由民間而起的歷史探查、自主性地對納粹時期的研究，都受到嚴格管控。


## 國家控制下的歷史記憶工程

紀念物的設置方面，戰後的最初時刻，東德民間仍存在許多自發性的行動，無論紀念物的樣式或紀念對象的傾向上，都保有較高的自由度。比如在柏林各個街區，民眾自發地在戰後「法西斯主義受難者紀念日」一九四五年九月九日當天，寫下受難的反抗納粹鬥士之名並於街上懸掛展出，這些可以稱得上是關於納粹暴政歷史紀念標牌最初的原型（Schönfeld, 1991: 15）。然而隨著東德的成立以及兩德之間衝突的激烈

# 規格化的紀念——
# 意義轉化的符號，被定型化的口號

IN DIESEM HAUSE
WOHNTE DER
ANTIFASCHISTISCHE
WIDERSTANDSKÄMPFER
KARL
KUNGER
GEB. AM 2.2.1901
VON DEN FASCHISTEN
ERMORDET AM 18.6.1943
IN BERLIN-PLÖTZENSEE
EHRE SEINEM ANDENKEN

Author : OTFW / CC BY-SA 3.0

常見規格：
深色鑄銅標牌，上搭配紅色倒三角，下刻銘文

紅色的倒三角符號：
在納粹集中營的識別系統中為「政治犯」，通常是社會主義、
共產主義者之意，在東德政權下被轉化為「反抗鬥士」之象徵

常見口號：
崇敬緬懷（Ehre seinem Andenken）
永誌不忘（Vergeßt es nie）

Author : OTFW / CC BY-SA 3.0

根據學者馬丁・旬費對其所蒐集東德時期紀念標牌資料
的分析，約有六成是用以紀念「反法西斯抵抗運動鬥
士」（Schönfeld, 1991: 19）。其餘少數受到紀念的社
會民主黨人、無黨派或者是拒絕作戰的軍人／逃兵等，
多是因為他們的行動與共黨分子有所聯繫，才被納入紀
念的架構之中。

化，這樣的自由度很快在東邊被收緊，並制度化為政治宣傳的一環。

延續東德對納粹歷史工作「反法西斯」之定調，這時紀念物設置的主軸放在「反法西斯抵抗運動鬥士」上。根據統計，當時設立的紀念標牌大約有六成都是用以紀念「反法西斯抵抗運動鬥士」（Schönfeld, 1991: 19）。除了相當少量受到紀念的猶太群體外，辛堤與羅姆人、安樂死滅絕受難者、同志族群甚至於女性，幾乎不存在東德的紀念物當中（相對來說，西德官方的紀念策略亦以紀念符合其敘事的「反抗者」為主，譬如〈一九四四年七二〇謀刺案受難者紀念碑〉）。而受官方推崇、符合其意識形態的「反抗鬥士」，更是頻繁地出現於紀念物上；沒沒無名、與官方意識形態相悖的反抗者則消失於歷史的洪流之中。譬如參與「七二〇謀刺案」的威廉・祖・呂納伯爵以及由他提供予謀刺案一眾聚會討論的賽瑟城堡皆位於東德境內，但因為「七二〇謀刺案」受到西德紀念，加上其容克貴族身分在東德的意識形態中屬於剝削者，便絕無可能出現於東德的紀念計畫之中，城堡也在後來因為煤礦開採而拆毀（Brink, Götz & Petermann, 2014）。

當紀念對象已然限縮時，紀念碑的規格、設計形式和碑文更是高度地一致。這種規格化，將複雜的生命敘事平板化，為的是更好的管控。東德常見的紀念標牌模式是深色的鑄銅標牌，上面搭配紅色的倒三角符號，它在納粹集中營的識別系統中為「政治犯」之意，東德政權則轉化此符號作為「反抗鬥士」之象徵。然而在實際上的運用，則無論是否為反抗鬥士，都一貫地掛上了這個標誌。「崇敬緬懷」、「永誌不忘」等口號則固定占據了標牌上一定的版面（Schönfeld, 1991: 21），而「反抗鬥士」的實際事蹟或生平描述，則付之闕如。國家管控的紀念工作並不關注受難個體的故事和意義，最終，個體的價值僅彰顯為整個國家宣傳政策與抽象的英雄形象。

隨冷戰激化，紀念工作的推行則更蒙上一層層陰影。一九四七年成立的「納粹政權受難者聯合會」（下稱 VVN）原本廣納受難者和各種反法西斯反抗者，包括跨黨派的基督民主黨人、社會民主黨人乃至共產主義者，自許為跨黨派、跨地域的組織。隨著冷戰的激烈化，不僅影響到官方對於紀念的態度（包含東西兩方），也在民間團體之間造成張力。西德部分先是因 VVN 較為左傾的意識形態導致分裂，[20]東德地區的 VVN 則在一九五三年二月遭東德政府解散，表面上的原因是「法西斯已在東德內根除」，實際上則可能因為 VVN 內部分對德國社會主義統一黨[21]的批判態度、組織內的猶太人（當時蘇聯內部瀰漫著反猶主義）以及 VVN 做為一個橫跨兩

# 位於現今德國境內規模最大的集中營
# 布痕瓦爾德集中營
## 1937 ~ 1945

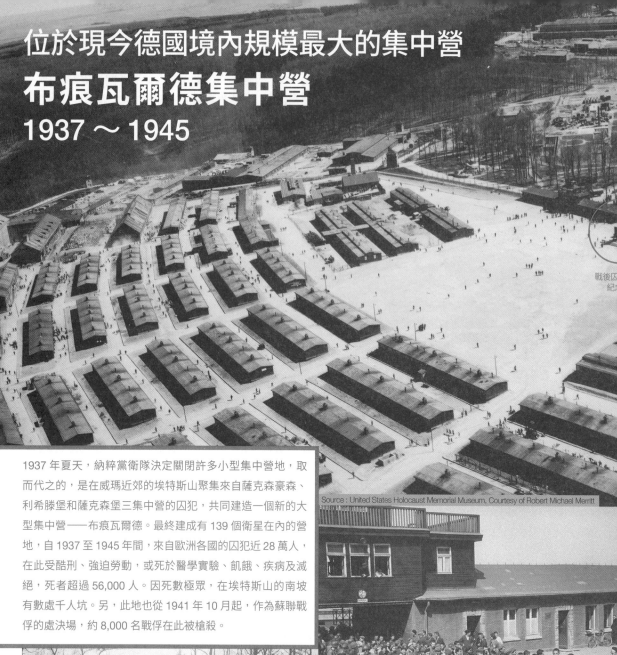

Source : United States Holocaust Memorial Museum, Courtesy of Robert Michael Merritt

戰後囚
紀念

1937 年夏天，納粹黨衛隊決定關閉許多小型集中營地，取而代之的，是在威瑪近郊的埃特斯山聚集來自薩克森豪森、利希滕堡和薩克森堡三集中營的囚犯，共同建造一個新的大型集中營──布痕瓦爾德。最終建成有 139 個衛星在內的營地，自 1937 至 1945 年間，來自歐洲各國的囚犯近 28 萬人，在此受酷刑、強迫勞動，或死於醫學實驗、飢餓、疾病及滅絕，死者超過 56,000 人。因死數極眾，在埃特斯山的南坡有數處千人坑。另，此地也從 1941 年 10 月起，作為蘇聯戰俘的處決場，約 8,000 名戰俘在此被槍殺。

Source : Stiftung Gedenkstätten Buchenwald und Mittelbau-Dora

Author : Byron Rollins / Source : United States Holocaust Memorial Museum, courtesy of Nation
Archives and Records Administration, College Park

德皆有組織系統存在的協會，使得德國社會主義統一黨對它存在疑慮，故在該黨指示下中止運作。[22]此前一年，蘇聯駐東德的軍事單位也停止了「去納粹化」的工作（Müller, 2008; Schönfeld, 1991: 12），原先 VVN 著力的標牌與紀念碑的設置工作被取代，改由東德政權另外成立的「反法西斯抵抗運動鬥士委員會」執行。該委員會在政治上相對受當局信賴，且成員主要為黨員（但仍受監視）（Würstenberg, 1997: 130; Herf, 1997: 130），一九六二年起，委員會甚至遍布至各社區村里之中設立支部。然而這些委員會的作用多在於組織儀式或維護清掃，既不進行歷史考掘，也未有新設紀念物的舉動。即使委員會成員不乏過去集中營的受難者，然而在組織中未有自主權（Agethen, 2002: 137）。至此，紀念物的設置在東德高度地受到國家管控。

## 「更好的」德國：象徵符號最大化、遺跡最小化

相對於西方的政權，東德更早開始建立集中營紀念館，然而，這已是在紀念工作受國家管控之後的事了。

戰後初期，一部分倖存者和受難者遺族就呼籲，應保存集中營建物並設立臨時紀念物，最初的推動者為曾被關押於集中營的猶太裔人士維納・A・貝克特，譬如一九四六年四月十一日的「集中營解放紀念日」周年紀念時，於威瑪的歌德廣場即有臨時紀念碑的設置——當時的設計就如前述，已用上紅色倒三角的象徵標誌（Agethen, 2002: 130）。一九四九年，VVN 也曾建請以奧斯威辛和特萊西恩斯塔特（現為捷克的泰雷津）為範本，在布痕瓦爾德集中營舍內設立國家博物館。[23]然而，戰後東邊的蘇聯占領區中原先由納粹黨衛隊掌控的集中營，被蘇聯軍隊接收並設置「特別營」[24]，名義上是納粹和戰犯的拘留營，然而關押者中不乏史達林主義下受迫害者。東德政權要一直到一九五三年的六月十七日起義（東德方定義為「暴亂」）後，才認為有必要認真經營此議題，以更強化其統治的正當性[25]。但此時，營區的建物和歷史物件大多處在保存不佳的狀態，甚至遭到駐軍毀壞。

經過一次以布痕瓦爾德集中營為規畫標的的徵件競圖後，一黨專政的德國社會主義統一黨並未採納評審的結果，而是授意組成「布痕瓦爾德小組」，成員為一群黨所屬意的青年建築師與景觀設計師，主責三座國家級紀念館

布痕瓦爾德國家警醒與紀念館

Author : Bybbisch94-Christian Gebhardt / Source : Wikimedia Commons / CC BY-SA 4.0

紀念館在 1958 年成立，由血腥之路、國家之道、自由之路串起，搭配集中營生活苦難的成排浮雕、18 個國家台座及 3 座墓塚，最後向上的階梯迎向自由的鐘及鐘塔前的雕塑群。加上整體路徑的光影變幻效果，完美再現了黨中心思想「通過死亡和鬥爭抵達勝利」。

| | | |
|---|---|---|
| A　血腥之路 | E　石材浮雕 3 - 漢斯・基斯 | I　石材浮雕 7 - 勒內・格拉茨 | M　漏斗狀墓塚 3 |
| B　新古典式樣大門 | F　石材浮雕 4 - 瓦德瑪・格日梅克 | J　漏斗狀墓塚 1 | N　自由之路 |
| C　石材浮雕 1 - 漢斯・基斯 | G　石材浮雕 5 - 勒內・格拉茨 | K　國家之道 | O　群像 - 弗里茨・克雷默 |
| D　石材浮雕 2 - 瓦德瑪・格日梅克 | H　石材浮雕 6 - 勒內・格拉茨 | L　漏斗狀墓塚 2 | P　自由鐘塔 |

集中營位置

紀念設施

1953 年啟動的「布痕瓦爾德小組」，結合建造物與地景設創造出堪比德意志帝國時期的宏偉紀念物。但實際上，紀念設施所在的位置，並非原先集中營所在之處，而是納粹設置之亂葬崗所在（以強調納粹之「野蠻」），距區處再往後方行走十數分鐘山路（約 1 公里處）。真正中營所在處受到忽略，反而紀念設施成為東德時期大部式活動的場所。在歷史實證批判與動員情感達致政治宣手段之間，東德共黨政權選擇了後者。

的美學及形象建構。[26]一九五六年起，小組成員巡迴了波蘭與兩德境內，拜訪各納粹暴行發生的地點，蒐集了資料與印象，並提交報告與設計方案予東德文化部。小組在比較各種案例之後，認為歷史遺跡（集中營舍）保存困難，且曾經轉作他用的空間，因為性質的轉變會干擾紀念館的展示效用，所以小組認為，透過拆除、清空加以有計畫的藝術化建構，呈現出來的表現力將更優於歷史遺跡的呈現。故小組所制定的紀念館展示策略，為「歷史象徵、比喻的最大化」以及「遺跡的最小化」（Kollektiv Buchenwald, 1996: 164-216），舊有的集中營面貌就在戰後的欠缺維護以及紀念館建設的工作下，一步步消失。換個角度來說，即便在戰後一連串的處置下導致集中營的歷史證物佚失，卻對於東德政權往後的紀念館建置計畫一點也不成問題，因為它反而符合東德政權試圖與過去的歷史劃清界線的策略主軸。

在國家主導下，三座紀念館依序在一九五八年至六一年間成立：<u>布痕瓦爾德國家警醒與紀念館</u>、拉文斯布呂克國家警醒與紀念館、薩克森豪森國家警醒與紀念館。一九六一年，此三座館提升為國家級紀念館，但同時也意味著直接受國家的管轄，包括遵照中央明文納入法條所制定的方針：相對於法西斯主義及軍國主義復甦的西德，應呈現共產主義反法西斯鬥士的反抗鬥爭，且是個「已根除法西斯主義的國家」——基於以上幾點，東德因而是「更好的德國」（Agethen, 2002: 132）。


## 神聖化的紀念腳本：在布痕瓦爾德迎向昇華

據「布痕瓦爾德小組」立下的概念，透過系統化塑造的紀念地景，搭配巨大而宏偉的紀念物，是形式上重要的一環，亦是這三座東德的國家級紀念館共通的特徵。

其中，布痕瓦爾德營區內最受矚目的是占據整座山頭的紀念設施，其規模堪比德意志帝國時期的宏偉紀念物，此處名為<u>布痕瓦爾德國家警醒與紀念館</u>的設施，落成於一九五八年，是一連串完整的地景與建築之結合。穿過一整片樹林裡的「血腥之路」及一座新古典式樣的門後，訪客首先踏上的是第一段下坡的步道，沿步道左側是七座石材浮雕，象徵集中營七年的存在時長（Wegmann, 1979: 7）。內容呈現集中營生活，從建造、囚犯抵達、強迫勞動或者是私下運作的反法西斯非法集會等七個場景。各式各樣的苦

# 宏偉且崇高的紀念
# 布痕瓦爾德國家警醒與紀念館

## 血腥之路＋集中營浮雕群

雕塑家 ▶ 漢斯‧基斯（第一、三座）、瓦德瑪‧格日梅克（第二座）、勒內‧格拉茨（第五至七座）

Author：鄭安齊

Author：鄭安齊

## 國家之道＋漏斗狀墓

國家之道 18 台座側面嵌有 18 個國名，上設火盆。路的另一側為儀式需求而設旗桿。

（上、下）Author：Tsungam／Source：Wikimedia Commons／CC BY-SA 4.0

## 自由之路＋群像＋自由鐘塔

塔高 50 公尺，前有藝術家弗里茨‧克雷默的雕塑群像。塑造過程因政治審查一再調整，最後呈現為領導位階鮮明的群雕塑。

Author：Tsungam／Source：Wikimedia Commons／CC BY SA 4.0

Author：鄭安齊

難場景，藉由臉面、身形多半一致的角色呈現，在去個人化的手法下，訪客必須仰賴服裝，以辨識出納粹與受難者的身分，此外，集中營裡的苦難遭遇亦以一種集體命運的面貌呈現出來。漸行至最尾處時，眼前的墓塚與開闊的山景也漸次進入訪客的眼底，這樣的鋪排，以極度戲劇化的方式，彷彿期望訪客在前一階段從浮雕所接收到的苦難訊息，在墓塚這一端與受難者的生命一同昇華。

三座漏斗狀千人塚所在之處，則由第二段路「國家之道」所連結。在這個路段上設有十八個台座，而三處漏斗狀的墓塚在「國家之道」依序地出現在訪客眼前，使得死亡的重量不僅只一次，而是以重複三度的悲愴，加諸於訪客的感官之中。

最後一段道路則再度轉折，並往來時的坡道向上折回。這次的路段兩側並無多餘的物件，僅是開闊的地景，被命名為「自由之路」。同樣寬闊而造型簡略的階梯不斷向上延伸，尾端則是更為高聳的鐘塔——「自由鐘塔」：塔身達五十公尺，規模之大，不管是搭火車行經此地，或者是在威瑪市內朝正確的方位抬頭，都可以一眼瞥見此塔。塔內地上裝設了一塊青銅板，鑄有赤腳踩於荊棘之上的圖案，銅板底下則埋有來自不同集中營以及滅絕設施所蒐集而來的土與灰燼。豎立於塔前的雕塑群，是藝術家弗里茨·克雷默的作品，創作者自始即有意識地以此對羅丹著名的群像〈加萊市民〉致敬。

事實上，一九五二年時，克雷默就已偕德國劇作家布萊希特及園藝建築師林納共同創作，並在最初針對布痕瓦爾德設立紀念設施的競圖中獲獎。然而，根據東德人民教育部編纂之藝術賞析課本所述，這個版本的製作被評為未能呈現共產主義者在反法西斯的鬥爭中之領導角色，而原本的八人群像性格過於相近，因而未有領導者、被領導者或各種氣餒、猶疑和拒斥之情緒表現。在政治審查以及意識形態的介入之下，克雷默只能一再修改他的草稿，最終一共完成了四十二座塑像，並從中揀選出十一座（Wegmann, 1979: 19; Stiftung Gedenkstätten Buchenwald und Mittelbau-Dora）。 雖然成果仍不失為優秀的作品，生動地呈現了不同角色各自的性格與神情，然而群像間的領導、呼喊與跟從之狀態，實際上卻是黨中央史觀的再現。

整個紀念地景所蘊含的意義，是德國統一社會黨所制定的中心思想「通過死亡和鬥爭抵達勝利」。而整段路途被設計成先從北往南向的下坡，切過

# 女性囚犯群體受難之處
# 拉文斯布呂克
# 集中營

Source : Mahn und Gedenkstätte Ravens

Source : Bundesarchiv Bild 183-1985-0417-15, Wikimedia Commons

1939 年黨衛隊於布蘭登堡的拉文斯布呂克村莊打造，是德國最大專用於關押女性的集中營。集中營自 1939 年春天圈禁了第一批女囚犯後，逐步擴增至關押兒童、男性及青少女。女囚犯於周邊的衛星營地被強迫勞動，包含西門子公司在內的企業都曾有使用強迫勞動力的紀錄。從 1939 至 1945 年間，共有來自 30 多國、12 萬名婦女及兒童、2 萬名男性、1 千 2 百名青少女被關押在此，確切死亡人數不詳。此處也是「14f13 特殊行動」（集中營淘汰老弱殘者的處決計畫，旨在排除無工作能力者，為集中營版本的「安樂死謀殺」）的執行地之一；1945 年 1 月下旬至 4 月，即有 5,000 至 6,000 人被毒氣殺害。

（左）集中營內的火化設施。Source : Bundesarchiv Bild 183-66475-0009, CC BY-SA 3.0, Wikimedia Commons

東西向的「國家之道」後，再從南往北，通過「自由之路」朝群像紀念碑所在的高處走去，使得（在大部分的季節時段裡）視覺體驗上在第一段的浮雕座是逆光，集中營生活場景將以相對暗沉的樣貌呈現；而最終走向整個設施的終點時，光線將會灑在訪客的前方高處，也就是五十公尺高的鐘塔正面，以及「反法西斯鬥士」們的身上，從而為參訪設下了起承轉合的自然燈光效果，為原本就蘊有崇高感的場景再增添一筆。然而在未釐清歷史事件因果，加害者／受難者討論之角色也僅有黨所給定的模糊身影時，便大規模地動員情緒，無非是危險的。這些空缺的「鬥士」或「敵人」角色、「犧牲」與「自由」等定義，任黨之政治需求而有被隨意詮釋之可能，紀念於是成為鞏固政權以及冷戰態勢下敵我對抗的工具。

| 1-4-3 |

## 女性意象：設置在拉文斯布呂克集中營紀念館中的她們

東德時期的第二座集中營紀念館拉文斯布呂克國家警醒與紀念館，是以關押女性囚犯為主的集中營，期間計有約十一萬名女囚被關押於此處。戰後初期，前囚犯組織以及 VVN 的成員在此處設置紀念物──包括受難者的集合墓塚、寫有受難者出身國名的「國家之牆」，以及火化設施旁以木材和火盆組成的簡易紀念碑，並自一九四八年起年年舉行紀念儀式。為防止該處的設施繼續受到破壞或偷盜，也設置有一塊告示，上面寫著：「紀念館。為了我們在拉文斯布呂克集中營被謀害的兄弟姐妹們。榮耀並尊重這個神聖之處」（Eschebach, 1999: 14）。

一九五九年，由國家主導成立紀念館後，一般受難者不僅要遵守黨中央的規範與指揮，再無共決紀念館建置的權利，也類似於另外兩處紀念館，未真正使用完整的集中營空間。然而拉文斯布呂克未能完全開放的原因稍有不同：在二戰結束後，此處一部分被蘇聯紅軍做為營區使用，並持續至一九九三年才撤軍，這使得營區始終未曾完全對外開放，更遑論在原營區處設置紀念物或舉行儀式。用作紀念館的空間，僅是原集中營的邊緣一角，占原營區未滿十分之一，僅三．五公頃。這也使得當時的拉文斯布呂克是三座東德國家紀念館中規模最小的（Endlich, 2000: 271-272）。

在「布痕瓦爾德小組」及兩位雕塑家威爾·拉默特、其學生克雷默合作下，拉文斯布呂克與布痕瓦爾德一樣，都著重於打造地景與紀念碑相互搭配下的感知。紀念館雖小，卻仍有參訪路線的「劇本」。參訪者首先會抵達火

# 以母喻黨的紀念象徵
# 拉文斯布呂克紀念館內的女性塑像

拉默特設計的〈承擔者〉原案底座較矮，尺寸亦較小。拉默特逝世後，由其學生克雷默接手紀念館的雕像製作，環繞的群像被取消並增高台座，雕像設計面向施韋特湖。無論是布痕瓦爾德面向山景的自由之路群像，或是拉文斯布呂克朝向廣闊湖景的〈承擔者〉，這些雕像與地景的交互鋪排，都賦予紀念碑／物更多的崇高感。而〈承擔者〉、被取消的群像中獨立出來的兩座雕像，加上後續新塑的〈母親群像〉，拉文斯布呂克的母性形象成為該紀念館最為顯著的象徵，也是東德的國家政治宣傳中的一環。

## 母親群像

設計／雕塑者 ▶ 布痕瓦爾德小組、克雷默

## 承擔者

原設計者 ▶ 布痕瓦爾德小組、威爾‧拉默特
修改／雕塑者 ▶ 布痕瓦爾德小組、克雷默

化設施處，接著是集合墓塚以及寫有國名的牆，最末則抵達拉默特設計的紀念碑〈承擔者〉：一名女性的雕像，擺放在一座超過四公尺高的台座上，並在地景設計師的規畫下，置於伸入湖中的半島上。此名女性塑像左腳向前跨出，懷裡抱著一名似已斷氣的囚犯（經常在紀念碑中出現的「聖殤」形象），以眉頭深鎖、無語相對的神情，凝望湖的另一端。[27]

原本拉默特設計的雕像，包含了十數名的婦女與兒童，圍繞在底座的周遭，尺寸也較現今所見之版本小。[28]原因是拉默特辭世時（一九五七年十月三十日），紀念館尚未落成，東德文化部另請了拉默特的學生克雷默與其遺孀海特‧拉默特對原案進行改動的商討。不僅圍繞著紀念碑的婦女及兒童群像遭取消，台座上的雕像也被放大增高逾一公尺，從而使湖與高聳的塑像更增幾分悲愴感。群像中的兩件塑像則單獨被獨立出來，擺設於「國家之牆」的前方。然而這是一項使多方都不滿意的改動：前囚犯抗議雕像不符合集中營裡也有小孩的史實，親政府的一方則認為這座紀念碑不足以呈現反法西斯的鬥爭。

爭論最終，則以再做一件令多方（東德官方、「布痕瓦爾德小組」以及藝術家）都能接受的紀念碑做結，也就是一九六五年四月廿四日揭幕、由克雷默創作的紀念碑〈母親群像〉。三名母親的立像一同抬著一具擔架，上面躺著死去的孩童；最末者低頭哀悼，居中者呈現激烈拉扯身上衣服的姿態，行走在最前面的母親身側則有一名活下來的孩子，正拉著她的衣角，而母親則將手掌護在孩子的身前，安撫其驚懼的情緒。與拉默特的雕像類似之處是，居前的雕像亦將目光投向遠方。雖然在前囚犯組織的建議下，這組雕塑確實傳遞了女性和幼童的形象，對應著此處為女囚集中營的特性，過往彰顯男性特質的鬥爭、反抗與英雄性的紀念意象，在拉文斯布呂克有所鬆動，然而，結果卻仍導向另外一種既定印象：母親的犧牲、奉獻或者是照護。學者及前拉文斯布呂克紀念館館長茵薩‧埃舍巴赫指出，在此案例下，「母親」晉升成沒有汙點之國族（東德）的一種典範與擔保，特別是在蘇聯勢力範圍下的冷戰東方陣營，「母親」亦為重要的國家政治宣傳概念（Eschebach, 1999: 15）——在政治宣傳需要時，國家有時可以是強大的家父長，有時卻又可以化做母親慈祥的懷抱。也就是說，女性的形象出現於此，卻不是為了彰顯女性而存在，而是做為「黨」的化身。

# 納粹創造的集中營理想範例
# 薩克森豪森集中營

薩克森豪森集中營使用於 1936～1945 年間，類似布痕瓦爾德集中營的狀況，也是關閉周邊數個小型營地，並由囚犯建設為一集中關押的大型集中營。最初它被視為納粹集中營的系統典範榜樣，其創設者海因里希‧希姆萊稱之為「一種全新的現代化集中營」。因為鄰近首都柏林，納粹集中營的黨衛部隊管理及中央檢察單位即設置在此處。建築設計兼有威嚇、控制與監視的功能，大門及瞭望 A 塔為營地建築制高點，大門鑄有「工作即自由」之字樣；Z 站點包含射擊處刑場、毒氣室和火葬場，監獄營區為等腰三角形，關押營房以瞭望塔樓為中心放射狀展開。曾囚禁於此的囚犯人數高達 20 萬，1938 年在原本「理想」的三角規畫之外增設了「小營區」。1942 年「最終解決方案」執行前為關押猶太囚犯的中繼站，1942 年後陸續被送往奧許維茨集中營。

## 薩克森豪森的三角形：從監控功能轉置為威壓的象徵

薩克森豪森國家警醒與紀念館與前述兩處雷同，先是有著被蘇聯軍隊接管的歷史，至一九五〇年蘇聯占領軍結束特別營的運作，移交營地設施予東德人民警察／人民軍。集中營內許多建築亦未得到良好照顧，戰後物資匱乏的情境下，集中營區的物資被當地居民取走，做為建材或燃料之用。一九五三年時，東德人民軍甚至直接炸毀納粹時期使用的滅絕設施，包括焚化爐、射殺行刑場以及毒氣室（Kirsch, 2003: 599）。直到一九五六年集中營的外國倖存者想參觀該處時，人民軍才有限度地開放了部分過去關押集中營囚犯的營地。[29]

「布痕瓦爾德小組」規畫拆除多數的建物，將紀念館的範圍限縮於三角形的營區範圍內的三‧八公頃，雷同於拉文斯布呂克，僅約占原營地的十分之一。[30]另一方面，為了此處「達十萬人死亡的巨大數字，故紀念需以令人印象深刻之方式建立」（Kollektiv Buchenwald, 1996: 194），營區中最引人注目的，因而是高約四十公尺的柱式紀念碑。這座紀念碑是微向內曲的三角柱體，呼應了整個園區的形狀；而各面上都嵌有十八個紅色的倒三角形，每個倒三角型標誌則由更小的三角形瓷片所組成。與布痕瓦爾德的布置一樣，這些三角形象徵著來自十八個共產主義國家的反法西斯鬥士／集中營受難者，也因此，這座碑另得名為〈國家紀念碑〉。[31]

紀念碑前方還有格拉茨所創作的三人群像〈解放〉，前方兩名一般裝束者是集中營的囚犯，其中一人眼神堅定遠望，伸出右手欲與另一名囚犯攜手，左手則緊握拳，呈現隨時準備進發反抗的樣態；後方一人應為蘇聯紅軍的角色，一手搭住前方囚犯的肩膀，另一手敞開自己的斗篷，似是正為兩名囚犯遮風擋雨。整件群像作品延續另兩座集中營紀念館雕像的訊息，傳遞反法西斯之核心意識形態，並贊頌蘇聯紅軍對集中營的解放。但相較之下，此作有過之而無不及，因為格拉茨群像中的囚犯，身形健美而站姿堅毅，可是在二戰末期的集中營裡，想要找到這樣體態的囚犯，幾乎不可能，毫無疑問是紀念碑對於歷史的過度美化。也不難發覺，這裡恐怕也是政治力斧鑿之下的結果：一九五八年，前囚犯委員會退回藝術家所提出的初版草稿，原因是，人物的形象看起來過於「悲淒」，而未能呈現對抗法西斯的勝利（Morsch, 2005: 132）。

# 紅色倒三角形的意義置換
# 薩克森豪森國家警醒與紀念館

## 國家紀念碑

設計者 ▶ 布痕瓦爾德小組
設置點 ▶ 集中營正門入口處

Author：鄭安齊

Source：Gedenkstätte und Museum Sachsenhausen

1953 年薩克森豪森集中營滅絕設施由東德人民軍炸毀，1956 年後，為了立紀念館，多數建物再被「布痕瓦爾德小組」拆毀，僅留下營區 1/10 的三角監獄營地。布痕瓦爾德小組以倒三角形象徵貫穿紀念設置，建造入口的國家紀念碑高塔，塔前〈解放〉雕像為反法西斯的象徵，另外在原地點處設有格日梅克設計的雕像群（圖），以卸下聖體的三角構圖展現搬運屍體的景象。原先納粹用於監禁的三角地形及囚犯的身分象徵，同時轉化為反法西斯的象徵。

## 〈解放〉近照及雕像群

設計者 ▶ 勒內・格拉茨
設置點 ▶ 倒三角形高塔前

Author：JrPol / Source：Wikimedia Commons / CC-BY-SA 3.0

Author：鄭安齊

在「布痕瓦爾德小組」的規畫中，同樣希望薩克森豪森的紀念碑必須直接與有重大象徵意義的集中營正門相對，而塔樓被視作是法西斯的象徵。故，〈國家紀念碑〉與〈解放〉這兩件紀念物正對著入口的塔樓，恰是法西斯與反法西斯力量的相對，且在高大的紀念碑的設計下，反法西斯的威壓輕鬆地蓋過入口塔樓。原本這處集中營舍空間設計成放射布局以及整個營地的等腰三角狀，是為了能從入口處的塔樓監視整個營地；東德政權承襲此地景結構，將原本在納粹集中營系統下代表「政治犯」、在此又帶有監視功能的三角地形，轉而視為象徵反法西斯共產主義者的倒三角形，卻未曾對此地景（以及紀念園區內各類紅色倒三角的應用）進行批判式的反思或加註。各類的紀念儀式就在這樣的全景監視布局下繼續進行。

薩克森豪森另一處設有紀念碑的地點，則是被稱作「Z 站點」的滅絕設施處。前文提及，早在一九五三年，整個滅絕設施就已被東德駐軍破壞，僅剩部分殘垣斷壁，此處的展示因而非以滅絕焚化設施這些歷史遺跡為主軸，反而是以紀念碑作為布局的核心。同樣為布痕瓦爾德設計雕像的格日梅克，則負責創作此處的群像，設置於設施的殘跡一側的雕像，是兩名囚犯搬運一名囚犯的屍體，其中一人蕭然直立遠望，另一人則彎腰看著死去的同伴，隱約影射聖經典故「卸下聖體」。整個滅絕設施處加上了開放式的屋頂蓋，僅在群像雕像上方開了一個三角形的天窗，使自然光直接投射在群像上，與設施被覆蓋的陰影造成戲劇性的反差，感性的布局在此再次大過於歷史意義的處理。

一九六一年薩克森豪森紀念館揭幕同年，不僅有耶路撒冷艾希曼大審，也正是柏林圍牆立起、東德人民紛紛出逃的一年。鑑此，集中營紀念館的開幕注定須成為一場盛大的政治宣傳，好展示東德政權的「反法西斯」核心思想。為了將這些思想深入人心，「布痕瓦爾德小組」在規畫之初，就致力於恢復周邊在過去集中營時期遭毀壞的自然景觀，欲使紀念館成為如公園一般吸引人的場所（Kollektiv Buchenwald, 1996: 195）。因此，東德時期這三座主要紀念館，一直是人民旅行出遊的目的地之一。

這之中不乏立意良善的設計，開啟了讓群眾接觸歷史記憶工作的窗口，譬如一九五七年起的紀念路跑，或者是一九六三年起許多協會和教育機構與布痕瓦爾德紀念館合作，進行進修教育研討課程，惜其內容往往非關紀念或反思、探討暴政，學校參觀的目的反而是為了使學生認同東德立國的基礎原則——共產主義的反法西斯（Agethen, 2002: 133）。此外，更有眾

1961 年 4 月 23 日，東德人民軍列隊歡迎德國統一社會黨第一書記瓦爾特‧烏布利希與其他嘉賓參訪薩克森豪森集中營紀念館。照片中可見集中營舍與入口處塔樓之間，尚設有一道環形牆阻隔了直接見到集中營區的視野。

| 1-2-1 |

多的教育活動與儀式，包括軍隊宣誓、國旗大會（東德時期一種借自軍隊儀式的學校活動）以及成年禮等等，在這些宏偉但滿載意識形態的紀念碑見證下，一一舉辦（Müller, 2008）。而未被記得的蘇軍特別營對政治犯的迫害，則持續噤聲至統一之後。

然而，對於東德政權在紀念納粹的工作上的批判，也不應誤讀為「紀念理當去政治化」或「紀念應當免除一切政治性組織的干擾」；結論正好相反，紀念工作原本就是政治的協商與折衝，一如約翰‧吉利斯所言：

> 紀念活動根據其定義，是社會和政治的，因為它涉及個人和群體記憶的協調，其結果可能看起來是雙方合意的，但實際上它們是激烈競逐、鬥爭的，以及在某些情況下，甚至是湮滅的過程之產物。（John R. Gillis, 1994: 5）

東德政權在紀念政策上所犯的錯誤，是將決定紀念的形式、內容等權力僅限縮於少數階級手中，甚至排除了應受紀念的當事者與相關人士，進而導致紀念工作僅為了服務少數有權者的統治意識形態而存在，並在利害取捨下對加害者的揭露有所保留，對被害者的紀念則擅行排除。紀念應是公共之事，而既是公共之事，就不應僅由特定人士決定，而應如同各種政治實踐一樣，在權力的施行上有所監督和相互制衡，並且開放予公眾參與及監督之可能性。

Courtesy of Berliner Geschichtswerkstatt

1980 年代，在德國蓋世太保總部舊址之上，民間團體發起挖掘行動，啟動了德國新一波由下而上的紀念納粹歷史模式。

任何試圖接近自身被湮埋之過去的人，必須使自己如同挖掘者一般。最重要的是，他要不怕一再回到同一件事情上——像播種一樣地撒播它，像翻土一樣翻掀它。

——班雅明，〈挖掘與記憶〉，1932

1970 年底，德國總理布蘭特在〈華沙猶太區義士紀念碑〉前脫稿演出的「華沙之跪」，
造成西德境內輿論譁然。

# 七〇邁向
# 八〇後——
# 柏林歷史工作坊

柏林歷史工作坊，組織章程第一條：

柏林歷史工作坊協會之宗旨為，紀錄、研究並發表社會、文化與政治運動以及極少或未被既存的機構注意的群體之歷史。

# 華沙猶太區義士紀念碑

揭幕年分 ▶ 1948.04.19
設置地點 ▶ 6XXV+WM 華沙 波蘭
設 計 者 ▶ 猶太裔雕塑家納坦·拉帕波特、建築師萊昂·蘇金

華沙猶太區義士紀念碑，是為了紀念 1943 年居住於隔離區中猶太人的起義反抗事件。嵌在碑體中央的浮雕，採用了瑞典的拉布拉多石──也就是希特勒愛用的建築師、納粹裝備部長史佩爾原先規畫要用來建造凱旋紀念碑的材料。

六八學運時期「無能哀悼」的警醒言猶在耳，西德緊接著在一九六九年迎來了二戰之後的首度政黨輪替。雖然基督民主黨依舊拿下最多票，然而社會民主黨加上自由民主黨的席次，卻些微勝過基民黨，[1]故兩黨在總理布蘭特的領導下，組成了紅黃執政聯盟。過去基民黨的政策方針下，遲遲未能貫徹處理納粹歷史，這時迎來了改變的契機。

布蘭特仍為外交部部長時，與華沙公約組織諸國的和解已在醞釀，[2]就任總理之後，他大力推動「新東方政策」，望以多邊關係突破過去西德只與西歐、英美結盟的「霍爾斯坦主義」[3]。一九七〇年十二月，德國與波蘭雙方就邊界、領土問題[4]以及放棄暴力等事項達成共識後，兩國簽訂國家關係正常化的契約之事已然確定。簽約前日，布蘭特前往〈華沙猶太區義士紀念碑〉獻花致意。

該紀念碑是為了一九四三年居住於隔離區中猶太人的起義反抗事件而立。戰後該地還是一片廢墟時，第一代的圓形紀念碑就已先立起。一九四八年，第二代紀念碑在猶太裔雕塑家與建築師的合作下建成，高聳的方牆令人聯想起納粹時期猶太隔離區的牆。

布蘭特獻花致意之後，無預警地脫稿演出，朝著紀念碑跪了下去，此「華沙之跪」在西德境內引起巨大爭議。《明鏡週刊》編輯施萊柏評論道，布蘭特這一跪，於他自己而言是不必要的舉動，卻是為了那些因為不敢跪、不能夠跪或是連敢都無能的人而跪（Schreiber, 1970）。週刊民調顯示，百分之四八的人認為此舉過度誇張，然而仍有百分之四一的人認為這是合宜的；若看十六至廿九歲間的青年族群，支持此跪的人更是超過了反對者。[5]

囿於當時的政治情勢，「華沙之跪」並未在西德以外激起太大反響：北約國家以及布蘭特亟欲改善關係的以色列，未有太多反應；波蘭媒體也多集中報導簽署條約，下跪的照片則遭到共黨政府審查，一直要到一九八九年之後方為人所知（Koch & Lorenz, 2015: 199-201）。即便如此，這依舊是戰後西德首次於國際上，以最高層級、象徵性地承認納粹過往的罪責。德國國內則在社民黨—自民黨聯合政府顯然較為支持的態勢下，加以民間在六八年前後蓄積的能量，正逐步啟動新一輪以民間為主體的歷史反省舉措。

# 聯邦總統歷史競賽

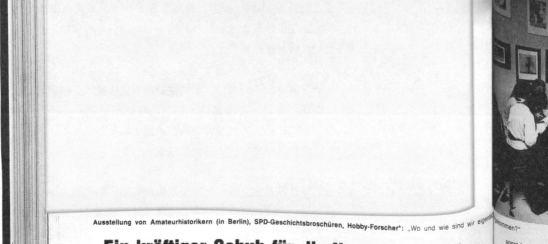

## „Ein kräftiger Schub für die Vergangenheit"

SPIEGEL-Report über die neue Geschichtsbewegung in der Bundesrepublik

Seit zwei Jahrzehnten dürfen West-Berliner auf dem notdürftig von Ruinenschutt geräumten Grundstück Wilhelmstraße 102 bis 106 das Autofahren üben – ohne Führerschein, ohne Fahrlehrer und gegen mäßige Gebühr. Wo einst das von Schinkel umgebaute Prinz-Albrecht-Palais gestanden hatte, empfiehlt sich die „Autodrom"-Direktion vor allem „blutfrischen Anfängern".

Dagegen erhebt sich jetzt Protest in West-Berlin. Denn das verschwundene Palais beherbergte während der NS-Zeit die Zentrale von Reinhard Heydrichs Sicherheitsdienst (SD). Bei einer offiziellen Anhörung forderten die meisten Teilnehmer mit Verve und Sachverstand vom West-Berliner Senat den Bau einer „längst überfälligen" Gedenkstätte.

Das Bürger-Begehren erhellt mehr als nur eine lokale Spezialität des größten deutschen Freiluftmuseums für neuere Geschichte namens Berlin. Es illustriert beispielhaft ein überall in der Bundesrepublik keimendes historisches Interesse, das sich unversehens und quer zur noch immer landläufigen Politikerklage von der Geschichtslosigkeit der jüngeren Generation entwickelt.

Im Recklinghausener Stadtteil Hochlarmark machte sich, gestützt von städtischem Kulturreferat, ein „Geschichts-Arbeitskreis" von 20 Bergarbeitern und Bergarbeiterfrauen an die Arbeit. Beharrlich über drei Jahre hinweg trugen sie persönliche Erinnerungen, Photos, Miet- und Arbeitsverträge, Flugblätter und Zeitungsartikel zum „Hochlarmar-

ker Lesebuch" zusammen. Untertitel der auf 350 Druckseiten versammelten Geschichten zu hundert Jahren Ruhrgebietsgeschichte: „Kohle war nicht alles."

Längs der Werra betrieben 18 hessische Jugendliche ihre regionale „Spurensicherung": Während eines gemeinsamen Bildungsurlaubs erforschten sie diesseits und jenseits der zwischendeutschen Grenze, was wohl „Thüringen mit Nordhessen zu tun" hat, und befragten neben anderen hüben einen Prinzen von Hessen und drüben Arbeiter einer landwirtschaftlichen Produktionsgenossenschaft. Im westfälischen Lünen begaben sich Gymnasiasten ins Stadtarchiv, um die NS-Vergangenheit der Kommune zu studieren.

In Oldenburg engagierten sich Bürger im Alter zwischen 19 und 89 Jahren in einem „Verein zur Erforschung und Bewahrung der Geschichte der Glasindustrie und ihrer Arbeiter". Im Berliner Stadtteil Borsigwalde treffen sich, angestiftet und finanziert vom Museumspädagogischen Dienst der Stadt, Bewohner und ehemalige Borsig-Arbeiter regelmäßig zum historischen Gesprächskreis, der bereits eine Ausstellung („Wir entdecken unsere Geschichte"), eine Ton-Dia-Schau, ein Videoband und eine lokalgeschichtliche Sammelmappe zum Thema „Borsig und Borsigwalde" unter die Mitbürger brachte.

In Solingen gründeten zwei Lehrer und ein Student eine „Geschichtswerkstatt". Ihr erstes Werkstück: eine Ausstellung und eine Broschüre über

„Fremdarbeiter in Solingen 1939 bis 1945". Im Taunus befragten Pfadfindergruppen über Monate hinweg ältere Einwohner der Orte Bad Soden, Bad Schwalbach und Hofheim nach ihren Erinnerungen an die Nazi-Zeit und veröffentlichten die eindrucksvollsten Interviews zusammen mit Photos und Zeitdokumenten unter dem Titel „... als wenn nichts gewesen wäre".

Allen diesen Projekten, so unterschiedlich ihre Gegenstände und die Motive ihrer Teilnehmer sonst sind, ist mindestens viererlei gemeinsam:

▷ Sie erarbeiten Geschichte ausschließlich von unten, aus der Sicht und wenn möglich unter aktiver Beteiligung derjenigen, die sie erlebt haben;

▷ sie zielen nicht aufs Große und Ganze nationaler Herrschaft und Kultur, sondern auf die möglichst genaue Rekonstruktion eines begrenzten Milieus in Gemeinde, Landstrich oder Wohnviertel;

▷ sie versuchen, sich zugleich mit der eigenen Geschichte der eigenen Identität zu versichern – der eines Berufsstandes, einer Dorfbevölkerung, einer Fabrikbelegschaft;

▷ sie verstehen sich, oft in scharfer Abgrenzung zur Historikerzunft, als Erinnerungsarbeiter, die im letzten Augenblick mit dem Notizblock oder auf dem Tonband festhalten.

---

\* Mitglieder der Berliner „Geschichtswerkstatt" bei der Vorbereitung einer Ausstellung.

einer Selbsthilfe-Gruppe, deren gemeinsamer Schlüssel zur Vergangenheit persönliche Betroffenheit ist: „Wir wollen unsere Geschichte erkunden, ob wir dabei auf den Schutt alter Resignation stoßen oder ob wir in früherem Aufbegehren unsere eigenen Hoffnungen wiederfinden."

Studenten, Akademiker mit und ohne feste Anstellung, Sozialarbeiter, Lehrer, Bibliothekare, aber auch zunehmend Leute aus dem Schöneberger Wohnquartier, in dem die Berliner Geschichtswerker jüngst einen Laden anmieteten, beteiligen sich an den zahlreichen Unternehmungen des Vereins, der im ____ahr erstmalig mit einer Aus-____ Berlin nach den Zweiten ____n die Öffentlichkeit trat.

__n Jahr kurbelt die Halbjahr-__stanz zur Machtergreifung __Geschichtskonjunktur zusätz-__llein in West-Berlin finden __50 Veranstaltungen, Ausstel-__ Vortragsreihen zu diesem __t, darunter gleich drei Spu-__gs-Projekte der Geschichts-__ „Widerstand und Alltag in __ am Beispiel ausgewählter __ke.

__eit erweist sich auch die 1973 __igen Bundespräsidenten Gu-__mann gestiftete und seitdem __amburger Kurt A. Körber-__htmal organisierte „Schüler-__Deutsche Geschichte" als __otor der Bewegung. Auch __sieren die sozial- und alltags-__hen Themenstellungen der __re sowohl als auch das gewachsene __f als auch das gewachsene __n Geschichte: „Wohnen im __978), „Feierabend und Frei-__del" (1979), „Alltag im Na-__smus 1933 bis 1939" (1980/__ließlich in diesem Jahr „Die __ Deutschland".

__bnisse der Schülerforschun-__allein im letzten ausgewerte-__werb 150 000 Bogen Papier __eibungen des Alltagslebens __m Ende der Weimarer Repu-__m Beginn des Krieges. Fast __nehmer lieferten insgesamt __ten ab. Doch was die Juroren __verblüffte, war die Tatsache, __eingereichtem Text zeitge-__Interviews mit durchschnitt-__teren Menschen geführt und __worden waren.

Dieser massenhafte Dialog zwischen Großeltern und Enkeln, der einer bis weit in die Provinz reichenden Geschichtsbewegung Wind unter die Flügel bläst, hat vor allem zwei Ursachen: Für die Jüngeren ist das Fragen leichter geworden, weil sie anders als die 68er Generation mit ihrem „Wie konntet ihr?" nicht mehr auf moralische Schuldzuweisungen aus sind. Und die Älteren, mehrheitlich zur HJ-Generation gehörig und daher ledig der schlimmsten NS-Verstrickungen, sind im Rückblick auf ihre Jugend mitteilsam.

Für den Essener Historiker Ulrich Herbert bedeutet die gegenwärtige „Phase des Atemholens" erst das „eigentliche Ende der Nachkriegszeit". Nach mehr als drei Jahrzehnten hektischer Beschäftigung mit dem Vorwärtskommen beginne jetzt quer durch die Generationen eine Rückschau – das, so Herbert, „große Überlegen, wie und wo wir eigentlich hierher gekommen sind".

Anders ließe sich nicht erklären, wieso auf Rundfunkaufforderungen hin während der letzten Jahre über hundert Bundesbürger Bereitschaft erklärten, ihre intimsten Erinnerungen im Fernsehen preiszugeben: ihre Tagebucheintragungen. Fünf solcher Lebensberichte aus den Jahren zwischen 1933 und 1955 setzte der Regisseur Heinrich Breloer in der Reihe „Mein Tagebuch" für eine Gemeinschaftsproduktion von WDR und NDR ins Bild – die individuelle Zeitgeschichte der Charlotte L., die 1945 um den „geliebten Führer" trauert, ebenso wie das Kriegstagebuch des Ewald H., der mit romantischen Vorstellungen von Volk und Kameradschaft in den Zweiten Weltkrieg zieht und an der Ostfront den Zusammenbruch seiner heroischen Pose („Ich verlange nach berstender Not, aber nicht nach dem Heldentod") erlebt, ehe ihn 1943 eine Kugel tödlich trifft.

Was da zutage gefördert wurde – im Falle des Ewald H. aus einer eisernen Kiste, die seine Witwe 40 Jahre später fürs Fernsehen öffnete –, war Authentisches buchstäblich vom Rand der Geschichte: von Leuten, wie sie in den Wochenschauszenen der NS-Zeit höchstens unter der jubelnden Menge am Straßenrand oder in den endlosen Kolonnen der Soldaten zu sehen gewesen waren. Nun rücken sie von der Peripherie ins Zentrum, mit ihrer ganz persönlichen Version von Geschichte.

Nicht immer wird dabei die Vergangenheit so einfühlsam zurückgeholt wie in den Breloer-Filmen. Zumal bei Alternativgesinnten unter den Spurensicherern kommt leicht ein Feierabendhistorismus auf, der nicht gerade forschungsträchtige Ansätze aufweist – von modischer Nostalgie bis zur bitter-ernst gemeinten These, daß die Vergangenheit ohnehin mehr und Besseres zu bieten habe als die Zukunft. Die verbreitete Sehnsucht nach dem Einfachen, Kleinen und Unkomplizierten beflügelt ersichtlich das Interesse am Volksleben von ehedem, das in unzähligen Bil-

《明鏡周刊》全聯邦範圍內新歷史運動的報導——

「對過去的有力推動」

上屆的評選競賽中，學生研究的成果就以對於威瑪共和國結束和二戰開始之間的日常生活描述，填滿了近十五萬張表格紙。近 13,000 名參加者遞交了 2,172 份研究成果。而更讓評審們吃驚的是，每件遞交的研究中平均對十位長者進行了訪談及整理。

這場深入各地的新歷史運動之風所帶起的祖孫輩之間的大規模對話，有兩項主要的成因：對年輕一輩而言，提問變得更為容易，因為他們不若六八世代以「你們怎麼能夠這樣？」的問句尋求道德上的歸咎；對大多屬於希特勒青年團世代，亦因此與納粹的糾葛最嚴重也僅止於此的老一輩來說，他們在回顧青年時代時是健談的。

(圖) Author：J.H. Darchinger / Source：Friedrich-Ebert-Stiftung
(文) Courtesy of DER SPIEGEL 23/1983, Seite 36/37

# 聯邦總統歷史競賽
## 歷年主題 至九〇年代初

|  | | 競賽題目 | 備註 |
|---|---|---|---|
| **第 1 屆**<br>**理解德國自由運動** | 1974<br>1975<br>1976 | 德意志 1848 / 49 年革命<br>從帝國到共和 1918 / 19<br>民主的新開始 1945 / 46 | 首屆參賽人數即有 4,525 人，共計 760 件研究計畫 |
| **第 2 屆**<br>**日常的社會史** | 1977<br>1978<br>1979 | 變遷中的工作環境與科技<br>變遷中的居住<br>變遷中的業餘與閒暇時間 | |
| **第 3 屆**<br>**未竟的當代史** | 1980-81<br><br>1982-83<br>1984-85 | 納粹時期的日常——自威瑪共和的終結至第二次世界大戰<br>納粹時期的日常——德國的戰爭年代<br>從覆滅到重建。戰後德國的日常 | 本屆參賽者有 12,843 名，共 2,172 件研究計畫，雙雙創下新高紀錄 |
| **第 4 屆**<br>**以歷史經驗檢視當代問題** | 1986-87<br>1988-89<br>1990-91<br>1992-93<br>1994-95 | 環境有歷史<br>我們的地方——陌生人的故鄉？<br>節奏、節奏…歷史上的人與交通<br>紀念碑：記憶——警醒——不快<br>東——西——歷史。青年的探問 | 此輪次的主題皆對應了當時的敏感議題以及歷史教育中缺乏的環境、移民與交通史等範疇<br><br>繼 1980 / 81 年度後，本年度創下最多研究計畫數紀錄——共計 2,319 份研究計畫（11,559 人參加） |

## 當歷史回歸日常

在聯邦總統海涅曼和漢堡柯爾柏基金會創辦人共同倡議下,「聯邦總統歷史競賽」自一九七三年起於西德開辦,[6]該競賽的宗旨在於「喚起兒童和年輕人對自身歷史的興趣,促進獨立並增強責任感」,方法上的基本原則是研究式、發現式的學習,並且需涉及生活周遭環境,讓青年學子研究「自己家門口所發生的歷史」[7],於在地空間尋找歷史的蹤跡。自第一屆起,參與者就必須直接在他們身處的家庭、當地或周遭環境中,以計畫式的架構獨立進行研究才能參賽(Dittmer, 1998: 97-99; Richter, 1992: 25-27)。

選定研究題目後,會有導師從旁協助,研究檔案庫中的文件或照片、諮詢專家,並進行街訪及訪問該主題的歷史見證者——常常直接是參與計畫學生的家人或鄰居。有時也實地走到街上去尋找歷史所遺留下來的證據,甚至訪問所在地的政府當局對於該題目的看法。通常每一項研究計畫持續半年,完成研究後,成果展現方式不局限於書面報告,也常以展覽或影音形式出現。基金會不僅提供獎金給獲獎的計畫,更給予後續研究補助,並且讓學生們有機會在青年論壇中互相論辯。

一九七〇年代,在德國學院的歷史研究方法,仍未完全接受口述史,但已有對於改革歷史教育的呼籲。「聯邦總統歷史競賽」起了一個頭,將看似遙遠的「過去」和學生們所處的「當下」橋接起來。當學生進行研究時,採用的資料明顯超出課本的框架之外,從第二、三屆的競賽主題來看,「日常的社會史:工作、居住、閒暇時間」,「納粹時期的日常」,可見歷史競賽一方面將研究的範疇擴展到過去較少受到關注、並不聳動的日常,宏觀與微觀歷史之間的視角轉換與張力,在競賽成果的累積下產生了更多討論。[8]另外,若以日常和經驗導向的研究方式為核心,當時僅是戰後三十年左右,納粹時期的經驗必然不會從見證人的口中被略過,對於未曾經歷過那個時期的年輕世代而言,這些研究是他們從事相關的反思及實踐時的重要依據。

# 一九八〇年代的
# 另類業餘史學家
# 柏林歷史
# 工作坊

1980年代西德由民間崛起的考掘歷史團[
在不同地點舉辦許多工作坊及移動式[
覽，是當時柏林由下而上、推動遭掩埋[
粹遺址研究之關鍵角色。

（左、中、右）Courtesy of Berliner Geschichtswerkstatt

柏林歷史工作坊由民眾展開歷史調查與口述研究，以民眾工作坊的方式推動在地
史研究。圖中分別為《…校正歷史，揭發未知…》（左下）、《舍訥貝格1933
的蹤跡保存》（中）展覽手冊，及《摩登時代 - 社會主義月刊》為了1984年在
林的「歷史節」所發行的號外刊（右）。

## 把歷史掌握在自己手裡

時間來到一九七○年代末。經歷激烈的「德意志之秋」[9]所引發的政治危機、左翼運動大受打擊之後，試圖推動改革的進步運動走到了另一個轉折點。

一九七八年一月底，柏林工業大學校園裡集結了約莫數千人，召開「Tunix」大會，討論運動的實際出路——「與其陷入與國家毫無希望的對抗以及宣傳總是遙不可及的革命，不如去建立一些替代方案——在錯誤的體系中正確地生活的諸島」[10]。大會代表了「另翼運動」[11]的起點，為「德意志之秋」後某種程度上陷入僵局的社會運動，開闢了一條新路線，也是進步運動轉向組織化的一個重要時期。[12]

一九八○年，西柏林一處著名的占屋者集結地「梅林大院」，集結了一群自稱「另類業餘史學家」的人。這群另類的史學研究者，在柏林「人民大學」[13]一九八一年的主題「從歷史中學習——學習生活」架構下，舉辦了以二戰時期歷史為主題的展覽，並結成永久性的團體——柏林歷史工作坊。隨後，全德各地類似性質的團體如雨後春筍般陸續組成，不分專業或非專業[14]、性別、年齡及政黨趨向，形形色色的人聚集到自己居住地附近的這類組織當中。到一九九○年代之時，全德各地約莫有一二○個這樣的團體（Wüstenberg, 2017: 131, 142-145）。

從柏林歷史工作坊的章程來看，工作坊首要的任務在於以社會、文化與政治運動史為紀錄、研究以及發表的對象，此外亦包括既已建制的機構等鮮少或尚未注意到的群體歷史；同時藉著公共活動，工作坊希望喚起社會大眾對於自身周遭歷史的意識和興趣（相對於大敘事）。創始成員迪特哈特·克布斯[15]直言，歷史工作坊不願再將歷史研究只交給國家、既有的建制機構，或是黨派以各種形式資助的單位，而是要「現在就把歷史掌握在自己手裡」[16]。

# 柏林歷史工作坊
# 重要記事

**1981.05.25**  柏林歷史工作坊成立於「梅林大院」

**1983.01.30**  納粹奪權 50 周年，歷史工作坊策畫多項展覽

**1984**  此年起歷史工作訪創設了「歷史遊船導覽」的項目，並持續至今

**1984.05.31**  柏林歷史工作訪策畫並承辦集結全德歷史工作坊的首屆「歷史節」

**1985.05.05**  偕行動博物館協會及民眾，於蓋世太保地段上進行挖掘行動

**1987**  柏林建城 750 周年之際，於舍訥貝格區及威丁區皆策畫有關於在地歷史的展覽

**1987.09.01**  「移動博物館」首度於蒂爾花園街 4 號宅邸舊址前展出

## 挖掘你所在之處

「歷史工作坊」這樣的組織形式與概念，有兩個主要的影響來源。首先是英國一九七〇年代中期由拉斐爾・塞繆爾等馬克思主義史學家創立的《歷史工作坊》雜誌與「歷史工作坊運動」[17]。他們承繼了社會主義史學家湯普森研究勞工歷史的精神——「來自底層的歷史」[18]，並在工人階級以外，將諸如女性等被排斥在主流史學外的視角納入；方法則採口述史，特別是草根階層的陳述，試圖拓展史學的關注面向，並承擔起政治任務——探究那些剝削或不平等的來源。

另一個影響則來自於瑞典的學者斯文・林奎斯特[19]，他於一九六〇年代初到中國擔任文化部門外交官員，當時正處於「大躍進」時期，林奎斯特聲稱，他在中國見到了「挖掘苦根」[20]運動以及「赤腳醫生」[21]，對他而言是重要的啟發（Lindqvist, 1985: 72-74）。隨後，林奎斯特進到拉丁美洲調查跨國企業的樣貌。[22]整趟旅程中，他發現在地的居民或者工人的聲音不會被記錄。回到瑞典後，他對一九二〇年代後有關瑞典工廠史的十一本著作進行調查，也發現類似的狀況，甚至其中對經理人或股東的描寫篇幅，不僅遠比工人的部分多，也更正面（Lindqvist, 1979: 24-30）。

因為林奎斯特家族中的長輩曾是水泥礦工，他於是著手書寫水泥礦工的歷史。然而，很快他便發覺到，光靠一人是無法實現的，必須要有集體的力量，最好是由經驗了事件的主角，也就是工人們，來把歷史書寫出來。一九七八年，他集結數年來的研究與實際操作經驗，寫成《挖掘你所在之處：如何研究你工作的地方》一書，這在瑞典獲得的回響斐然，造就上百個團體前仆後繼研究工廠史的盛況。他的文章陸續於一九八〇年代發表於德文刊物，柏林的歷史工作坊之中也組成工作小組，著手翻譯瑞典原文的著作。最終，德文版的《挖掘你所在之處：研究自身歷史的指南》在一九八九年正式出版[23]，而「挖掘你所在之處」則成為了德國「新歷史運動」[24]中的一句口號。

綜上所述，德國的歷史考掘運動中，帶有深厚的左翼基因——不管來源是英國的工人運動、中國的赤腳醫生，或是拉丁美洲的草根群眾。「由下而上的歷史」、「自己寫自己的歷史」輸入德國之後，也隨即與八〇年代的「另翼運動／新社會運動」浪潮結合，新的歷史研究主題因而浮上檯面，出現像是以女性視角書寫歷史這樣的實踐。據柏林歷史工作坊資深成員宋

柏林歷史工作坊
重要活動位址

F

B

4

5

6

A

CDE

D

5

柯霍街

G

十字山

A

1

3

2

3

4

F

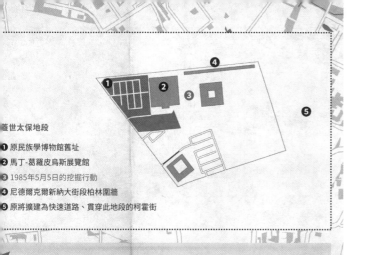

蓋世太保地段

❶ 原民族學博物館舊址
❷ 馬丁-葛羅皮烏斯展覽館
❸ 1985年5月5日的挖掘行動
❹ 尼德爾克爾新納大街段柏林圍牆
❺ 原將擴建為快速道路、貫穿此地段的柯霍街

① 柏林歷史工作坊現址
1982年遷入，為協會辦理活動、聚會及典藏各類檔案之處

② 梅林大院
1981年人民大學所在處，柏林歷史工作坊初創地藍色沙龍原址

③ 柏林歷史工作坊展覽地點
展覽名稱《蹤跡保存。1930年代的日常與反抗在柏林》

④ 柏林歷史工作坊蒸汽船小組
1984年至今，透過渡船導覽帶民眾從水路探訪柏林歷史。統一後增加東柏林路線，自東邊藝廊開始

⑤ 蓋世太保地段考掘行動
原T4計畫執行處，1960年代西側道路預計建造快速道路橫貫此處，後計畫終止。1985年5月5日，於此地展開挖掘行動

⑥ 羅莎·盧森堡橋
1986年推動橋名變更，以紀念於此處被尋獲屍體的羅莎·盧森堡，2012年成功改名

移動博物館停靠站

Ⓐ T4行動，蒂爾花園街4號宅邸的安樂死中心（1987）
Ⓑ 寧可主動和行動，好與紀念碑式的雄偉和告別國（1987.10.28）
Ⓒ 俄羅斯人1945年的紀錄片（1989）
Ⓓ 感染對策——歧視有其背景。對應愛滋病的手段以及關於愛滋病的啟蒙歷史（1988~1989）
Ⓔ 從克倫茲到柯爾（1990）
Ⓕ 棚屋、畸零地、市郊農園——柏林1900年代左右的工人生活（1990）
Ⓖ "REP"展覽（1989，按："REP"意指當年右傾政黨共和黨）

雅·米爾騰貝格在與筆者的訪談中所述，[25]長年來協會成員的女性多於男性。[26]

歷史工作坊在成立之初集結於占屋亦非偶然，當時的占屋運動除了攸關居住議題，也帶有面對都市再開發過程保存文化資產的意圖，占屋運動本身亦成為歷史工作坊書寫記錄的對象之一。[27]

歷史工作坊運動也在德國長出因地制宜的形貌——做為挖掘反思納粹歷史以及防止極右翼再度崛起的武器。對納粹歷史的考掘，因此不僅只限於駭人聽聞的重大事件：透過考察地方的、一般常民口中的納粹史，進而讓日常生活與納粹過往之間不再是斷裂的，整個社會藉此意識到反思歷史的迫切與重要性。

## 歷史的民主化

相對於當時學院歷史學的大敘事模式，歷史工作坊計畫的產出除了聚焦微觀的歷史，也相應地使用了許多截然不同於當時學術圈研究的呈現形式。柏林歷史工作坊的兩個經典的計畫，正好適合用來說明。

西德各地陸續組成歷史工作坊後，最早組成、也是位於歷史層理最為繁複之處的柏林，負責擔任首屆集結全德歷史工作坊活動「歷史節」的東道主。柏林這方不僅提供場地與安排住宿，接待遠道而來的各地

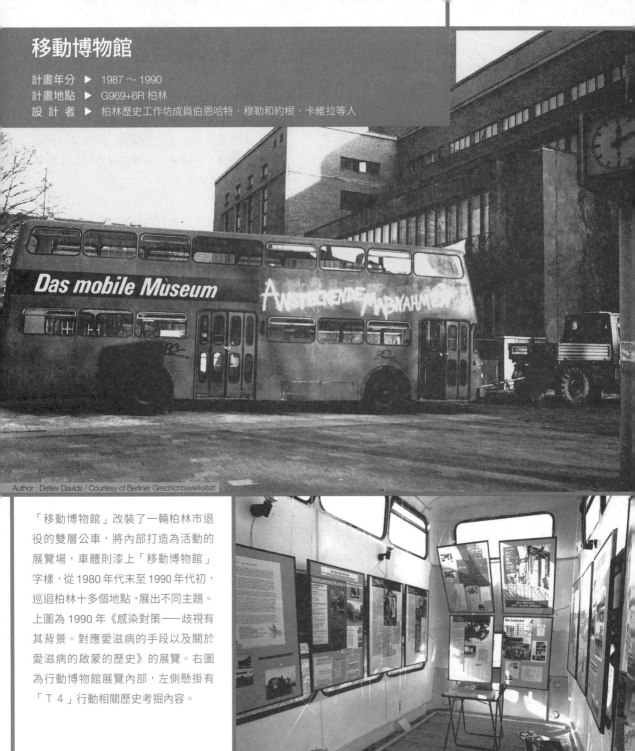

# 移動博物館

計畫年分 ▶ 1987 ～ 1990
計畫地點 ▶ G969+6R 柏林
設 計 者 ▶ 柏林歷史工作坊成員伯恩哈特‧穆勒和約根‧卡維拉等人

Das mobile Museum

Author : Detlev Davids / Courtesy of Berliner Geschichtswerkstatt

「移動博物館」改裝了一輛柏林市退役的雙層公車，將內部打造為活動的展覽場，車體則漆上「移動博物館」字樣，從 1980 年代末至 1990 年代初，巡迴柏林十多個地點，展出不同主題。上圖為 1990 年《感染對策——歧視有其背景。對應愛滋病的手段以及關於愛滋病的啟蒙的歷史》的展覽。右圖為行動博物館展覽內部，左側懸掛有「Ｔ４」行動相關歷史考掘內容。

Author : Detlev Davids / Courtesy of Berliner Geschichtswerkstatt

歷史工作坊成員，期間除了參與歷史節的活動，彼此之間的意見交換，甚至是後續計畫的合作，也在這段時間內敲定，甚至還會前往聲援在地進行中的抗爭。「歷史節」日程中表定的活動，則是一連串工作坊、各個歷史議題的討論會、當前計畫相關地點的參訪，與在傍晚舉辦、對公眾開放的文教面向活動。除了希望激起民眾對於歷史的關注，對工作坊而言也是招收新成員的時機（Wüstenberg, 2017: 147-148）。

| 2-1 | 另一個計畫「移動博物館」，則是改裝自舊雙層公車的展覽場，車體上大大的「移動博物館」字樣，按米爾騰貝格的記憶，這輛車光是在穿過市區，就足以吸滿路人的目光。[28]

| 2-3-2 | 第一個在「移動博物館」展出的主題，是納粹時期安樂死受難者的故事，展題「Ｔ４」正是當年納粹滅絕傷、病、殘者的計畫代號。這個主題相較於其他納粹受難者族群，鮮少出現在公共討論之中，當年發動此滅絕行為的蒂爾花園街４號宅邸舊址上，更已建起柏林愛樂廳。為了不讓這樣的歷史從記憶、城市空間中被抹除，「移動博物館」帶著展覽停駐在愛樂廳前，並搭配演說、討論等即時活動。[29]未被立碑的歷史事件，得以透過活動（即便有時效上的限制），施予當局對此進行紀念的壓力。[30]

「由下至上」主動研究歷史的效應，藉著這些帶有教育以及對話性質的活動，逐步擴大。即便各地工作坊關注地方主題，跨地域的合作仍藉由「歷史節」和輪值編纂同名刊物《歷史工作坊》實現。隨著各地政府意識到這類型活動的吸引力，各類機構如地方史博物館等，逐步被興辦或得到改革，此外，歷史工作坊也成為了輸出人才之所，許多曾活躍於工作坊的青年學者也陸續進入各式機構任職，創造了民間的運動與機構之間的聯繫網，機構與工作坊的合作也增加，新歷史運動的效應得以持續地傳遞。

因為由下而上的實踐方式，歷史工作坊將焦點帶回微觀的「日常」，研究資料的來源也得以多元化。然而這裡的日常絕非是鄉愁式或浪漫化的。米爾騰貝格於訪問中提及，歷史工作坊所致力的「日常」，並不是去研究一位清潔女工的「日常」，而是以她的角度作為主體，來看她所經驗到的世界是如何運作。藉此，我們便可進一步探究：何以清潔婦是工作，家務勞動卻不是？這種父權的根源如何從歷史的軌跡裡追溯？和極權統治的關係又是什麼？透過換位以及個體經驗層次重要性的提高，每個人都因此被連結進政治議程，自身周遭的（歷史性地積累的）不公義經由歷史研究因而

Author : Claudia Quaukies / Courtesy of Berliner Geschichtswerkstatt

『「T4」計畫展』
隨「移動博物館」於柏林市內
巡迴展出

「移動博物館」首次展出主
《T4行動，蒂爾花園街4號宅邸
安樂死中心》，展期1987.09.01
1987.09.26，為納粹「T4」行
──滅絕傷、病、殘者的計畫執行
的考察呈現。計畫執行地的舊址於
爾花園街4號宅邸，其上已興建柏
愛樂廳，故此遺址的背景鮮為人知。

一一被辨識出來。所以說,以日常相對於大敘事歷史的做法,並非放棄結構性敘事,而是要祛除過去阻斷地方與整體、日常與政治之間交互關係的障礙。

歷史工作坊在學院外另闢新局,並不意味著歷史工作坊的研究即非嚴肅的研究。他們提出新的主題,創造了歷史研究視角的轉換,並有別於歷史學者,稱自己為記憶的工作者(Der Spiegel, 1983: 36),希望使歷史研究民主化——同時意味著歷史記憶反省工作的民主化:一方面透過關注過去受到忽略的議題,另一方面,也揚棄過去歷史由少數書寫的權力不對等。

缺乏民主過程的歷史編纂,正是不平等的權力得以持續隱身的根源。不民主的過往是絕不可能用不民主的方式來處理的。正是一九八〇年代開始,俯身貼近地面挖掘,並於整個德國的各個角落四散開花的歷史工作坊運動,為往後德國既廣博又多面向的各種轉型正義實踐——從紀念碑／物的設置到各種行動——打下了堅實的基礎。

Author : Jürgen Henschel / Courtesy of Aktives Museum Faschismus und Widerstand in Berlin e.V., Archiv

曾被淹沒在歷史洪流中的蓋世太保地段，長年廢墟、無人聞問，直到 1980 年立下標
誌牌，指出此處的地下室曾是祕密警察總部的地牢。

# 第二節

# 八〇至九〇初——
# 行動博物館協會

行動博物館協會，1983年5月3日時成立「行動博物館」的呼籲：

這座城市需要一個能夠以「行動博物館」的方式，對晚近德國1933至1945年的過往，以及對於當代新法西斯之趨勢進行結構性探究的機構。

# 蓋世太保地段

舊址位於阿爾布雷希特王子街8號，波茨坦廣場旁、柏林圍牆邊緣

柏林圍牆 - 尼德爾克爾新納街大段

1 蓋世太保（祕密警察）局（1933~1945）
　國家安全總局（1939~1945）
　地下室：牢房遺跡
2 納粹黨衛隊帝國指揮部（1934 起）
3 黨衛軍安全部（1934 起）
　國家安全總局長辦公處（1941 年擴建）
4 蓋世太保與黨衛軍辦公處、黨衛軍安全部辦公處（1935 起
　納粹衝鋒隊（1934 起）
　黨衛軍安全部各部門辦公處（1937 起）
5 馬丁－葛羅皮烏斯展覽館舊址（1981 重建完成揭幕）

原為美術工藝學校的建物，1933 年起成為蓋世太保總部，地下設有牢房，
為祕密警察決策與迫害異議者的所在地。

納粹祕密警察總部內部一景。

如前文提及，一九七八年的「Tunix」大會，是德國歷史工作坊運動成形的契機之一。當時大會上，除了後續各種運動組織化的討論會，也舉辦電影放映、音樂及劇場表演等活動。其中，有一場名為「另類城市導覽──『帝國首都柏林』今何在？」[31]的幻燈片放映會，介紹一塊柏林圍牆邊緣的荒地，而一段記憶正在那裡等待著被想起──這塊地，當時西柏林的執政當局、保守派的基督民主黨管這塊地叫作「阿爾布雷希特王子地段」；不過，在另一個圈子裡，這塊荒地有另一個駭人聽聞、卻隱而不為多數人所知的名字──「蓋世太保地段」[32]。

當柏林仍是帝都之時，這個地帶是國家政務集中之處，堪稱首都的政治心臟。建築師，同時也是建築史研究者的霍夫曼–亞克瑟翰於當年撰文提到，此地的暴政身世最早可以追溯到一九二六年，那時的納粹黨便已相中此地，將這一帶做為組織落戶之處；奪取政權之後，納粹黨更將統治骨幹的幾個機構，諸如黨部、親衛隊的分部等設在這裡。一九三四年，祕密警察總部正式遷入，納粹暴政的核心於焉成形。[33]

這個「蓋世太保地段」不僅是許多那納粹時期搜捕、迫害，乃至謀殺命令做成決策以及發出之處，蓋世太保總部地底下更設有牢房，許多著名的異議者，譬如牧師馬丁·尼穆勒、後來成為東德末代領導人的埃里希·何內克，以及西德社會民主黨領頭人物庫爾特·舒馬赫，都曾是這座地牢的「住客」（Friedmann, 2010）。

## 暴政記憶煙滅的荒地：蓋世太保地段

第二次世界大戰期間，該地段遭到猛烈的轟炸攻擊；至戰後的一九五六年，市府當局遂將殘存下來的部分建物夷平，隔年，原本規畫把西側的柯霍街擴建為快速道路，預計穿過這個地段，該計畫卻在六一年柏林圍牆於街區北側蓋起時，被迫宣告終止。原為市中心的這個區域，也因為圍牆的橫亙分隔，成為西柏林的邊緣地帶，而此「蓋世太保地段」就這樣荒煙蔓草存在於同樣在戰後成為廢墟的馬丁–葛羅皮烏斯展覽館，以及新建的柏林圍牆之間，被傾倒了各式廢料，尤其是十幾年來西柏林十字山區都市更新改建拆屋的瓦礫，另一角還有停車場和小型賽車場。

關於暴政的歷史深埋其中，無人聞問，直到「Tunix」大會的活動和霍夫

# 蓋世太保地段保存轉型的
關鍵因素之一
## 《民主的毀壞──1933 年
的權力轉移與反抗》展

**展覽日期：**

1983 年 1 月 30 日

**籌備團隊：**

由「柏林文化委員會」及剛建立不久的政黨
「民主與環保的另類名單」（綠黨的前身）
共同倡議，許多成員後續共組「法西斯主義
與反抗的行動博物館協會」

為納粹奪權 50 年紀念的展覽。由下而上、由民間各單位共組而成，結合前一階段
史工作坊」的運動方向，後續促成民間對於「蓋世太保地段」保存與紀念處置方
討論與關注。

曼－亞克瑟翰的文章，才稍稍拂去了荒地上的迷霧。一九八一年的夏天，
隔壁的馬丁－葛羅皮烏斯展覽館修復完成，重新對公眾開放展覽吸引來人
流，更使得「蓋世太保地段」重回人們的眼底下，並受到關注。該怎樣「處
置」這塊地，便自此成為接下來十數年間論辯的主題。

一九七〇年代末至八三年之間，是初期決定「蓋世太保地段」處理大方向
討論最密集的時期。七九年，柏林國際建築展的總建築師克萊休斯上任，
「關鍵性的重建」是他規畫建築展的核心概念。與此相應，馬丁－葛羅皮
烏斯展覽館已在重建當中，此地賴以得名的阿爾布雷希特王子宮，便成為
克萊休斯希望重建的另一個標的。在他的規畫中，將由義大利建築師喬吉
奧·葛拉西在「阿爾布雷希特王子地段」上，象徵性地實現重建阿爾布雷
希特王子宮的計畫（Hoffmann-Axthelm & Nachama, 2010: 13）。

將此地稱為「蓋世太保地段」的另一群人們，對此有不同的看法。「Tunix」
大會兩年後的一九八〇年，國際人權聯盟率先向西柏林市府內政局提案，
要求在此地興建紀念館，並立下標誌牌，指出此處的地下室曾是祕密警察
總部的地牢。[34]再過兩年後，在野政黨也跟上民間倡議團體的腳步：社會
民主黨黨團在市議會提案，要於此處建立紀念法西斯主義受難者的紀念
碑，以及檔案與展覽中心。八二年底及八三年初，在基督民主黨執政的市
府團隊安排下，召開公聽會，為此地建造事宜的競圖做準備。

一檔關於納粹奪權五十年紀念的展覽，成為了轉折點。在民間團體及政黨
的共同倡議下，希望能在一九八三年一月三十日的紀念日之際，舉辦《民
主的毀壞——一九三三年的權力轉移與反抗》展覽。這檔展覽，不僅要以
反思國族主義的觀點來審視納粹歷史，更得是一檔由下而上、民主地組織
起來的展覽。大大小小的單位，結合當時「挖掘你所在之處」思潮的傳播，
從國家級的機構到鄰里層級的非政府組織，紛紛動員起來。正好當時也正
值「蓋世太保地段」的競圖方向即將擬定之時，於是許多團體也將注意力
放在這塊地上，許多當時參與展覽的個人、團隊與協會，順水推舟組成「法
西斯主義與反抗的行動博物館協會」（下稱：行動博物館協會）。[35]

## 行動的博物館：以中介行動，將歷史銜接至眼前

從協會的名稱「法西斯主義與反抗」，可看出對展覽名稱「權力轉移與反

德國總理柯爾：
「我們德國人應該要呈現我們的歷史」

法西斯主義與反抗的行動博物館協會：
「寧可主動和行動，
　好過紀念碑式的雄偉和愛德國」

抗」在命名邏輯上的承繼，更直接點出掌政納粹政權是「法西斯」[36]；「行動博物館」之名，則與民間倡議團體對「蓋世太保地段」未來的祈願有關：他們希望在這裡建立的，正是一座能夠促使大家「主動」「積極」，並以「行動」來面對納粹歷史的「博物館」。

在一九八八年柏林藝術學院對此事的專家意見書中，策展暨評論人蕾歐妮・鮑曼曾以「從紀念碑到思考之地」為標題，描述針對這塊地段處置方向的制定過程：該地所屬的十字山區議會層級首先做成決議，訴求將來競圖的內容為設置一座「行動的紀念館」，具體則包括供展覽和活動使用的空間，以及典藏文件檔案所需的資料庫（Baumann, 1988: 3）。最終，市府將區議會的決議納入競圖的公告事項之中。[37]

行動博物館協會在結成之後，進一步完善這些訴求。首先，歷史場址需要被標記出來，並且在該處與仍然留存的物件，一併作為歷史證物而呈現，受到紀念。然而，這些物件和位址並不會自行發聲，於是中介與教育工作便成為機構不可分離的一部分。

在當時的德國，即使是最為傳統的博物館，其運作也已經不僅限於收藏、分類、維護與展呈（Baumann, 1988: 11）。八〇年代的博物館概念——特別是地方博物館類型——受到很大的挑戰和質疑。當時的博物館或許和過去有關，但卻不指涉當下及未來。[38]另一方面，八二年柯爾繼任總理後，便推動德國歷史博物館的建立，他所擁護的構想卻是德國國族敘事，認為「我們德國人應該要呈現我們的歷史」。[39]反對者則批判這是以國家及民族為中心的保守主義史觀，如前文提及柏林歷史工作坊的「移動博物館」，就曾以「寧可主動和行動，好過紀念碑式的雄偉和愛德國」為口號，抗議歷史博物館的設立概念。[40]

過去並非與當下毫無相關，特別是在「蓋世太保地段」這個曾是納粹政權運作核心的地方，去提問究竟是何種機制與體系支撐著法西斯政權的運作，絕對有其意義。這些過去被用來排除特定族群的機制與體系，今日也可能再度被施用在某些群體身上，譬如特定的人種、罹患某種疾病的人、難民或者是性少數。進一步來說，法西斯主義的運作不僅是表層形式而已，它是一套結合了包裝成「進步」或「幸福」等意識型態的思想，日常化於總體社會之中。比如，曾任行動博物館協會主席的費雪－迪芙伊表示，帶著偏見而無知的公眾，不僅是過去法西斯得以遂行之基礎，也是今

| 3-1-3 |

# 蓋世太保地段處置之
# 官方立場

| | |
|---|---|
| **1956** | 柏林市政府將蓋世太保地段尚剩餘建物拆除夷平 |
| **1979** | 克萊休斯被任命為柏林國際建築展的總建築師，有意重建阿爾布雷希特王子宮 |
| **1981.08.15** | 隔鄰的馬丁-葛羅皮烏斯展覽館修復完成，重新開放展覽，間接造成了公眾對蓋世太保地段的注意 |
| **1983.06.15** | 柏林市府（時任市長為馮·魏茨澤克）啟動徵件競圖 |
| **1984.10** | 時任市長迪普根宣布，將把「蓋世太保地段」納入聯邦規畫的歷史博物館選址考量，並告知競圖獲選者將不會執行其計畫。隨後拒絕對該地段進行歷史調查，並於 12 月最終決定不實施任何獲獎設計 |

時任西柏林市長寫於〈公開競圖。柏林，南腓特烈城區。前阿爾布雷希特王子地段建設〉：

當前這項新建計畫的任務在於連結當代史，提供場所予沉思，同時也不疏於創造在十字山區可供生活與停駐的地段之機會。（…）因此，這項徵件對我們要贏得柏林之未來，但同時不丟失其過去或者排除醜惡一面的目標來說，有其重大意義。

1983 年 11 月 18 日市府徵件公聽會紀錄

日反民主趨勢之所以有效的前提（Fischer-Defoy, 1985: 23）。這樣一來，協會提出的「行動」的博物館——相對於靜態的概念——便十分重要，這將使得「蓋世太保地段」不僅是紀念之地，更是促使集體思考，進而政治性地產生與法西斯相對抗之意識、舉措的、「行動中」的場所。

## 漫長的「行動博物館」之路

接下來幾年，協會與政府不斷地在「蓋世太保地段」的不同處置方案之間拉扯。基民黨主導執政的柏林市府，偏重於「重建」阿爾布雷希特王子宮，跳過納粹時期的歷史，連上普魯士的榮光。政府方先是提出將馬丁－葛羅皮烏斯展覽館改為歷史博物館的方案，代以在「蓋世太保地段」現地的歷史考掘與紀念工作，但遭到各界否定。

實際上，競圖所收到的一九四份提案，三分之二的主要方向都是綜合保存、研究與教育的類「行動博物館」方案，隔年當局也選出符合「行動博物館」準則的提案，是由約爾根・文策爾和尼寇拉斯・朗搭檔所提。奇怪的是，在市府主導下，日後方案發展卻千迴百折：一九八四年十月時，市長迪普根意外宣布，當時聯邦規畫中的歷史博物館方案，將把「蓋世太保地段」納入選址考量之一；又在數週後致信文策爾、朗這對搭檔，告知他們將不會執行其贏得競圖的提案（Weißler, 1985:17-18）；八五年時，市府先是宣稱該地區已無史蹟，當時的建築早已在拆除時盡數移除，拒絕對該地執行進一步的歷史調查；秋季時卻又發表了一個充滿折衷意味的方案，將整塊地皮切分為細小的單位，上面將有公園、綠地、停車場、兒童遊戲場，以及縮減版的紀念館。

同一時期，行動博物館協會為了柏林建城七五〇周年規畫的展覽補助以及其餘的補助申請都被拒絕。[41]整個運動看似在不民主的決策下走進死巷，卻在協會的行動下，再度出現反轉的契機。行動博物館協會動員各團體及部分曾被監禁與此的納粹時期受難者，連袂於一九八五年五月五日[42]現身於「蓋世太保地段」的地皮上，人手一把鏟子，確切地以身體來力行「挖掘你所在之處」這句當時的新歷史運動口號。縱使器具極度陽春，但當時的「挖掘行動」挖到了地磚、地基、一座門以及地下室地道痕跡，足以佐證這裡並非如市府所言般什麼都不剩（Thijs, 2008: 175）。隨後，行動博物館協會進一步與柏林歷史工作坊共組「蓋世太保地段處置方案促進

# 新歷史運動

## 以「挖掘你的所在之處」回應柏林市政府
## 對蓋世太保地段的保存紀念態度

延續 1970 年代的柏林歷史工作坊的行動，至 80 年代成立「法西斯主義與反抗的行動博物館協會」，民間各單位以歷史考據、田野調查為基礎，共同展開抗議及行動。

上圖為《恐怖地誌》露天展覽現場展出、在 1985 年 5 月 5 日由「行動博物館」與柏林歷史工作坊共同策畫的「挖掘行動」紀錄照。右圖為柏林歷史工作坊 1987 年 10 月 28 日發起「移動博物館」展覽及抗爭，以「寧可主動和行動，好過紀念碑式的雄偉和愛德國」為口號，抗議歷史博物館的設立。

會」，要求公開、民主的決策，並分別在市議會[43]以及民間要求下，由官方投入的專業人員及器材，進行開挖。

至此，地下室的樣貌終於重見天日，並在柏林建城七五〇周年的一連串活動中，以子展覽的型態，首度對公眾開放。[44]

## 恐怖統治的地誌：紀念在該地，而非任何一處

一九八七年的展覽《恐怖地誌》，由歷史學者萊因哈德·呂路普率領團隊，規畫直接將地下空間用於展出，以增強歷史文件與現地感的連結。從展名來看，源自於當時唯一對「蓋世太保地段」的研究出版《恐怖的中心。阿爾布雷希特街 8 號》書名的改動：「Topographie」（地誌）這個字是「地方」（Topo）與「檔案、書寫、記載」（Graphia）的結合。協會現任執行研究員卡斯帕·紐倫堡表示，這正是為了強調「在該地進行紀念，而非任何一處」的必要性與重要性。

| 2-2 |

當參觀民眾踏入這個地段後，首先看見的顯然是部分仍未完全清運的土丘，藉著立於室外的標誌，則可以辨識出那些業已不存在地表的建築。展亭與地下室內除了懸掛的文件之外，展覽也使用幻燈機投影，與文件相互補充。

展出目的並不是呈現受難者的苦痛以引起共感，或者透過地下室廢墟來神祕化、妖魔化納粹的統治；現地展呈的目的，無非是不讓記憶隨著該處因拆除或重建，逐漸無法為人所辨識而消散。在這個暴政發動的中心點，展覽的重點是呈現檔案文件，以及揭露當時納粹政權何以系統性地排除成千上萬人性命的管理和運作機制。當人們真的探問並辨識出這些法西斯國家中的日常，和背後支撐的機制結構，方能確實地把握住納粹統治中所謂「邪惡的平庸性」，並且從最根本之處去預防它再度復生。

展場圖文敘述的呈現盡量採以親近公眾、不矯扰的原則，此外，展期之間也有各個團體自發性組織的導覽，提供參觀民眾事前進場的預備以及事後在特定議題面向深入探討的機會。《恐怖地誌》這檔展覽在德國內外都受到相當好評，絡繹不絕的參觀者遠超出當時市府的估計[45]，展覽隨後延長展期直到一九八八年，並在隔年二月起受邀至東德[46]進行巡迴展出。「行

# 《恐怖地誌》展
## 1987 ～ 1988

建築師約格‧史代納為展覽設計的木造白色簡易展亭（左上），在荒地中十分顯眼，自然地指出了觀眾的下一個去處，樸素的顏色和線條，也不干擾內部的文件展覽與地下室遺跡的展呈。

展亭與地下室透過大面積玻璃的運用，將自然光引入。展覽內容則從這塊地在普魯士時期的建設開始，一路談到納粹政權瓦解，並延續到當時對於該地的處置。

Author : Jürgen Henschel / Source : FHXB Friedrichshain-Kreuzberg Museum

動博物館」這個理念的三個主要面向——保存、研究與教育,在這檔臨時性的展覽漸具雛型,為往後的機構化起了頭。

## 博物館依舊行動

一九九二年,在協會與促進會多年的推動下,終於從一個展覽計畫發展成「恐怖地誌基金會」,並在三年後脫離市府,成為獨立的公法人。[47]差不多在同一時期,柏林市府也核定給予協會定期定額的機構補助。

雖然多年來一直站在第一線,累積了大量的研究資料與展覽產出,行動博物館協會卻終究未能成為「蓋世太保地段」上歷史記憶工作的主要擔負者。這時的協會轉而面臨存續的問題:一方面,看似協會的階段性任務已告終,而紀念和反省納粹時期歷史已成為主流,是當局和各種機構都願意嘗試的行動。此時,協會該如何定位自身作為倡議性團體的角色,則成為新的問題;另一方面,接受市政府的補助(一九九四年起聯邦加入共同補助),則被部分會員認為協會獨立的位置不再。執行研究員紐倫堡在接受筆者訪問時即提到,當時不少協會成員因而選擇退出,對協會而言不啻是一大危機。

不過,協會也很快地找到一九九○年代當下重要的介入口。當時東西德合併,許多過去東德時期以左翼人士命名的街道,再度面臨改名與否的辯論,但若恢復原有路名,無論是納粹獨裁時期或是更早的專制帝國時期之路名,對於歷史記憶來說都不是好的走向。東德當時以左翼人士名字取而代之的做法,當然不乏意識型態鬥爭的意味,然而這些左翼人士中,亦多是曾遭納粹政權迫害者,若僅是單純移除,也不免有歷史空缺一頁的遺憾。於是在兩德統一,同時也是協會面臨轉型存續之際,當時的路名政策便是他們用以連結當下的議題。為此,協會發展出一套方法,尋求歷史層理的多重並置,除了既有的路名之外,也在原有的路牌之下標示出過去的原名,或甚至在一旁設置標誌牌,解說此名稱的由來。

此外,面對自九○年代再次復甦的極右翼團夥,協會則採用一貫的工作小組策展模式,持續針對這些議題發表看法,創造與公眾溝通互動的契機。二○一九至二○剛結束的展覽,是由「柏林的極右翼」工作小組策畫的《一再如此?一九四五年起柏林的極右翼與反抗勢力》[48],便梳理二

# 蓋世太保地段處置
# 之民間行動

| | |
|---|---|
| **1961.08.13** | 東德逐步建起柏林圍牆，蓋世太保地段因座落於牆邊的邊緣位置更遭人遺忘 |
| **1978.01** | 「Tunix」大會中的「另類城市導覽——『帝國首都柏林』今何在？」幻燈片放映會對參與者介紹了蓋世太保地段 |
| **1980.01.24** | 國際人權聯盟致信市府內政局，呼籲於此地段設立紀念館 |
| **1982.02.24** | 社民黨黨團提案設置紀念碑及檔案暨展覽中心 |
| **1983.01.30** | 納粹上台掌權 50 周年紀念時開辦《民主的毀壞——1933 年的權力轉移與反抗》展覽 |
| **1983.06.10** | 因應對於蓋世太保地段的討論，「法西斯主義與反抗的行動博物館協會」成立，推動此地設立「行動的紀念館」 |
| **1983.06.15** | 柏林市府宣布啟動徵件競圖。此後至 1985 年間，數度轉換立場 |
| **1985.05.05** | 行動博物館協會策畫在蓋世太保地段上進行挖掘行動，以示對市府的抗議 |
| **1985.12** | 行動博物館協會及柏林歷史工作坊共組「蓋世太保地段處置方案促進會」 |
| **1986.12.19～ 1987.01.23** | 柏林新視覺藝術協會舉辦關於蓋世太保地段論爭的攝影展《緘默之地》，呼應行動博物館協會「主動紀念」之訴求 |
| **1987.07.04** | 《恐怖地誌》展覽於蓋世太保地段上露天展出 |
| **1992.01.28** | 恐怖地誌基金會成立 |

戰之後未曾真正消失的法西斯餘勢，也藉展覽對公眾宣示，關於轉型正義的工作是動態的，不會有停止的一刻。另一個目前正在運作中的工作小組，以「東德時期的納粹罪行場址」為主題，試圖補上自一九四五至一九八九年間兩德分斷體制時期，轉型正義工作在東德僅以「反法西斯」之名帶過後所留下的缺口，以及歷史反省在東德社會中的缺席導致對今日德東地區政治情勢的影響。

德國在一九八〇年代的這段發展，從民間主動的介入並嘗試各種工作方法與展演形式，大幅度地捲動整個社會的關注與參與，使得歷史反省工作不再只限於一小群人的奔走疾呼，而是真正擴散到了社會上實體與抽象的各個階層與角落。不管是柏林歷史工作坊、行動博物館協會，乃至於過程當中涉入其中、合縱連橫的人權、藝文及教育等團體，沒有他們的行動，顯然就不會有後來德國直面自身不堪歷史的各種舉措。時至今日，由民間發動對「蓋世太保地段」的歷史考掘，或者是其他挑戰舊有博物館概念的行動，並不因為「恐怖地誌」博物館以及基金會的設置，而抵達旅程的終點。所有今日立著紀念碑、蓋有紀念館，或是從拆除的命運中被搶救下來、挖掘出來的一點點遺跡，背後都有民間倡議的身影在。

| 1-2-2 |

從民間出發，並非就不會遇到組織、制度、法律以及種種倫理問題的挑戰，相反地，因為決行的權力從過去單一集中的態勢分散開來，無論是工作或分析上都更為複雜。但民間行動的真意，不只賦予我們每個人同時參與其中的權力，也同時要求每個人擔負起執行與監督的責任。轉型正義的工作不會僅是政府單向的政策，不是人民將它委託給專家學方面受到監督與批判。正如執行研究員紐倫堡為我們舉例：假設有某單位商請協會的工作小組，研究該單位在納粹時期的歷史，協會通常會以協助以及培力的方式進行，無論如何，仍希望以該單位的成員為主體，讓他們自己去考察自己所在之處的歷史。

這背後有兩大原因：第一，協會並非公關公司，轉型正義工作需要讓人們在政治上培力賦權，而不是做為洗白的工具；另一方面，唯有身處該處或該職位上的人，才能夠更明白該單位或職種平素運作的方式，也才更能從中理解暴政的機制究竟如何在各種不同的日常中遂行，從而找出方法來防衛今日的民主社會。

《恐怖地誌》展舉辦之時，參觀的民眾可以看到靠近馬路／柏林圍牆一端的地下室已經出土。

所以直到現在，行動博物館協會依舊不改其名地繼續活躍著。「行動博物館」並未如當時的群眾之願，成為一個機構的名字，以此為「蓋世太保地段」上將建立的紀念館命名，但它的概念卻留存了下來，力道深遠地刻在日後德國所有轉型正義的文化實踐之中。

Source：Aktives Museum Faschismus und Widerstand in Berlin e.V., Archiv

1990 年代起，行動博物館協會持續發起路牌增補運動，為既有的路名補上指涉歷史人物的背景脈絡。

第四章

統一後的
新德國

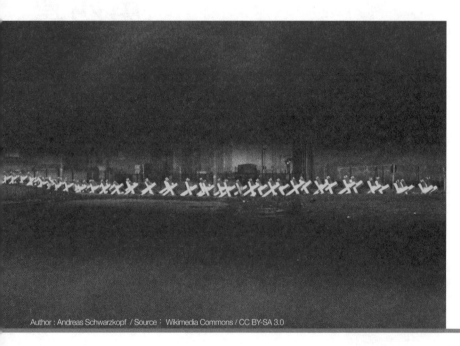

從柏林圍牆中的狹縫窺見「死亡帶」中防止車輛衝撞用的路障。

未來將有不止一個的不明之處需要澄清，不止一個的爭議需要解決。〔…〕統一的形式已然具備。現在需要的是，用內容和生命使其完備。

——時任聯邦總統理查‧馮‧魏茨澤克
1990 年德國統一日慶祝典禮致詞

在統一之後我們再次成為學徒。許多人在自己的國家裏感到陌生。他們的苦澀當然可以用新近體驗到的無助及失望來解釋。他們夢想一座樂園，卻在北萊茵－西伐利亞醒來。

——時任聯邦前東德國家安全局檔案館專員約阿希姆‧高克
圍牆倒塌 10 周年紀念日於聯邦國會演講

藝術家霍海塞爾在 1997 年 1 月 27 日國家社會主義受難者紀念日時,將著名的集中營的大門標語「勞動使你自由」投影到曾是德意志帝國軍國主義象徵的布蘭登堡門上。將德國歷史的榮耀與陰暗、帝國與迫害,一體兩面地重合在同一座門上──門內既是帝都也是集中營。

# 歐洲被害猶太人
# 紀念碑

它（歐洲被害猶太人紀念碑），是罪行之不可理解性的一個建築的象徵。

——聯邦總統蒂爾澤，〈歐洲被害猶太人紀念碑〉
揭幕儀式演說 2005.5.10

當談到記住種族滅絕的歷史、納粹對歐洲猶太人的謀殺時，我主張博物館，以一種「思考的處所」之方式來擔負整個社會紀念的功能，而不是紀念碑。

——聯邦政府文化與媒體專員米歇爾·瑙曼，
《每日鏡報》1998.12.21.

1989 年，倡議團體「觀點柏林」在《法蘭克福評論報》、《日報》與《明鏡周刊》
等代表性的媒體上，刊登聲明，呼籲政府應在蓋世太保地段上，設置歐洲猶太人
大屠殺紀念碑。

自納粹奪權及謀殺歐洲猶太人已
過半個世紀。然而在德國的土地
上、在這加害者的國度，至今卻
未有紀念此一絕無僅有的大屠殺
之中樞紀念館，或是紀念其受難
者之紀念碑。

這是一種恥辱。

因此我們籲求，為受難的百萬猶
太人建立一座一望無際的、巨大
的紀念碑。

# Aufruf

## der Bürgerinitiative „Perspektive Berlin"
## an den Berliner Senat, die Regierungen
## der Bundesländer, die Bundesregierung:

Ein halbes Jahrhundert ist seit der Machtübernahme der Nazis und dem Mord an den Juden Europas vergangen. Aber auf deutschem Boden, im Land der Täter, gibt es bis heute keine zentrale Gedenkstätte, die an diesen einmaligen Völkermord, und kein Mahnmal, das an die Opfer erinnert.

Das ist eine Schande.

Deshalb fordern wir, endlich für die Millionen ermordeter Juden ein unübersehbares Mahnmal in Berlin zu errichten. Und zwar auf dem ehemaligen GESTAPO-Gelände, dem Sitz des Reichssicherheitshauptamtes, der Mordzentrale in der Reichshauptstadt. Die Errichtung dieses Mahnmals ist eine Verpflichtung für alle Deutschen in Ost und West.

| | |
|---|---|
| Willy Brandt | Inge Jens, Walter Jens |
| Klaus Bednarz | Beate Klarsfeld |
| Volker Braun | Udo Lindenberg |
| Margherita von Brentano | Egon Monk |
| Eberhard Fechner | Heiner Müller |
| Hanns Joachim Friedrichs | Uta Ranke-Heinemann |
| Günter Grass | Horst-Eberhard Richter |
| Heinrich Hannover | Otto Schily |
| Christof Hein | Helmut Simon |
| Dieter Hildebrandt | Klaus Staeck |
| Hilmar Hoffmann | Franz Steinkühler |
| Alfred Hrdlicka | Klaus Wagenbach |
| Eberhard Jäckel | Christa Wolf |

Für die PERSPEKTIVE BERLIN e.V.:

Lea Rosh, Ada Withake-Scholz, Christian Fenner, Arnt Seifert, Ulrich Baehr, Tilman Fichter, Rolf Kreibich, Leonie Ossowski, Monika und Rainer Papenfuß, Jakob Schulze-Rohr.

Unterstützer dieser Aktion werden gebeten, ihre Unterschrift zu schicken an:
PERSPEKTIVE BERLIN e.V., Tempelhofer Ufer 22, D-1000 Berlin 61

Spenden bitte auf das Konto: Bank für Sozialwirtschaft Berlin, Konto-Nummer: 3 071 700, BLZ 100 105 00.

Bestätigungen über Zuwendungen gemäß § 10b EStG werden zugesandt.

辛堤與羅姆人中央委員會旋即提出異議，以相同格式刊登聲明，表示種族大屠殺的概念不單僅適用猶太人，也同樣發生在被屠殺了 50 萬的辛堤、羅姆人以及其他族群身上；而蓋世太保總部的第五處，更專用於辛堤與羅姆人的大規模滅絕計畫。

nzeige

# Aufruf

## des Zentralrats Deutscher Sinti und Roma an den Bundeskanzler, den Regierenden Bürgermeister von Berlin und die Ministerpräsidenten für die zentrale Gedenkstätte des Völkermords:

Holocaust heißt auch die Vernichtung von 500 000 Sinti und Roma. Über drei Jahrzehnte lang war es in der Bundesrepublik Deutschland möglich, die Verbrechen dieses Völkermords aus rassischen Gründen an den Sinti und Roma totzuschweigen. Das darf in Berlin keine Fortsetzung finden. Dort muß es ein gleichberechtigtes Gedenken an alle Völkermordopfer geben. Die Bürgerinitiative „Perspektive Berlin" bezieht sich bei ihrer Forderung nach einer zentralen Gedenkstätte und einem Erinnerungsmahnmal allein auf den Völkermord an den Juden Europas.

Der für den Völkermord am jüdischen Volk verwandte Begriff der Einmaligkeit trifft aber genauso für den Holocaust an den Sinti und Roma im nationalsozialistisch besetzten Europa zu. Auf dem ehemaligen Gestapo-Gelände in Berlin, dem Sitz des Reichssicherheitshauptamtes, das mit dem Amt V die zentrale Planungs- und Organisationsstätte für den Massenmord an den Sinti und Roma war, darf es keine Ausgrenzung oder Unterteilung in Völkermordopfer erster und zweiter Klasse geben. Von Anfang ihrer Machtergreifung an war es Ziel der Nazis, die beiden sogenannten „außereuropäischen Fremdrassen", Juden und „Zigeuner", vom Neugeborenen bis zum Greis familienweise im besetzten Europa zu vernichten. Schon 1933 verlangte das „Rasse- und Siedlungsamt" der SS, „Zigeuner und Zigeunermischlinge" zu sterilisieren. „Es gibt keine Verfolgung erster oder zweiter Klasse", so Willy Brandt auf der ersten Gedenkkundgebung 1979 in Bergen-Belsen für die 500 000 Opfer der Sinti und Roma.

„Am 21. Dezember 1982 stellte die Bundesregierung ebenso grundsätzlich wie eindeutig fest: ,Den Sinti und Roma ist durch die NS-Diktatur schweres Unrecht zugefügt worden. Sie wurden aus rassischen Gründen verfolgt... diese Verbrechen sind als Völkermord anzusehen.' Die Erinnerung an diese wie an die unzähligen anderen Opfer von Gewaltherrschaft und Rassenwahn darf niemals verlorengehen."
**Bundeskanzler Helmut Kohl** am 7. November 1985 im Deutschen Bundestag.

„50 Jahre nach Himmlers Erlaß zur ,Endlösung der Zigeunerfrage' sind wir alle gehalten, mit Trauer und Beschämung auf dieses Völkermords zu gedenken. Nicht mit falschem Pathos. Sondern mit der festen Absicht, daraus konkrete Konsequenzen zu ziehen."
**SPD-Fraktions- und Parteivorsitzender Hans-Jochen Vogel** in der Gedenkstunde des Zentralrats deutscher Sinti und Roma am 16. Dezember 1988 im Berliner Reichstagsgebäude.

„Sinti und Roma waren Ziel des rassistischen Vernichtungsprogramms des Nationalsozialismus. Dieses himmelschreiende Unrecht ist immer noch nicht allen bewußt, nicht überall bekannt."
**Bischof Anton Schlembach** im Dom zu Speyer am 13. März 1988 zum 45. Jahrestag der letzten großen „Zigeuner"-Deportationen aufgrund Himmlers „Auschwitz-Erlaß" vom 16. Dezember 1942.

Bundesregierung, Berliner Senat und die Regierungen der Länder müssen ihrer Verpflichtung gegenüber den Sinti und Roma für eine gemeinsame Gedenkstätte der Opfer des Völkermords in Berlin Rechnung tragen.

Romani Rose (Heidelberg), Otto Rosenberg (Berlin) für den Zentralrat Deutscher Sinti und Roma

Spenden für diesen Aufruf des Zentralrats auf das Konto Nr. 424-754 beim Postgiroamt Karlsruhe sind steuerlich absetzbar.

Über den Völkermord an den Sinti und Roma und die behördliche Diskriminierung in der Bundesrepublik informiert „Das Buch zum Rassismus in Deutschland — Bürgerrechte für Sinti und Roma", herausgegeben vom Zentralrat, Bluntschlistraße 4, 6900 Heidelberg (DM 8,80).

大屠殺也同時是對 50 萬辛堤與羅姆人的滅絕。逾 30 年來在聯邦德國，這項出於種族歧視而對辛堤與羅姆人種族屠殺的罪行被沉默以對。

這樣情況不應在柏林持續下去。

所有種族滅絕受害者必須受到平等的紀念。倡議團體「觀點柏林」在其對中樞紀念館與悼念碑的訴求中，卻僅單獨指向對歐洲猶太人的種族屠殺。

Courtesy of Archiv des Dokumentations- und Kulturzentrums Deutscher Sinti und Roma, Ordner HD 7. / Source : Frankfurter Rundschau, 5. April 1989

# 歐洲被害猶太人紀念碑促進協會
# 紀念碑推動初期大事記

**1988**　記者蕾雅・羅許於「恐怖地誌」專家論壇會中發言，希望於蓋世太保地段上立碑以示對大屠殺罪行的宣告。同年，蕾雅・羅許與歷史學者埃伯哈德・耶克爾主導成立倡議團體「觀點柏林」（初名「奉獻參與公民」倡議團體），促進歐洲被害猶太人紀念碑的設置。

**1989.01.31**　「觀點柏林」透過媒體呼籲在「蓋世太保地段」設置「大屠殺紀念碑」。

**1989.11.07**　「觀點柏林」改組為「歐洲被害猶太人紀念碑促進協會」。

Courtesy of Förderkreis Denkmal für die ermordeten Juden Europas e.V.

**1990**　「紀念碑促進協會」一度建議以納粹時期新帝國總理府原址（柏林圍牆倒塌前的圍牆範圍內）為立碑地點，隨後專家與官方間各有不同立場及爭議

**1992.03.10**　聯邦內政部長魯道夫・塞特斯在與「紀念碑促進協會」代表會面時，確認官方贊同於「內閣花園」地段設置中樞紀念碑一事。

**1992.05**　聯邦政府、柏林市府及促進協會三方達成協議，確認設碑地點，但同時加劇了促進協會和辛堤與羅姆人中央委員會間的衝突。

**1994.04**　「歐洲被害猶太人紀念碑徵件」以公開藝術競圖的模式開跑，隔年競圖結果出爐引發民眾批判，加以時任總理柯爾反對，導致了紀念碑設置的危機。

**1996.04**　柏林市的學術、研究與文化局長拉登斯基在市府、聯邦政府及促進協會三方討論後，對外表示欲重新舉辦徵件。

紀念碑建置和各種儀式性活動的布署，得以影響整個社會對於歷史記憶的理解與詮釋。這是共同體塑造的策略之一。前一章所提到的「行動博物館／恐怖地誌紀念館」提案，傾向於透過考掘加害者的歷史，以促進教育與思考的做法，能夠開展多元認同的異質性，並帶有連結當代政治的批判傾向，也因此起初受到政府的疏遠，且須經過艱困的各種抗議行動才得以實行。

對國家來說，立碑正是鞏固政權基礎，進而強化其存在正當性、建立此秩序合法性的關鍵。問題是：我們應藉由紀念碑及儀式，建置出怎樣的共同體？是大寫的「我們」，或是異質串聯的許多小寫的「我們」？

## 紀念的方式：以誰之名

一九八八年，「蓋世太保地段」的處置方案雖然有民間團體主推的「行動博物館」領跑在前，但未產生最終定論。該年八月的專家論壇中，一位記者蕾雅‧羅許在會中發言，希望在這塊「加害者之地」設立一塊可見的標誌——一處警醒、悼念碑——以示對此罪行的宣告。隔年，在羅許與歷史學者埃伯哈德‧耶克爾的主導下，成立倡議團體「觀點柏林」，並宣告目標：促進〈歐洲被害猶太人紀念碑〉的設置。據《德國之聲》紀錄影片中羅許所言，〈歐洲被害猶太人紀念碑〉的最初，始於造訪以色列猶太大屠殺紀念館的經驗，由此觸發她與耶克爾在柏林設置紀念碑的念頭。[1]

但羅許是誰呢？根據羅許個人網站的資料，她從柏林的美國占領區廣播電台[2]開啟記者的工作，生涯早期主跑時尚，後來逐步擴展到文化以及女性相關議題，並於電視台擔任主持人，因此與文化領域及政界存在著一定的聯繫。兩件與羅許生平相關的事件，或許能讓人從中窺見往後她與歐洲猶太紀念碑設置工作串在一起的緣由。

首先，羅許的父親二戰時曾入伍德軍並遠征波蘭，戰後卻失蹤、杳無音訊。而羅許的出生名其實是「Edith」，她在自己的簡歷上寫道，因為這個名字聽起來「德意志到令人反感」，所以十八歲起捨棄原名，改稱自己為「Lea」，而這個名字（即使羅許個人未正面承認[3]）帶有的猶太意味[4]不言可喻。隨後，當羅許全面投入設置紀念碑的工作，她的名字也就幾乎與這座碑完全連結在一起。

# 關於蓋世太保地段的另一種紀念方式

在「觀點柏林」呼籲在「蓋世太保地段」設置「大屠殺紀念碑」的同時，行動博物館協會持續以「挖掘你所在之處」的運動模式，推動「蓋世太保地段」的紀念行動，與「觀點柏林」針對猶太受難者推動設立規模宏大的紀念碑，形成對比。

1989 年 9 月 1 日行動博物館協會在抗爭行動上的陳列道具，紙箱上貼的字條寫有訴求的任務目標，以此倡議在「蓋世太保地段」上考掘歷史與動態紀念的理念。

在此背景下，〈歐洲被害猶太人紀念碑〉的建立，自始即是令人爭辯不休的議題。

「觀點柏林」成立不久後，便在《法蘭克福評論報》、《日報》與《明鏡周刊》等代表性的媒體上，刊登聲明，呼籲政府應設置「大屠殺紀念碑」。[5]聲明首段表示，在納粹的奪權歷史已逾半世紀後，德國土地上仍未有針對此獨有的大屠殺而設的中樞紀念館，以及針對受難者設置的紀念碑，這樣的狀況是一種恥辱；第二段則明言，在「蓋世太保地段」上，為受害的百萬猶太人建立一座一望無際的紀念碑，是東西兩德共同的責任。呼籲的最下方，則掛滿東西兩德名人政要的連署。[6]

這段聲明很難不引起爭議。首先，德國當時絕非缺乏對歷史的悼念，反之，如前文所述，此時各種行動和方案都陸續在推進與實現當中，就聲明看來，「觀點柏林」忽視了這些進行中的實踐。此外，聲明第一段所點出的，毋寧是紀念的概念與方式上，與此階段外界發展局勢的相左。當時「行動博物館」等倡議團體主張促使集體思考與對話，以達致動態的歷史考掘與紀念，並揭發法西斯暴政之所以能在日常中運作的模式和原因，著眼於此，自八○年代起「挖掘你所在之處」運動便於德國各地開花，歷史考掘行動和紀念物設立遍布各地。與此相對，當「觀點柏林」欲建立崇高、巨大的悼念碑，且得在國家的中心地帶，集中悼念的概念，顯然有別於當時較受民間人士支持的行動、過程和教育的趨向。

「行動博物館」協會便公開譴責這種直接施壓政府的遊說。他們認為，「觀點柏林」忽視其他倡議團體至今所推動的研究、討論與競圖，亦不願進行對話，是一種不民主的態度。「蓋世太保地段」曾為納粹機構所在之處，因而存在著不可替代性；亦即，「觀點柏林」關注的重點在於碑的建立，但「行動博物館」在此地段上所欲進行的紀念工作，則是針對在此處的加害機構、當中工作的官僚及其運作體制進行考掘——對受難者的追悼與撫慰固然重要，但若缺乏對暴行運作過程和加害者的辨認，受難者的角色也就無從浮現，僅剩道德上的支持。「行動博物館」也於會員通訊中點出，紀念的手段有標記、研究、紀念、學習、教育、警醒等面向，彼此間互相補充、支持才能構成，好比說若無標記，便無從開展研究，沒有學習與教育，就無從對行為模式進行轉換（Dingel & Hesse, 1989: 18-22）。

此外，在聲明第二段的說法，則將「紀念」視為一種國族間的責任，在

| | |
|---|---|
| A | 阿德隆防空壕（阿德隆飯店） |
| B | 軍需部防空壕 |
| C | 坎培爾別墅及防空壕 |
| D | 食品與農業部防空壕 |
| E | 掩體防護的發電廠 |
| F | 外交部防空設施 |
| G | 元首地堡與帝國總理府防空壕 |
| H | 駕駛防空壕與地下軍庫 |
| I | 露台防空掩體（水廠） |
| J | 新帝國總理府大防空壕 |
| K | 新帝國總理府副官防空壕 |
| L | 帝國交通部防空壕與防空設施 |
| M | 「皇帝庭院」防空壕（納粹黨部） |
| N | 帝國航空部防空壕 |

1990 年圍牆拆除後布蘭登堡門周遭空拍圖，上方空地的上半段即為內閣花園所在

1989 年底，柏林圍牆倒塌使柏林市中心瞬間多出大片過去曾是「圍牆死亡帶」的空地，包括位在布蘭登堡門南側、過去亦曾是政府機關要地的「內閣花園」。

「觀點柏林」轉而訴求此為設碑地點。1992 年總理柯爾宣布將此地段無償提供予歐洲猶太人紀念碑使用。這個新的選址不僅避開與「行動博物館」的地點競爭，另一方面，「內閣花園」也占據柏林心臟地帶。而這塊地的南側，就是當年希特勒總理府及防空壕所在之處——「在加害者之地設置承認罪行的標誌」此一原始訴求保持不變。

| 2-1 |

此，應受悼念的群體僅有「猶太人」被點出來。對此，辛提與羅姆人中央委員會提出異議：他們以一模一樣的格式，刊登了對政府的呼籲。文中表明，種族大屠殺的概念不單僅適用於猶太人，也同樣發生在被屠殺了五十萬的辛堤、羅姆人以及其他族群身上，特別是「觀點柏林」協會訴求立碑的地點——蓋世太保總部的第五處——也專責辛堤與羅姆人的大規模滅絕計畫。委員會進一步提出，紀念碑的建立尤其不應將對象分級且排除，畢竟分級與排除正是納粹在奪權之初隨即立下的策略和手段。委員會為此引用了一九七九年時前總理布蘭特在貝爾根—貝爾森集中營紀念活動中的發言：「並不存在第一級與第二級的迫害之分。」以及西德聯邦政府在一九八二年的宣告（Dingel & Hesse, 1989: 18-22）：

> 五十萬辛堤與羅姆人因種族歧視所遭受的迫害，應視為種族大屠殺，對他們的紀念就與對其他受迫害者一樣不應被忽視。

現任歐洲被害猶太人紀念碑基金會副執行長烏里希·鮑曼在受訪時告訴筆者，當時部分猶太人團體，對於這個僅以猶太人為紀念對象的做法，其實也不見得支持。[7]舉例來說，時任猶太中央委員會主席布比斯也認為，德國並不需要一座中樞紀念碑，畢竟，真實的歷史場址即位於此（Heinrich, 2005: 12）。


## 失敗的首次公開競圖

雖然「觀點柏林」最初倡議將紀念碑設置在「蓋世太保地段」的提議未能說服各界，但外在政治條件的變化卻給了該案一個轉機。

柏林圍牆倒塌後的一九九二年，時任總理柯爾宣布，聯邦政府將提供同樣位於柏林心臟地帶的「內閣花園」地段（約二萬平方公尺，六千坪），無償予歐洲被害猶太人紀念碑的建置使用。由德國聯邦政府、柏林市政府以及從「觀點柏林」改組的「歐洲被害猶太人紀念碑促進協會」（下稱紀念碑促進協會）擔任委託方，首次競圖便在一九九四年風風火火地展開。[8]

之所以說風風火火，是因為這項「歐洲被害猶太人紀念碑徵件」計畫，共收到五二八件提案，比「蓋世太保地段」一九八三年首度進行徵件時的一九四份，多出近三倍。當年評審委員之一的史蒂芬妮·燕德里西認為，

# 首次公開
# 競圖啟動
## 歐洲被害猶太人
## 紀念碑徵件

## 徵件內容

以內閣花園為基地，設置歐洲被害猶太人紀念碑。預計選出 6 至 18 組提案，給組 5 萬馬克的獎勵金。紀念碑設計公開徵件須達到 5 個要點，分別為：

1.不迴避真相，亦不使之受到遺忘；
2.敬悼被害的歐洲猶太人；
3.帶著悲痛及羞愧來紀念他們的受難；
4.承擔德國的歷史；
5.一個能夠表現出再也不可能對少數族群施行不義、人道共生的新時代的設計

藝術性的任務在此開放不設限。徵件說明附上策展人兼本案評審哈洛．史澤曼的設計圖稿作為參考。

## 徵件結果

共收到 528 件提案。最終，評審做出兩案並陳首獎的決定，未選出單一的最終方案。因此，按照競圖規定，決策轉由紀念碑促進協會主導，從首獎的兩件作品中選出一款偏好的提案，作為推薦執行方案，但卻仍未能成為最終實行的版本──只因為總理柯爾個人不喜該方案，於是全盤否決競圖結果。

Künstlerischer Wettbewerb

**Denkmal
für die ermordeten Juden Europas**

Ausschreibung

「歐洲被害猶太人紀念碑徵件」文件封面

總額一千五百萬德國馬克的經費，要建造紀念館或許不夠，但對單一座紀念碑來說卻是過度寬裕的金額（Endlich, 1997: 15-19）。根據徵件說明，當時預計將選出六至十八組提案，給予每組五萬馬克的獎勵金。這種徵件採行公開制的「藝術競圖」，未受邀請也能提案參加，如此優渥的條件確實是對於提案者的一大誘因。[9]

紀念碑促進協會曾於一九九一年邀請知名策展人哈洛‧史澤曼進行初步的草案設計，這份圖稿被附在競圖說明當中，但史澤曼同時也是評審之一。在有限的內容要點說明之下，提案者免不了依據場地的尺度、建設的金額，以及史澤曼的草案，揣摩眾評審的喜好。

根據當年的紀錄，提案樣貌大致可以分為三大類（或三大趨向）：首先是巨大的現代建築／雕塑量體，特別是簡約的抽象幾何造形，外觀上則依循著該處地皮方正的形狀發展；另一類是在量體造形或者平面地景的設計上，引入了猶太之星的圖樣；最後一類則試著將整座場地設計成一種體驗空間，試圖讓造訪此處的人們，藉由抽象的空間感知或具體的視覺影射，領會當時受迫害猶太人的苦難與悲傷（Heimrod et al., 1999: 273-399）。這些提案除了試圖要填滿整個二萬平方公尺的空間，與最初呼籲宣傳中所希望的崇高、巨大樣貌亦不謀而合──多少也可以從中找到史澤曼版草案的影子，特別是氣氛營造的部分。

史澤曼的提案，是一個巨大的地下空間，中央為猶太星形的空間，兩端與中央各有數個由長方形空間組成放射狀十字的展室（Szeemann, 1999: 74-77）。這些展室分為加害者展室、受難者展室、個人遭遇展室，及文件展室，將會依序呈現猶太人的受難經過，包括入口處仿照集中營的門設計，出口處的柱子預計刻上保羅‧策蘭的詩作〈死亡賦格〉[10]，展間則會有例如反猶主義字句的摘錄或是猶太人的遭遇。中央的猶太星形展室會導入光線，規畫做為「無語空間」，一旁則預計環繞著數據或藝術品[11]。史澤曼的設計帶著許多直觀的象徵性連結，可以想見他的策略是藉由空間氛圍導引情感為主，但是又輔以各種創作類型，舉凡文字、雕塑以及偏向檔案、紀錄性質的資料皆納入其中，彷彿意圖透過策展的手法來達成一種複合式的紀念。然而部分競圖投案僅達到模仿其空間形式，卻未有多向度的內容組成，單向動員情緒卻未同時觸發思慮。

# 歐洲被害猶太人紀念碑
# 第一次徵件結果

## 【獲選提案 1】 提案團隊 ▶ 克里斯蒂娜‧雅各─馬克思、賀拉‧羅爾弗斯、漢斯‧賽柏與萊茵哈特‧史丹爾

Courtesy of Stiftung Denkmal für die ermordeten Juden Europas

此提案設計將整塊地面以一座巨大的 7 公尺厚金屬斜面覆蓋，上面將依據以色列猶太大屠殺紀念館的資料，載明 400 餘萬受難猶太人的名字。

## 【獲選提案 2】 提案團隊 ▶ 西蒙‧溫格斯、克里斯蒂安娜‧摩斯與克里斯提娜‧阿爾特

此提案設計是一座離地近 3 公尺高的鏤空雕塑，刻字為各個集中營的名稱。

Courtesy of Stiftung Denkmal für die ermordeten Juden Europas

【提案 1】最終受到促進協會的青睞，被列為推薦執行方案。然而，如此巨大而煽情的形式語彙，再加上僅以猶太人為紀念對象，相當危險地靠攏了鼓吹國族主義思想的作品形式。歷史學者克里斯蒂安‧麥爾於《焦點》雜誌撰文提醒，希特勒的「世界之都日耳曼尼亞」計畫中的一環，便是興建一座巨大的凱旋門，並預計將一戰中喪命的 180 萬德軍名字載於其上。

此次競圖亦自始即有違反規範的疑慮：以史澤曼的草案做為附件，同時他又擔任評審，這是不該同時發生的事（Endlich, 1997: 15-19）；此外，委託方既已邀請十二組國際知名藝術家一同提案，參與公開競圖，就應不得擔任評審職務，以示公平，但實際上卻有負責邀請提案者的單位及個人，同時擔任了評審，從而打破應遵守的原則。

最終，評審做出兩案並陳首獎的決定，未選出單一的最終方案。這樣的決定，顯示出這個由各界專家、代表組成的評審團，實際上迴避掉應做出決策的職責。即使輾轉選出推薦方案[12]，卻因總理柯爾個人不欣賞而全盤否決競圖結果，最終破壞了評選制度。

## 不再「崇高」的可能：提案遺珠

五百多件的提案當中，存在不少值得一提的案例。藝術家組合史蒂希與施諾克的〈巴士站〉與大部分的提案不同，不僅保留了內閣花園整塊荒廢的地表，並以文件展示搭配巴士行程。[13]從這裡出發的巴士有兩條主要路線，一條是繞行柏林市內納粹暴行相關的九處場址，譬如萬湖會議紀念館、猶太博物館，或當年遭送猶太人往集中營的格魯訥瓦爾德車站；另一條路線則往柏林郊外甚至是更遠的大屠殺現場而去，如布痕瓦爾德及奧許維茲集中營，甚至是當時未受廣泛關注的「安樂死」滅絕機構所位處的哈達瑪，以及柏林馬爾燦專收辛堤與羅姆人的集中營等地。民眾則可以在不同的站點自由上下車參觀。

評審質疑這件提案未能符合競圖要點中「現地紀念」與「以猶太人為紀念對象」[14] 的要求，但也不諱言這件提案對於當前紀念碑的概念與討論，具有重大的啟發性（Heimrod et al., 1999: 286）。史、施二人藉由放空市中心的這片荒地，強烈地暗示「紀念」不必定要集中於一處，未必要有固定的形體，真實的紀念場景其實就在我們的生活不遠處，相距不過幾站巴士可達。既有的場館也藉著〈巴士站〉串連了起來，讓紀念設施之間彼此有加乘的效果，不因為一座所費不貲的紀念碑，造成競爭和資源排擠的效應。大量過去未受公眾注意的暴行場址名列巴士停靠表上，亦側面地呈現出了納粹暴行之規模龐大與體系架構之複雜。此外，〈巴士站〉亦挑戰紀念碑設置中既有的「宏大」、「莊嚴」等陳舊觀念：崇高、不可描述的感

# 第一次徵件遺珠
# 反紀念碑類型

## 巴士站　提案團隊 ▶ 史蒂希、施諾克

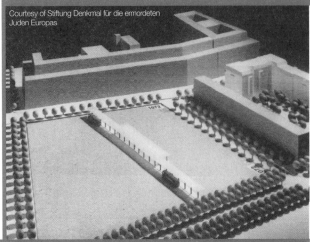

Courtesy of Stiftung Denkmal für die ermordeten Juden Europas

與大部分的提案不同，〈巴士站〉幾乎留空整塊地表，並保留該地原本荒廢的樣子。中央由一條馬路橫貫，一棟開放式建物做為巴士站、售票亭、資料及文件展示區。巴士有兩條主要路線，一條繞行柏林市內納粹暴行相關的場址，另一條路線則往柏林郊外甚至是更遠的大屠殺現場而去。下圖為 2016 年展覽作品的布置示意。拍攝於《DEMO:POLIS - Das Recht auf Öffentlichen Raum》展覽，展出時間：2016 年 3 月 12 日～5 月 29 日，展出地點：柏林藝術學院。

## 沒有布蘭登堡門的柏林

### 提案設計師 ▶ 霍斯特·霍海塞爾

規畫拆毀布蘭登堡門，拆除的建材全部研磨成粉末，撒於紀念碑的預定地內閣花園上；至於拆除布蘭登堡門遺留的空地，則由柏林常見的地磚鋪面石材覆蓋，上面刻上歐洲各國的國名，以及在該處受到謀害的受難者數量（不僅限於猶太人）。

**Memorial** for the murdered Jews of Europe

The Brandenburger Tor is going to be ground to dust. The dust will be spread on the area of the memorial.
The area will be covered with grant plates.
As the memorial two blank voids are created, a double voids – and this is the actual memorial –
are hard to stand! But it almost shows the impossibility of expressing the Holocaust by means of art.

Das Brandenburger Tor wird zu Staub zermahlen. Der Staub wird auf dem Denkmalgelände verstreut.
Das Gelände wird mit Granitplatten belegt.
Als Denkmal entstehen zwei leere Orte, deren doppelte Leere auszuhalten, das eigentliche Denkmal ist.

Horst Hoheisel, Art-Competition Berlin, 1994/95

Courtesy of Horst Hoheisel

官體驗，正是過去的掌權者所設置的紀念物，諸如偉人雕像或政治建築當中所慣用的策略。

霍斯特・霍海塞爾的提案，更徹底地顛覆既有的紀念碑概念。作品被定義為「反紀念碑」類型而聞名的霍海塞爾（Heimrod et al., 1999: 379）認為：

> 一座紀念碑不須是新建物，而是拆除的舊建物。

兩德統一後，布蘭登堡門再次成為德國認同的投射對象。但隨著認同的再建立，帶來的卻是新一波的排外主義、謀殺和縱火案。[15]因此，他設計拆毀布蘭登堡門，並在拆後遺留的空地上，刻上歐洲各國名及在該國罹難的人數。藉此，霍海塞爾對德國人提問：德國人是否準備好將他們的國族象徵，為紀念受難的猶太人以及辛堤、羅姆人的紀念碑，作出犧牲？而相對於建立作為減免其罪責象徵的紀念碑量體，是否願意去承受這一份「雙重的空缺」——布蘭登堡門的空缺與內閣花園地段上空缺式的紀念碑？

不過，比起取得第十一名成績的〈巴士站〉，霍海塞爾激進的提案確實也自始即難以真正執行，於是在競圖第一輪就出局了。

無論如何，在此次失去效力的競圖徵件後，直到一九九五年，歐洲被害猶太人紀念碑的建造，仍在未定之天。


## 沒有共識的研討會

著眼於首輪徵件的失敗經驗，特別是多方皆無法形成共識的狀況，柏林市的學術、研究與文化局長拉登斯基以完成歐洲被害猶太人紀念碑的建造為前提，於一九九七年舉辦了共分三階段的公開研討會[16]，每次以一整天的時間，由各方專家以及團體代表人士共七十多人，就許多重要且基本的問題進行徹底盤點。三場討論的議題分別為：「為何德國需要這座紀念碑」、「地點、其歷史與政治脈絡及其未來與城市空間的連結」和「此紀念碑的類型與意象——朝向建成之路」，換句話說，就是紀念碑的理由動機、地點選擇與內容形式。

# 一九九七年立碑研討會及第二次競圖

1995 年第一次徵件結果出爐，引發民眾爭議，又遭總理柯爾未經程序地全盤否定。
為此，柏林市學術、研究與文化局舉辦三階段研討會。

──〈歐洲被害猶太人紀念碑〉研討會──

三階段議題：

**1 月 10 日** 為何德國需要這座紀念碑？

**2 月 14 日** 地點、其歷史與政治脈絡及其未來與城市空間的連結

**4 月 11 日** 此紀念碑的類型與意象──朝向建成之路

因第二次競圖維持前次的預算規模、地點等條件，研討會也被眾人抨擊為「辯護大會」。研討會上歷史學者麥爾（右圖）主張，決策的考量應先撤除先前的條件，改納入公開辯論及研討會討論成果，另外，除了首次競圖獲獎的提案，若存在具有說服力論點的其他方案，也應一起被納入審查（Heimrod et al., 1999: 608）。此外，有多位專家學者退席抗議。

**6 月** ──第二次競圖──

以不公開徵件的形式，邀請首次競圖的 9 組獲獎者以及 16 組藝術家／建築師參與，其中 6 組是在首次競圖中未能入圍獲獎的團隊。此外設置地點、預算皆不變，並以 1999 年為揭幕期限。

局長拉登斯基在會中以委託方（市府）立場，宣布五項前提：委託方將會就現有獲獎提案中挑選出部分提案，以有條件限制的方式進行評選，研討會中累積的各種意見與想法，將做為競圖評選的參照。除此之外，〈歐洲被害猶太人紀念碑〉一案的地點、預算額度（一千五百萬馬克）維持不變，且市府與歐洲被害猶太人紀念碑促進協會都支持，以一九九九年的國家社會主義（納粹）受難者紀念日[17]為紀念碑揭幕的最後期限（Senatsverwaltung für Wissenschaft, Forschung und Kultur Berlin, 1997: 5）——以後見之明來看，依當時的進度而言，這或許是個過於急躁的時間點。

弔詭之處在於，在預設不更動既有競圖條件的前提下，研討會為先前競圖中發生的錯誤做出修正的功能，將大打折扣。歷史學者麥爾便於首場研討會中呼籲，應廢止這些使討論無效的先決條件，曾主持《恐怖地誌》展的呂路普等人則敦請重新進行競圖。多名學者專家（其中亦有身兼評審者）連袂以公開信提出訴求，包括：重新討論設碑地點、紀念的目的與內容，且應至少使既有的九位競圖獲獎者都有權參與下一輪競圖，並在評審中納入更多具專業經驗者；更重要的是，無論是委託方或參與競圖者，都應該更多地去研究其他紀念的案例，以及如何、在何地紀念各個不同的受難群體，期許前一次競圖中發生的問題能夠不再重複（Heimrod et al., 1999: 649）。

可惜這些討論不僅未能朝更有益的方向，甚至逐漸演變成委託方與專家之間的不信任。專家學者方面認為，若委託方不願接受各種建言，這場研討會便只會是「辯護大會」，過程中，也有專家學者以退席，表示不願為委託方背書。[18]另一方面，可能是因為社會各界乃至一般大眾對於紀念碑的反對聲浪仍不小，多視此舉將為柏林標定為「恥辱」的展示之都。[19]委託方，特別是以蕾雅・羅許為首的紀念碑促進協會，則對各種批判的聲音產生巨大的防衛心，首次研討會後受訪時，羅許便對記者表示研討會上沒有出現新觀點，都只是重複的論調。即便大多採批判態度的專家學者同樣希望實現紀念碑計畫，羅許仍認為背後隱藏的目的，是要阻止紀念碑的興建，而專家們無論新的競圖或是地點的建議，都被羅許視為一種掩飾。[20]記者詢問羅許，是否考慮研討會中討論到的非物質形式的紀念碑，羅許僅簡單回應：「這是兩件事，促進協會就僅是希望蓋碑」（Rosh, 1997）。研討會後，委託方認為七十多名專家的討論未如預期，於是重新召集不公開的十四人顧問團進行諮詢（Endlich, 1997: 15-19），最終，委託方仍決定召開一輪新的競圖。無論是內部的評審委員或外部的專家都相信，與其

# 歐洲被害猶太人紀念碑
## 第二次競圖結果——
### 彼得‧艾森曼與藝術家理查‧塞拉的提案

Courtesy of Eisenman Architects / Source : Stiftung Denkmal für die ermordeten Juden Europas

Courtesy of Eisenman Architects

提案設計在內閣花園建造一塊「不穩定地帶」，當中有 4,000 餘座長方形的石碑，每塊長 203 公分、寬 92 公分，彼此之間按照固定的間隔（92 公分，僅允許一個人通過的寬度）排列，高低則依照地表的起伏錯落有致，從邊緣的地面逐漸拔地而起，到中心處最高的方碑將有 7.5 公尺高。

採取已在公眾眼中信譽破產至難以修復的競圖成果，重新來過可能會是較好的選擇。但問題在於，修正的機會依舊被浪擲。

## 重複缺失的二次競圖

第二次的競圖，依然未能修正前一輪產生的各種問題。比方說飽受各界質疑的「分類紀念」所產生的落差問題，在新的競圖公告中依舊強調「針對猶太人的屠殺」之單一、獨特性（Heimrod et al., 1999: 838-842）；在紀念碑的規模上，雖簡要提及大小並非絕對的依據，卻又強調該地段的空間大得足夠容納各式提案；此外，新一輪的競圖所新邀請的十六組藝術家當中，卻有六組是已在首次競圖中未能入圍獲獎的團隊，導致邀請對象定位不明，且發出邀請者又再次擔任評審，重複了不符合競圖準則的問題。至於設碑與既有紀念館之間的關係，競圖公告中則以簡易二分法回應：「相對於紀念館擔負資訊與記錄的任務，該紀念碑則朝向參訪者的沉思及情緒的感受」，以及近似宣傳功能的：「（紀念碑）為這些紀念館創造額外的公共關注」。公告中的內容，或許才反映了委託方——特別是政府方——真正的願望：創造出一種懺悔的氛圍，並占據都市空間中顯著的位置，向整個國際社會宣告「新德國」的「新形象」。尤其在兩德統一之後，原先因為圍牆分斷的布蘭登堡門一帶，成為德國重要的使館區，特別是英、美、俄、法等列強的使館皆座落於此，美國大使館更是直接緊鄰歐洲被害猶太人紀念碑。

在評審委員及委託方之間再度出現不一致的波折中，[21]建築師彼得‧艾森曼與藝術家理查‧塞拉的提案雀屏中選。兩名提案者認為，過去所謂一個物件對應一個個體生命的假設，已經隨著大規模、機制式的屠殺而失去其效，故當前的紀念碑須發展出另一種想像樣貌。因此，他們提案在此地段建造一塊「不穩定地帶」，當中有四千餘座長方形的石碑，彼此之間按照固定的間隔排列，隨地表起伏，從邊緣逐漸拔地而起。

與此相應是看似有秩序，卻隱含著不穩定、不安全感的設計：從邊緣平緩的碑，到中心處逐漸高聳而參觀者逐漸沒入其中，就好像暴政在不知不覺間對日常的侵蝕滲透。縱使這些經驗可能因人而異，但透過置身在高聳密集的碑林中，確實帶給參訪者超乎感官理解的壓迫感受，建立在規律上的「安全的幻象」被摧毀（Heimrod et al., 1999: 881-882）。令人擔心的卻

# 柏林不該成為懺悔的首都

## ——時任柏林市長迪普根於 1998 年的發言

是，這種透過壓倒性的數量與感官刺激所欲達到的「紀念」，很有可能再次陷入——根據學者燕德里希的說法——早已被克服的、對於納粹暴行「不可描述」的戰後初期意識型態（Endlich, 1997: 15-19）。彷彿驗證一般，後來在紀念碑揭幕時，聯邦總統蒂爾澤也於致詞演說中提到：

> 它（歐洲被害猶太人紀念碑），是罪行之不可理解性的一個建築的象徵。[22]

這不僅是對於一九七〇年代以來各界在歷史考掘與紀念工作的悖反，帶有反啟蒙成分的紀念形式更無益於歷史教育的推展，因為納粹的暴行並非僅能停留在情緒層次的難以想像，亦非史料上無可考察佐證的不可言說狀態。


## 屢經變動的「艾森曼提案」

這個提案，仍遠非今日我們所認識的歐洲被害猶太人紀念碑。要等到歷經三次大幅修改，及藝術家塞拉宣告退出此案後，此紀念碑才得以動工。[23]

| 2-3-3 |

首先，這個提案的中選，自始就是「有條件的」——必須根據委託方的需要，對提案進行修改。提出要求的，便是曾多次介入新崗哨紀念碑設置的時任總理柯爾，他要求：減緩該設計的強烈張力，在周遭加上植栽綠帶，以及加大方碑之間的間隔，以利國家紀念儀式的進行等。[24]這幾項更動，拉攏了原先持反對意見的協會，卻違背了艾森曼及塞拉提案的規畫。譬如，一旦加入綠帶，原先預想使人不經意從平緩、有秩序到逐漸陷入壓倒性深淵的體感，將從步入綠帶時破功，因為綠帶很明確地成為緩衝區，將方碑的區域與周遭的城市空間劃分開來；同樣的，原先狹窄的間隔加大，設計中的緊迫感就不再那麼強烈。加上文字，則是與艾森曼／塞拉所欲脫離的概念——既有紀念碑與紀念對象一比一相對應——互相矛盾。此後，這個案子陷入政治討論優先，紀念內容卻擺一邊的尷尬處境，理查‧塞拉也因為不欲創作遭到改動，便宣布退出此計畫。

第二度修改，則是因為政權的交替。提案從中選到確定付諸實行，最終還得要通過國會這關。諸多的爭議和各界不同的立場，使得這座紀念碑在一九九八年時成了國會選舉的辯論主題之一，從地方到中央、從保守到進

# 歐洲被害猶太人紀念碑提案的政治介入

| | |
|---|---|
| **1998.05.22** | 時任總理柯爾與艾森曼／塞拉團隊於總理府碰面,並就部分細節提出修改建議,如減少方碑數量、降低高度,周遭加上植栽綠帶並加大方碑之間的間隔以利國家紀念儀式進行,在紀念碑上加上鑲文等(實行滅絕暴行之處的地名、猶太社群與家庭的姓名等)。<br>塞拉於一個月後宣布退出,聲明此後與這項計畫無關。 |
| **1998.07** | 艾森曼提出修改後的第2版草案。然而因國會選舉將近,競圖方決定9月27日國會大選結束前,不再進行重大決議。 |
| **1998.10** | 大選結果出爐。基民盟／自民黨失去執政地位,社民黨與綠黨的聯盟組成新政府。聯合執政協議中提及,關於〈歐洲被害猶太人紀念碑〉的事項將交由國會議決。<br>一個月後,柏林市長迪普根公開表態反對第2版提案。 |
| **1998.12-1999.01** | 聯邦政府文化與媒體專員米歇爾·瑙曼提出修改意見,於艾森曼提案中增加展館、圖書館與研究中心。艾森曼重新設計的第3版加入多功能展館「記憶之屋」,成為以館舍為中心、碑體為附屬的建築紀念群。但此提案仍被否決。 |
| **1999.06.25** | 國會以312票對207票通過艾森曼的「碑柱區」,加上由第3版提案修改而來、縮小的紀念與資訊空間「資訊之地」的方案。 |

Courtesy of Stiftung Denkmal für die ermordeten Juden Europas

彼得·艾森曼加上展館「記憶之屋」的第3版提案模型。圖片上方長直形及右方5座階梯式排列量體即為展館。

步派，每天幾乎都有與這座碑有關的話題。委託方——尤其是柯爾的聯邦政府以及紀念碑促進協會——急於推動國會表決而試圖省略程序，再次引起各方的反彈。政界間只得達成協議：國會大選塵埃落定前，不做進一步的決策。

而當年選舉的結果，執政權再度易手，再次修改提案顯然不可避免。

接手執政的，是施洛德領導的社民黨—綠黨執政聯盟，紀念碑後續設置事宜，則由新設的聯邦層級文化政策執行單位「聯邦政府文化與媒體專員」米歇爾・瑙曼主導——此單位也即將成為日後德國聯邦層級紀念碑／館的主責者[25]。瑙曼對整個計畫進行改造，要求艾森曼在提案中加入多功能展館「記憶之屋」。如果說「記憶之屋」是碑群的補充並不大準確，因為這座館舍將是由數棟建物——一棟長達一一五公尺的主館加上數間階梯狀排列的副館——的建築群組構而成，宏大的規模，讓人覺得紀念碑在此反倒成為附屬。館內預計置入包括主題圖書館、展場，以及史蒂芬・史匹柏創立的「大屠殺基金會」所建置的影像資料庫等。這是瑙曼為了應對此紀念碑最初提案過於偏重感官體驗的修正。[26]

然而，這個版本依舊無法順利過關。不同政黨對「紀念」想像的出入，讓整個計畫在「立碑」或「設館」之間無法定論；加上聯邦新設的文化與媒體代表，想在國家層級的文化政策上施展，卻畫了一個過大的藍圖，除了館舍的內容安排不夠精確之外，新建置的巨大機構一樣無法解決過去懸而未決的、集中式的紀念與其他紀念地之間的關係。更而甚者，這座未來的館舍一年可能需要一千八百萬歐元的經費，比當時柏林以及布蘭登堡兩個邦所有紀念館加起來的年度預算都還要高（Endlich, 1999: 10-11）。

最後的折衷版本，即今日所見之〈歐洲被害猶太人紀念碑〉，則是對「記憶之屋」方案的調整，並確立以碑為主軸的形式。當時國會召開公聽會，與會的專家與各紀念館的館長，無一不反對加入了瑙曼「記憶之屋」的第三版提案，故國會最後以三百一十二票的多數[27]，通過以艾森曼的「碑柱區」為主，加上由「記憶之屋」縮小而來的紀念與資訊空間「資訊之地」：「碑柱區」包含二七一一座混凝土柱（Endlich, 2001: 11）[28]；「資訊之地」則包含四個展室，分別是以歐洲的角度來審視歷史的「維度之間」，記錄猶太家族故事的「家族之間」，呈現種族滅絕場所、也是與其他紀念機構的串連的「地點之間」，與一一詳列受難者姓名的「名字之間」。[29]

# 〈歐洲被害猶太人紀念碑〉最終定案版本

提案者 ▶ 彼得·艾森曼

Courtesy of Landesbildstelle Berlin, Stiftung Denkmal für die ermordeten Juden Europas

「碑柱區」方碑共 2,711 座，每座碑
95 公分、長 238 公分，高度各有不
包含周圍綠帶的 41 棵樹。

「資訊之地」則分為 4 個展室，分
是以歐洲的角度來審視歷史的「維度
間」，記錄猶太家族故事的「家族
間」，呈現種族滅絕場所、也是與其
紀念機構的串連的「地點之間」
——詳列受難者姓名的「名字之間」

Author : Bernhard Schurian / Courtesy of Stiftung
Denkmal für die ermordeten Juden Europas

Courtesy of Eisenman Architectsn / Source : Stiftung Denkmal für die ermordeten Juden Europas

## 國家與紀念的距離

紀念碑最終執行提案的國會決議中，同時包含了成立「歐洲被害猶太人紀念碑基金會」（官方的法人基金會，下稱猶太紀念碑基金會），專責處理紀念碑建置和後續各事宜。

國家與紀念之間最基本的關係，是資源的挹注；缺乏公共資源挹注時，許多規模龐大的計畫恐怕難以實現。不過，資源分配的選擇也是一種政治的介入干預，以猶太紀念碑基金會為例，基金會本身固然獨立運作，但是在文化與媒體國務部長轄下的各個聯邦級紀念相關單位，僅有此基金會是由聯邦政府百分之百資助，其他館舍皆由所在的邦與聯邦各負擔一半。故，基金會轄下的紀念碑「國家級」意味，不言而喻。

| 2-1 |　回顧當年國會辯論過程中，不無意見上的出入，譬如應先設置當前的猶太大屠殺紀念碑，抑是應先設立一個追悼所有受難者的碑，接著再一一豎立紀念不同受難群體的紀念物？不同議員和黨派皆有各自的主張（Deutscher Bundestag, 1999），不過，這些討論都同意不排除任何受難者群體——無論是猶太人、辛堤與羅姆人、安樂死受難者、同志與性少數、政治思想犯等。依照當時的國會決議，猶太紀念碑基金會章程當中便明定，基金會應確保對「國家社會主義（納粹）下所有的受難者」的紀念，採用合理的方式追悼。[30]這大致符合最初訴求立碑時促進協會的論點：先設立猶太大屠殺紀念碑，進而促成後續各個紀念碑；更早年一度出現對辛堤與羅姆人紀念碑的徵件規畫，也因為分別紀念的訴求而暫時擱置。[31]

## 必然成為大寫的「我們」？

然而，當時猶太紀念碑基金會實際的內部組成，卻沒辦法真正反映國會的議決，也難以回應民間及專家學者的批判與期待。基金會的董事會由各層級政府代表、猶太博物館代表、各集中營紀念館，以及當時亦在籌建中的「恐怖地誌」紀念館代表組成；民間方面，歐洲被害猶太人紀念碑促進協會與各猶太人社群團體，於董事會中各占了三席；其餘的受難者族群卻都沒有基金會的席位，更遑論自始即高聲呼籲自身存在的辛堤與羅姆人中央委員會，甚至被排除在整個籌備過程之外。[32]若沒有各個族群的參與共決，

# 歐洲被害猶太人紀念碑

設 計 者 ▶ 彼得·艾森曼
設置地點 ▶ G97H+HF 柏林
揭幕年分 ▶ 2005.05.12

Author : Marko Priske / Courtesy of Stiftung Denkmal für die ermordeten Juden Europas

Author : Uwe Seemann / Courtesy of Stiftung Denkmal für die ermordeten Juden Europas

想要確保紀念不僅僅是從單一群體的觀點中出發，勢必是相當困難的工作，也導致國會的議決文，變相成為僅是片面陳詞而已。

| 1-3-2 |

此外，對政府而言，相較於「行動博物館」這類紀念邏輯，歐洲被害猶太人紀念碑的訴求，顯然更受掌權者青睞，更適合為了大寫的「我們」而在。不可言說、帶著崇高感的方碑群，成為反面的國族神話，彷彿是以當代的

| 1-1-1 |

藝術與建築表現手法建立的〈赫爾曼紀念碑〉和〈下瓦爾德紀念碑〉，藉此凝聚一種新的認同。

對外，當年「觀點柏林」的公開聲明曾提及，「設置悼念碑是東西兩德共同的任務」，加上最終定案的位址就位在柏林圍牆遺留下來的空地上，在當時初合併的德國，不乏藉由紀念碑的設置形塑出新的、正面的國家形象之意味。兩德統一後，拆除圍牆後的布蘭登堡門一帶成為重要的使館區，於是，此碑亦是德國之於國際社會的一個媒介物、一張新的名片──相對於納粹或者是東德，我們現在已是「正常化」的德國。

以此來看，「設置紀念碑」或其他對於過去有著負面歷史及不義事件的場所進行標誌工作，還不足以稱得上是轉型正義工作的句點。二○○五年五月十二日，歐洲被害猶太人紀念碑終於在歷經各式各樣的波折之後正式揭幕。然而揭幕之後，紀念的爭議與激辯，也必定隨著政經情勢的變化和歷史研究的推進而繼續。這也讓我們必須一再提問：不論是從美學意義的向度，或從治理以及資源分配的角度來看，設置規模宏大的中樞紀念碑是否真有其必要性？若此類方案不可避免，以〈歐洲被害猶太人紀念碑〉為鑑，是否可以在不同的層次上，預先設置保障民主原則的關卡──不管是評審會的設立及運作、做成決議的過程中對規範準則的遵守、政治人物所應恪守的干預分際，以及設立組織時所應有的代表比例分配等。

1989 年 12 月 28 日當天，民眾聚在圍牆前，排隊等著用槌子鑿下一部分的牆體。

## 第二節

# 如何記得柏林圍牆？

歷經了多年的分裂和分離後，想要回到市內常態的願望是可以理解的。幾乎沒有人能夠在 1990 年時就想像得到，有一天會有人要求讓城市和人民遭受的創傷再次顯現出來。為了盡快克服分裂及其在城市中造成的後果，盡可能徹底地拆除圍牆似乎是最適切的一條路。與此同時，人們也接受了那逐漸地淡去的，關於圍牆、對於城市以及對於人們生活的想像。

——安娜・卡明斯基，〈「……有充分的理由不去忘記
8 月 13 日」─自 1990 年以來對柏林圍牆的紀念〉，
出自 bpb 網站專文，2011 年 7 月 19 日

柏林圍牆所在地

BAUDENKMAL
BERLINER MAUER
BERLIN WALL
MONUMENT

Author : Manfred Brückels / CC BY-SA 3.0

1949 年東西德分別成為獨立國家，1952 年圍牆死亡地帶即被劃出。

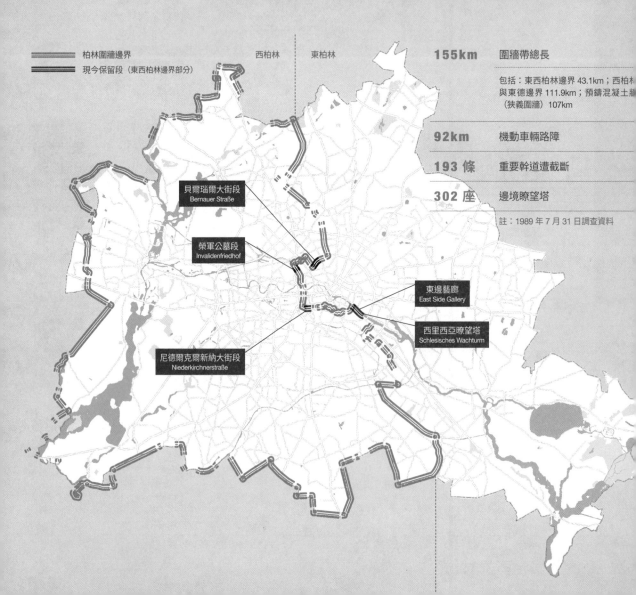

柏林圍牆邊界
現今保留段（東西柏林邊界部分）

西柏林　東柏林

**155km** 圍牆帶總長

包括：東西柏林邊界 43.1km；西柏林
與東德邊界 111.9km；預鑄混凝土牆
（狹義圍牆）107km

**92km** 機動車輛路障

**193 條** 重要幹道遭截斷

**302 座** 邊境瞭望塔

註：1989 年 7 月 31 日調查資料

貝爾瑙爾大街段
Bernauer Straße

榮軍公墓段
Invalidenfriedhof

東邊藝廊
East Side Gallery

西里西亞瞭望塔
Schlesisches Wachturm

尼德爾克爾新納大街段
Niederkirchnerstraße

同樣深受冷戰分斷體制影響的台灣，多數人對於柏林圍牆的印象，僅只於圍牆上的塗鴉。牆的意象又在數量龐大的旅遊攝影和各種類型的創作中被轉喻、翻用，至末與歷史、政治事件再無關連。當然，這並非只發生於台灣的年輕人身上，即使是今日的德國年輕世代，也因為時序的拉長，對圍牆及其所代表的歷史與政治意義愈來愈失去切身的感受。

一般咸認德國在轉型正義工作方面成績斐然，而圍牆這個碩大無比的冷戰遺跡，更是當中一個無法忽視的紀念物。在德國統一之後的後冷戰觀點中，這堵牆如何被看待？除卻政治上的象徵以及軍事上的戰略意義，這道牆在日常生活的層次裡，對於東、西柏林的居民又意味著什麼？對他們的生活產生了怎樣的影響？我們又該如何從這些視角來思索紀念的方法？

## 編號「UL 12.41S」的反法西斯防禦牆

一般為人所知的柏林圍牆，是橫亙在柏林市中心的牆，然而柏林圍牆其實總長共一五五公里，從外圍將西柏林包圍起來，（現今）市中心的部分僅是其中的三分之一段（四三·一公里）。它也不僅只是「一道牆」，「柏林圍牆」其實是對整個邊界設施的總稱，其中包括有：位於兩德邊界的邊界牆，位於東德領土這一方的內牆，以及兩道牆間的各種邊界設施，包括瞭望塔、防止汽車衝撞的路障、壕溝、感應線路、夜間照明，地雷與自動機槍等武器以及駐防的守衛和軍犬。

圍牆的建築工事並非一天就完成的。[33]一九六一年夏天，東德領導人在記者會上那句「沒有人試圖要建圍牆」[34]的話言猶在耳，西柏林的邊界就逐漸被包圍起來了。初期，為快速堵起邊界，採用的多是水泥板、鐵絲刺網以及空心砌磚的組合，加上許多位於邊界上、直接被封死的建築物。至於現今我們最常見的圍牆形象，頂端附有圓柱體，高約三·六公尺，寬一·二公尺的預鑄水泥牆，是一九七五年北德小城馬爾欣的混凝土廠出產、編號「UL 12.41S」的L型牆體所構成的「第三代圍牆」。在那之後，早期的圍牆工事便逐步汰換成「UL 12.41S」型的圍牆。

柏林圍牆在東德（德意志民主共和國）這一方，被官方定調為「反法西斯防禦牆」。這延續了東德對西方資本主義陣營一貫的政治定調：將他們與納粹一併都列為法西斯。事實上，柏林圍牆並不真正阻隔了近在眼前的西

# 柏林圍牆邊界設施圖

早期築牆的狀況，拍攝於 1961 年 12 月 4 日。

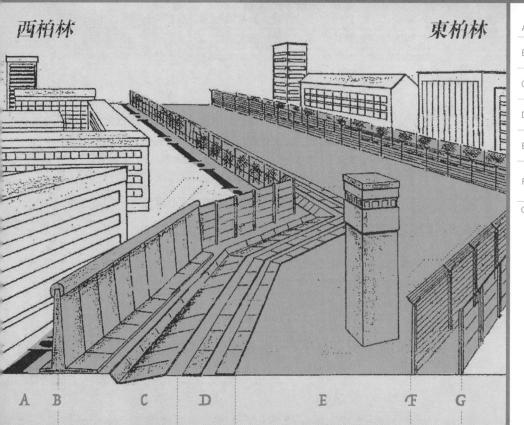

西柏林　　　　　　　　　　　　　　　　　　東柏林

A B　　C　　D　　　E　　　F G

| | |
|---|---|
| A | 實際的邊界 |
| B | 前方障礙設施（邊界牆）<br>混凝土牆｜高 3.3m |
| C | 機動車輛障礙壕溝<br>防止駕車逃亡的嘗試｜深 0 |
| D | 巡邏道路<br>供武裝巡邏使用 |
| E | 平整控制帶<br>寬 6m |
| F | 感應警報圍籬<br>觸碰即啟動設置於瞭望塔<br>警報｜高 3.2m |
| G | 後方障礙設施（內牆） |

方世界，它真正意圖圍堵的，是數以百萬東德國民的外逃。而不管是哪一段，柏林圍牆都完全位於東德領土內，甚至為了不使圍牆的維護工作逾越邊界，牆體設施亦是往東德自身領土範圍內退縮的，僅有部分官兵得以透過小門進出這個地帶。

兩德統一後，因為圍牆屬於東德德國社會主義統一黨暴政的一環，是遂行其極權統治的工具之一，所以與納粹的各種遺址一樣，都屬於「負面文化遺產」的範疇——在德國的脈絡中，稱這類的負面遺產為「ungewolltes Denkmal」或「unbequemes Denkmal」，也就是「不被人想要」「令人不適」的文化遺產。柏林圍牆是此類負面遺產中具相當規模者。

## 圍牆倒塌後的處置

柏林圍牆的倒塌，使得針對圍牆紀念的行為發生幾項轉變。首先是物質層面上的轉變：圍牆暨整體設施作為邊境的功能消失。這項功能的喪失，隨即牽動空間及象徵這兩層次意義上，人們對應這堵圍牆的態度。空間上，圍牆這個顯著地標的消失，致使東西兩個柏林過去受到圍牆及附帶設施阻隔的都市空間，必須再次重組（一如圍牆建成之時應對被迫的阻隔之重組）；意義的轉換上，則使圍牆從「暴政」「壓迫」轉換為「自由」「解放」的象徵。至於與此相關的紀念物或儀式活動，過去大多以悼念、批判「建牆」暴政為主軸；圍牆的倒塌後，則讓紀念日多了「牆倒」這一天，而相較於紀念建牆，「牆倒」則帶有多一分慶祝、歡欣的意味。

| 3-2-1 |

讓我們先回到一九八九年。自圍牆被推倒的那一天起，「不被想要」「令人不適」這樣的情緒，很快地主導了對柏林圍牆的處置方式。輿論壓力下，東西雙邊的政治人物立即達成共識，必須以最快的速度將圍牆清除，特別是橋梁、道路以及廣場等地段。至於一般民眾自發的、非正式儀式性的移除行為，也一直或多或少地發生著。藝術史學者里歐·施密特（Schmidt, 2009: 175）形容民眾敲碎圍牆，或者攜帶碎片回家的行為，帶有「庶民節慶」的意味：

> 人們享受著勝利的感覺，並且一起肢解那已經被打敗、倒在地上、毫無抵抗力的怪物。

考量到其罪愆，沒有任何理由保留帶有英雄化或榮譽性質的前東德圍牆守軍的各式陣亡紀念物。

——前東柏林地區戰後政治紀念碑處置委員會，1993 年

人們需要可以觸摸的東西，來證明它確實曾存在過。

——歷史學者赫爾穆特·特羅特諾夫\*於《日報》文章〈圍牆並非永久的〉的訪問，2020 年 11 月 30 日

\* 時為負責籌建德國歷史博物館的一員；他與和解堂的神父曼弗雷德·費歇爾以及彼得·莫比烏斯在德統一後，致力於保留圍牆作為歷史記憶工作的一環。在他們的努力下，貝爾瑙爾大街的圍牆段得以保留並設置了柏林圍牆紀念館。

正式的大規模拆除工作，則是自一九九〇年的六月開始，並且在前東德邊境守軍部隊的參與下進行，十月三日兩德統一後則由聯邦國防軍接手。十月三十日，拆除工作即告終結。

這段期間，僅有三個尚稱完整的圍牆段，在少數官方與民間團體的呼籲之下保留下來，分別是貝爾瑙爾大街段[35]、尼德爾克爾新納大街段以及榮軍公墓段，此外還有西里西亞瞭望塔和一九九〇年時用以辦理活動的「東邊藝廊」，也在部分改動的狀態下保留了下來。圍牆的阻隔毫無疑問地需要被排除，更何況當時市民與官方都高度支持。然而，殘存下來的這幾個片段加上剩餘的遺跡，皆不足以使人辨識出過去廿八年間圍牆作為壓迫的象徵，以及它分隔「兩個柏林」市民的模樣了。是否足以紀念、如何紀念，將成為日後的棘手問題。

九〇年代中期之前，整體輿論的態度多是偏向清除各種東德政權殘跡，包括圍牆在內──不管是從創傷的角度，或者是政治合法性的角度出發者皆然。舉例來說，一九九三年官方的「前東柏林地區戰後政治紀念碑處置委員會」就清楚建議：考量到其罪愆，沒有任何理由保留帶有英雄化或榮譽性質的前東德圍牆守軍的各式陣亡紀念物（Schmidt, 2009: 175-176）。這樣的說法雖然合理，但拆除也很快地否定且消滅了負面遺產自身的意義，尤其是其受到批判性探討、再處理，甚至做為歷史證物存在的可能性。同時，僅是消除這些「不願面對」「令人不適」的遺留物，而不是積極地面對，無疑是再次步上了戰後對納粹歷史處理不足的道路，為後來的政治衝突埋下了未爆彈。

九〇年代中後半，公眾對於圍牆的態度才逐漸從「恥辱之牆」的形象逆轉。但其內涵的原因也頗複雜，端看從哪一個角度去審視圍牆的價值──歷史性的、教育意義的，或者是將歷史資產兌換成城市形象，進而從中獲取實質經濟利益。關乎圍牆的各種紀念碑／物以及館舍，也從這個時期起，逐漸出現藝術家、設計師或者是博物館規畫者，開始參與其中，各自運用了合適的形式語彙來傳達。

除了民間，官方亦逐步檢討當初過度反射、未經評估即遂行的拆除政策，並啟動了記錄及紀念柏林圍牆的整體計畫。二〇〇四年末，基民盟與綠黨的柏林市議會黨團提案，要求柏林市府提出保護尚存的柏林圍牆和紀念德國社會主義統一黨獨裁統治的概念；隔年四月，市府則舉辦了「關於首都

# 如何重現消失的圍牆邊界？

## 【提案 1】
### 鑲嵌銅線鏤字之地磚

設計師 ▶ 蓋爾文・措倫

以 5cm 的銅線標出圍牆路徑，在其設計中，銅線甚至應爬上且翻越現存的建築立面。因為位處觀光熱點，沒有圍牆而徒存標記時，地上的標記時常被停放的車輛遮蓋住。

Author：鄭安齊

## 【提案 2】紅藍鏤刻水泥帶

設計師 ▶ 安潔拉・波能

Author：鄭安齊

分別以 20cm 寬的紅、藍鏤刻水泥帶，標定出邊界牆和內牆的位置。藍色的地磚（右）經年累月磨損而缺乏維護，導致遊人多僅以為這是一道不知為何斜鋪的地磚。

## 【提案 3】
### 圍牆地帶的魯冰花

設計師 ▶ 曼孚雷・布茲曼
　　　　　安娜・弗蘭齊斯卡
　　　　　彼得・施瓦茨巴赫

〈圍牆地帶的魯冰花〉在圍牆死亡帶撒下十大桶的魯冰花種子，希望用種植植物的方式，標記出圍牆曾經的位置。

Author：Caroline Goldie / CC BY-SA 3.0 DE

柏林當代史的公開辯論」公聽會，明確為紀念的概念與方式進行討論（Abgeordnetenhaus Berlin, 2005）。至此，官方對於這座不義建物的處置模式才逐步成形，「圍牆並非僅是單一地點」這個要點，清楚地寫於日後的〈柏林圍牆紀念整體計畫書〉[36]中。因此，部分保存顯然是不夠的，不足以紀念並彰顯曾經的壓迫。對於各種不同面向的紀念，譬如圍牆的死難者、重新標誌出圍牆的路徑與邊界、帶領民眾重返事件，以及透過不同媒介的資訊補足，都在這份計畫書裡出現，並且以相互補充的方式整合在一起。

## 重現的難題──消失的路徑、邊界與歷史訊息

若著眼於「圍牆並非僅是單一地點」以及整合的必要性，重現路徑並合宜地標定出舊有邊界，便是整合開始的第一步。從圍牆倒塌之後，便出現許多不同的提案，以標誌出圍牆的所在位置。

首先是柏林十字山區一九九〇年時土木工程處的提議：用兩列地磚標出圍牆所在。一九九〇年起，建築師、建築理論暨建築史學者蓋爾文・措倫亦倡議，設計以銅線標出五公分寬的路徑。面對德國人在這項重大影響柏林的建物時的缺乏歷史感，他提出警告並認為標記應以「不浮誇，但也不是教訓」「導向和歷史記憶的支撐」方式存在（Gaserow, Vera 1994）。在他的規畫中，這條銅製的線甚至應該爬過房子、翻越建築立面。

另一位藝術家安潔拉・波能的提案，則是分別以廿公分寬的紅、藍鏤刻水泥帶，標定出邊界牆和內牆的位置。最後一項提議則頗具詩意：設計師曼孚雷・布茲曼延續了他一九九〇年的行動計畫〈圍牆地帶的魯冰花〉[37]，希望用種植植物的方式，標記出圍牆曾經的位置。

經過綠黨黨團在市議會的提案要求，一九九四年時，三個提案各於柏林市議會前，也就是尼德爾克爾新納大街段的圍牆，製作了一段示範帶。

最終實施的提案類似土木工程處的方案：以兩列淺棕色地磚，加上每隔一定距離出現，上面寫有「柏林圍牆 1961 ~ 1989」的銅板。雖然以藝術或美學的角度，工程處的提案不一定是最好的，但是在德國紀念碑／物的設置，基本上類同於公共藝術，除了將其視為單一作品檢核以外，與周遭環

# 〈柏林圍牆歷史道標〉計畫

設置地點 ▶ 柏林圍牆沿線，迄今共設 31 處
委託者 ▶ 柏林市學術、研究與文化局
執行單位 ▶ 柏林歷史與當代論壇
設計者 ▶ 赫嘉‧李瑟

Author : OTFW / Source : Wikimedia Commons / CC0, public domain

〈柏林圍牆歷史道標〉說明牌高約 220cm、寬 75cm，材質是透明玻璃外嵌一圈金屬，上方的字與圖片則是印刷上去的。外圈的金屬是消光的灰色，色調接近圍牆的灰色。計畫原預計兩年期，但隨著柏林圍牆遺址的相關研究出土而延展迄今，共 31 個重要歷史地點被逐一標出。

Author : OTFW / Source : Wikimedia Commons / CC BY-SA 3.0 DE

境的融合程度、公眾的意見、可維護／檢修的程度以及經費，都需要納入通盤的考量之中。以這樣的綜合指標來檢驗，或許就可以理解最後施作的考量——原先措倫的計畫因金屬材質所費不貲，並未實現。

此外，僅是標定路徑，仍是不足的。地磚的存在，頂多也就只能讓大家知道所處的位置是東或西柏林，再往下追究，也就沒有其它訊息了。所以約莫在地磚標記鋪設的同時，〈柏林圍牆歷史道標〉這項計畫，在政府委託下，由東西柏林各領域組成的專家團隊負責執行[38]，於各個圍牆重要的歷史事件點設置說明牌，擔負了與地磚標記相輔相成的角色，並隨著柏林圍牆更多歷史事實的考掘出土，增設更多的立牌。

〈柏林圍牆歷史道標〉的設計師赫嘉・李瑟說明了設計上的種種考量：這些說明牌以玻璃材質印刷事件說明與圖片，相對於過去整片銅質灌鑄的碑體，一方面更為經濟，二來透明的材質則與水泥灰一起使該說明牌對周遭的干擾降到最低。[39]整體規畫案中為歷史道標的內容立下了幾個準則：透過歷史照片和德／英雙語文字，標牌應藉由過去的功能、建築配置、特殊事件或日常史中引人注意的條件來適切地呈現標示設牌的地點，且範例式地說明分裂歷史中的各種觀點（Flierl, 2006: 53）。

此外，圍牆歷史道標的設計，也為後來的各式說明牌立下了一個新的視覺化準則，在後續柏林各種轉型正義位址的標誌被廣泛的接納採用。同時，也確保了各種負面歷史遺產的保留，不會在未經加註的狀態下，產生價值評斷上可能的的謬誤，而隨著更多的歷史探查與發現，也會有相應的處理。李瑟表示，剛開始的道標計畫僅是兩年期，後來不斷地展延又展延，至二〇一九年六月[40]，又剛受委託製作兩塊標誌牌。


## 再現的難題——邊界關口及歷史的轉折點

另一個標定位置的計畫，則關注當年柏林圍牆的數個關口：一九九六年，市府的建設、居住與交通局開辦以「過渡」為題的藝術競圖計畫，最終選出七件，分別於東西柏林的七個市區通關口實施。其中最為人所知的一件作品，非法蘭克・提爾的〈燈箱〉莫屬，其設置於「查理檢查哨」[41]，是一只大型燈箱，兩側分別是著美軍軍服與前蘇聯軍服的士兵肖像照，各自望向對方的勢力範圍。

# 「過渡」藝術競圖計畫——〈燈箱〉

揭幕年分 ▶ 1998
設置地點 ▶ G94R+X5 柏林（查理檢查哨）
委 託 者 ▶ 市府建設、居住與交通局
設 計 者 ▶ 法蘭克‧提爾

1996 年，柏林市建設、居住與交通局開辦以「過渡」為題的藝術競圖計畫，最終
選出 7 件作品，其中最為人所知的即為此作，成為當代柏林遊客的拍照景點之一。
〈燈箱〉設置於「查理檢查哨」，是一只大型燈箱，兩側分別是著美軍軍服與前
蘇聯軍服的士兵肖像照，各自望向對方的勢力範圍。圍牆初倒、盟軍撤走之前，
提爾拍下了許多駐守關口士兵的肖像（包含美、蘇、英、法等四國駐軍）。這組
照片是他自早先的系列作中挑選出來的。

這件作品提醒了觀眾，當年矗於柏林圍牆兩側的，不僅是地理上的東西柏林，也是美蘇勢力的角力場——失真的是，在冷戰時期，兩軍士兵其實不可能靠得這麼近。雖然設置之初主題嚴肅，然而此後，燈箱連同檢查站附近扮演士兵的街頭藝人與遊客共同構築起來的氣氛，卻成了好似主題樂園的拍照背景。

創作者曾坦言，燈箱這種廣告業中的媒介，是為了每天廿四小時將訊息傳達給消費者而設計的（Endlich, Geyler & Senatsverwaltung für Stadtentwicklung, 2002: 22-23）。此處不難推測，藝術家欲全天候與觀者溝通之想法，卻產生了藝術家無意造成的效應：和城市裡所有的商業廣告燈箱，產生了既共謀又競爭的效果。公共空間中的藝術與周遭環境的互動，常常影響作品所欲傳遞的訊息，當然，紀念碑／物同樣屬於公共空間中的藝術，自然也不能脫離於這樣的狀況。合併後的柏林，原來屬於邊界地帶的圍牆附近，重新成為市中心，各種商業活動也跟著繁盛起來，因此，〈燈箱〉背景乾淨俐落的肖像照，反倒襯托著柏林市仕紳化問題最嚴重的街區，削弱了原先冷戰期間士兵朝向彼此敵對陣營監視的設定，甚而多了幾分時尚感。這也或許是在圍牆初倒的那時，少有人能預見的結果。

還有另外一座紀念碑，選擇切入整個圍牆倒塌事件觸發的瞬間。藝術家烏利希‧施呂德受委託製作了名為〈旅行自由公告〉的空間裝置。在莫倫大街卅七號面街的空間，路過的行人可以透過櫥窗，看到裡面像是家具展售或會議空間的擺設，一塊略為傾斜的平台上放了成排樣式一致的椅子，再更仔細看一點，桌椅朝向的前方牆壁掛了一只螢幕，上面播放著平靜無波的水域風景。朝外的落地窗上懸掛著一只標示牌，上頭寫有：

> 據我所知……是馬上、即刻生效。[42]

這是一九八九年十一月九日，東柏林市委第一書記君特‧夏波夫斯基回應記者提問東德政府開放邊境，放寬出國旅行限制將於何時實施時，他拋出的回答。這不僅使東德政府措手不及，也讓看到新聞的民眾立刻湧向邊境，進而造成當晚圍牆的倒塌。

對經歷過那個年代的德國人來說，儘管有許多說法認為那是夏波夫斯基口誤，但對他們來說，無改此話的重量。這是投進歷史裡的一顆石塊，自此一道接一道的漣漪難以再抹平。

# 「過渡」藝術競圖計畫——〈旅行自由公告〉

揭幕年分 ▶ 2002.05.30

設置地點 ▶ G96V+WX 柏林（舊東德政府新聞中心）

設 計 者 ▶ 烏利希・施呂德

Author：鄭安齊

〈旅行自由公告〉是為因應司法部建物改建的公共藝術競圖案。司法部過去是東德政府新聞中心，亦即夏波夫斯基發言的記者會舉辦地。藝術家烏利希・施呂德從 427 件提案中雀屏中選。他在莫倫大街 37 號面街的空間設置了一個櫥窗，行人可看見內部排列整齊的椅子，放在略為傾斜的平台上，前方螢幕播放著平靜無波的水域風景。朝外的落地窗上懸掛著一只標示牌，上頭寫有：「據我所知……是馬上、即刻生效。」

這句話標誌了圍牆倒塌的瞬間：1989 年 11 月 9 日，東柏林市委第一書記君特・夏波夫斯以這句話，回應記者關於東德邊境開放時程規畫的提問。民眾立刻湧向邊境，進而造成當晚圍牆的倒塌。

莫倫大街卅五號過去是東德政府新聞中心的所在地，現為聯邦司法部，之所以會有這件紀念物出現，而不是直接保留舊有空間和物件，正是因為司法部建物的改建，才隨之產生公共藝術的委託案。

比較爭議的是，現在所呈現的樣貌，似乎是試著將記者會的那個時刻凝結於觀眾眼前，然而從裝置裡的擺設，再到陳列的位置，實際上都與史實有差異。紀念碑所處的位置，其實是當時媒體中心的入門口，而不是記者會現場；當年場內的陳設是木質內裝搭配鋪著紅色絨布包覆的座椅，與現在所見的現代辦公室或會場的陳設方式截然不同。

藝術家或許意圖用傾斜的平台與海面，暗示一度堅固如牆的政權，也有傾倒的一天，而前方遼闊的海面，就像邊界被打開後的東德人所見之景。然而，這樣的類比暗示，以及為了讓事件脈絡引起普遍化共感，而置換成今日更為常見的家具，相較於保存原有場地，更能顯示紀念碑的警醒、紀念與教育意義嗎？又或者兩者有並存的可能性？

## 記憶得來速：負面遺產的觀光與節慶化

究竟該怎樣紀念才是合宜的呢？柏林街上一探圍牆究竟的旅客，這種「黑暗觀光」對於推進轉型正義是有助益，還是反而帶來對歷史教育的傷害呢？

事實上，圍牆的觀光並不是八九年之後才有的，而是幾乎在圍牆建成的同時就開始了，[43]西柏林這一方許多靠近圍牆的地帶，紛紛搭起了瞭望平台，供遊客「一窺」牆內。當時，於西柏林這側靠近波茨坦廣場一帶，除了有瞭望台以外，沿著牆邊也有幾家一層樓的紀念品店，最為熱賣的商品，不外乎圍牆圖樣製成的明信片。

再往南一點，「八一三工作小組」早在一九六二年，於查理檢查哨不到百公尺的距離內，設立了私人運營的圍牆博物館。由於查理檢查哨在當年是專供外國人進出的關口，國際間的知名度為圍牆博物館帶來了極大的遊客量，因此博物館從兩個半房間的展覽空間，一路擴建到今日的規模。即使它已是柏林遊客量最多的館舍之一，收費也高過其它公立館舍，卻因其紊亂的歷史考究說明、不良的動線、維護不佳的展品，依然常使人詬病。

# 圍牆周邊的黑暗觀光產業鏈

鄰近柏林圍牆查理檢查哨段，由萊納·希爾德布蘭博士創館的圍牆博物館，展品因歷史考究紊亂、挑動矛盾情緒的展覽邏輯，使人詬病。同樣由希爾德布蘭夫婦重建的查理檢查哨站，亦未經嚴謹的考證。此圍牆段尚有〈燈箱〉、特拉比博物館等觀光景點，夾著紀念、反納粹、對東德的懷舊以及反共意識形態，被媒體諷為「記憶得來速」。

查理檢查哨哨站

US ARMY CHECKPOINT

特拉比博物館

咖哩香腸店廣告

CURRYWURST

CURRY at the Wall

創館的萊納・希爾德布蘭博士秉持的信念雖是「離不義越近越好，在那裏人性的品格會展現得最強大」[44]，然而，他所指稱的「不義」到底是什麼，卻很值得探討。儘管比起東歐幾個國家的博物館呈現出的「反共」「反左翼」意識形態[45]，圍牆博物館較少露出這樣的端倪，卻還是可以從館內藏品略為探知。類似的展示邏輯是，交叉擺放著已經去除脈絡的物件與容易挑起情緒的照片，使得作為敵對的一方在此敘事裡，很快地落入一致性的魔化狀態中，其形成的原因卻難以再被探究——因為只要找到需要打擊的敵人即可。

圍牆博物館展出的圖像，多是斯普林格出版集團無償提供，博物館建設之時，也是斯普林格派出電工協助鋪設管線（Pfaff, Voß & Zimmermann, 2019）。然而，斯普林格卻是在六〇年代強勢壓制學生發起的民主運動的媒體，將學生與圍牆對面的東德共產勢力劃歸為同一群體。[46]

一度被移除的<u>查理檢查哨哨站</u>，其後被裝置回歸的重造版，也與圍牆博物館有點關聯。牆倒後，哨站也和圍牆一樣，被視作欲除之而後快的目標。在一場典禮當中，哨站便在樂隊伴奏中被拆卸吊走了。而後，政商關係良好的希爾德布蘭夫婦欲在該處建立一個西方盟國的紀念物，故斥資請人重新打造，然而此重造版卻不是圍牆倒前的版本，他們參照的是六〇年代圍牆初立時的簡陋、縮小版。[47]

當然，立在該處的這一切，都沒有明確的標誌或引導解說，加以周邊的活動及經濟模式，促成了「圍牆產業鏈」的消費景觀，比如二〇〇三年後，哨站前經年吆喝著、為遊客蓋上通關章的的扮裝士兵。[48]據記者調查，這些哨兵是由名為「舞蹈工廠」的團體所經營，為規避公共街道使用規定，一直以來以「捐贈」名義收取遊客費用——根據警方及秩序局調查，這些街頭藝人甚至可日收五千歐元。士兵最早扮演的是東德的邊境警察，後來在受難者遺族的抗議下，改為著美軍軍服，此外，表演內容實際上未經過嚴謹的歷史考據，所以經常造成史實的混淆，因此飽受批評。[49]無論對角色隨意更動，或對史實不求精確，顯示對他們來說，歷史的考究並非要點。

此外，東德經典款人民小車「特拉比」[50]的租借站、「特拉比博物館」和「咖哩香腸博物館」（二〇一八年底停業）等，連同適於合照的〈燈箱〉，連成一帶夾雜著對東德的懷舊、反共意識形態以及世界各地遊客消費「圍牆產業

# 柏林圍牆剩餘段落
# 最為顯著觀光化的紀念物

## 東邊藝廊——〈Test the Rest〉

藝術家 ▶ 畢爾姬 · 健達

1989 年 12 月，藝術家大衛 · 蒙蒂與海柯 · 史蒂范向東德國防部提交計畫，申請在磨坊段的圍牆上作畫之許可。隔年，共 118 位世界各國的藝術家共同發表了 1.3 公里的壁畫，成為今日觀光客眼中象徵自由的圍牆塗鴉。

〈Test the Rest〉為圍牆上著名的圖樣之一。2019 年柏林圍牆倒塌 30 周年紀念當天赫塔柏林足球隊的比賽中，也採用這個意象進行開幕表演。值得注意的是，東邊藝廊上的壁畫往往在明顯的地方，附上作者的個人網站和聯絡方式，彷彿就在說：請找我接案。

鏈」的氣氛，甚至被媒體命名為「記憶得來速」（Pfaff et al., 2019）。紀念、考究歷史或反思圍牆歷史當代意義等，被移到了工作清單排序的最後面。

## 東邊的塗鴉：自由象徵背後的官方許可

「東邊藝廊」則可說是柏林圍牆剩餘段落中最為顯著觀光化的紀念物。今日我們所見的東邊藝廊上的壁畫，常遭到誤會是在圍牆倒之前便存在的產物。處在磨坊街這一段的圍牆，位居東德重要的外交軸線上，因為這裡連結了東柏林的市中心與舍訥費爾德機場，每位到訪的外賓必然眼見這段圍牆，所以在一九八九年之前，這一圍牆段是絕對不容許有任何「添加物」的，甚至必須經常維護刷白。

八九年牆倒之後，東柏林的藝術家協會在一個非正式的會議上，決定「占領」東側的牆面。起初他們在波茨坦廣場一帶進行，不過因為位處市區中心，創作經常馬上被其他人的新作覆蓋過去——十足的塗鴉精神。這時有兩位各屬東西柏林的藝術家萌生其它想法，欲使作品受到永久保存：大衛・蒙蒂與海柯・史蒂范相中了磨坊街這段圍牆，希望將其打造為世界最大的露天藝廊。

一九八九年的十二月，他們向末代的東德國防部提交計畫，取得在牆上作畫的「官方許可」；隔年九月，一一八位來自世界各地的藝術家，共同發表了總長共一·三公里的壁畫。於是，今日我們所見，並經常誤以為是自由象徵的圍牆塗鴉，其實是在東德國防部具文同意下的製作。[51]

當圍牆失去功能，也就是失去了背後的東德政權所賦予它的合法暴力，不再是國家機器的一部分之後，繼而在圍牆上塗鴉便不再具有任何的顛覆性，與畫在任何一處的壁畫並無根本上的差異。然而這差異並未被彰顯，因為圍牆雖然失去了政治所賦予的暴力，但也轉而接收了歷史事件（圍牆倒塌）所加諸的新靈光，使得東邊藝廊至今依舊熙熙攘攘，遊客如織。

## 自由的到來或終結

搶在圍牆地景完全消失之前，尚有一組藝術家憑藉其嗅覺和快速的反應，製作了一檔名為《自由的有限性》的展覽，這也是在圍牆倒塌之時，最迅

# 1987 柏林建城 750 周年慶
## ──《柏林雕塑大道》展──

〈柏林〉　藝術家 ▶ 馬欽斯基－丹寧霍弗夫婦

圍牆倒塌前，兩個柏林市政府都開始
加入大型公共藝術展覽計畫的潮流
中。1987 年正值柏林建城 750 周年，
兩個柏林市府都在各處舉辦公共空間
藝術計畫展，作為兩德的拚場造勢活
動。西柏林的《柏林雕塑大道》展，
共展出 8 座公共雕塑，其中〈柏林〉
後來也成為柏林著名的城市意象之
一。

時任美國總統雷根受邀出席柏林
750 年建城紀念活動上發表談話

速對這起政治事件做出回應的文化產製。特別的是，因為這些作品或計畫幾乎都處於公共空間，並且回應特定事件，即使並非委託製作，但已使它們帶有「圍牆紀念碑」的性質。因此，這個展覽即時的空間介入製作，可以說是一種暫時性的立碑行動。

《自由的有限性》這個計畫的出現，有賴各種條件的到位。一九七七年的《敏斯特雕塑展》[52] 為這類較大型計畫開了一個頭，政府當局逐漸理解這類計畫並轉向支持。可以想像的是，缺乏公部門的支持，要大規模地在公共空間中進行計畫是有困難的。雖然仍不乏各種民間的怨言或抗議，但在《敏斯特雕塑展》的成功之後，越來越多的地方政府無分政治保守或者進步派，都樂意支持這類型的計畫，以藉文化的力量重新改寫空間中既存的意義。當然，藝術家們也樂於在委託的框架內，盡量地撐開公共輿論的空間，公共空間於是成為了意義交鋒的新戰場。

八〇年代中期，兩個柏林市政府都開始加入這一潮流中，特別是西柏林政府。一九八七年是柏林市建城七五〇周年慶，藉由這個機會，各種不同的公共空間藝術計畫被拋出到檯面上，並在八七年之後陸續於各處開展，例如在建城七五〇周年活動架構下展出的《柏林雕塑大道》。約莫同一時間，藝術家蕾貝卡‧洪、雅尼斯‧庫奈里斯，以及八九年時參與「大屠殺悼念碑聲明連署」的海涅‧穆勒，就已開始策畫一個橫跨東西柏林的雕塑展，目的在針對兩個柏林分割的現狀與空間對話，並批判地審視歷史。任誰都沒能預料到的事情是，一九八九年末的劇變，使得展覽舉行的條件徹底有別於原先的設定，也因為這樣，他們不僅得到了來自公部門一五〇萬德國馬克資金的挹注，其中一件對圍牆進行介入的作品，更是僅在這個時刻有機會實現——漢斯‧哈克的〈現在起可以小額贊助自由〉。

漢斯‧哈克這項裝置的製作相當低限，最大程度地運用了既有物件與空間。他修復了位在今日柏林市區東南邊莫理茨廣場的一處瞭望塔，原本是搜尋越境者探照燈的位置上，哈克安裝上一顆賓士標誌的旋轉燈「梅賽德斯之星」做為替代——這顆燈就和柏林市中心其它地段閃耀著的三角星一模一樣。[53] 為符合《自由的有限性》裡「東西對話」的設定，大多數的藝術家將作品分置兩地，而哈克是少數僅以一件作品就符合設定的藝術家——因為在西柏林早就有另一棟樓上旋轉著閃耀的梅賽德斯之星，而且作品正位於東西交界的圍牆死亡帶上。

# 現在起可以小額贊助自由

藝 術 家 ▶ 漢斯‧哈克
展出年分 ▶ 1989
設置地點 ▶ GC54+3V 柏林

Courtesy of Werner Zellien

此作為《自由的有限性》參展作品，挪用了既有物件，包含修復位在今日柏林市
區東南邊莫理茨廣場的一處瞭望塔（右圖），為塔重新裝上像是東德經典建築樣
式的玻璃，但玻璃前方又圍上了西德鎮暴車用的鐵柵。原本是搜尋越境者探照燈
的位置上，則被裝上一顆賓士標誌的旋轉燈「梅賽德斯之星」做為替代。塔的兩
面分別放了兩句取自賓士的形象廣告語：「準備好就一切泰然」（Bereit sein ist
alles）和「藝術歸藝術」（Kunst bleibt Kunst）。右圖為同型瞭望塔原貌。

塔的兩面上方分別放了兩句話：「準備好就一切泰然」和「藝術歸藝術」。這兩句話，其實都是當時梅賽德斯－賓士公司的廣告形象標語，哈克甚至採用了賓士廣告慣用的字體。他毫不掩飾對於資本體制的諷喻，並點出了柏林圍牆的倒塌並非是一個極權的結束，而是一場兩個霸權對峙的結束，然而這個「結束」或將使現在僅存其一的霸權越發屹立不搖——把探照更替換成梅賽德斯之星，就好像是在幫賓士搶先到東柏林插旗布局一樣。而當時賓士也真的早就在做這件事：他們投資買下了原先為圍牆死亡帶的波茨坦廣場旁的一處地皮，而這塊地當時就被預估將有極高的價值。[54]

另一方面，漢斯·哈克這項裝置也隱約延續了藝術家本人一件未能實現的計畫。一九八七年他受邀參加《敏斯特雕塑展》，希望將敏斯特市區公車塗上迷彩，寫上「河馬和這輛巴士有何相同之處？他們都用梅賽德斯的引擎開過住宅區」[55]的字樣。「河馬」是南非政府裝甲運警車的別稱，當時仍有種族隔離制度的南非，受到國際武器禁運制裁，但賓士仍賣給南非政府六千輛大巴士車，南非政府則將其改裝為軍警用車輛，拿來鎮壓黑人。[56]這項計畫最後遭敏斯特市以「公共運輸上不宜有政治廣告」，以及「迷彩車輛有交通安全疑慮」而否決（Matzner, 1994: 25-26）。

縱然推倒一堵牆確實是值得歡呼之事，但哈克透過這個計畫揭示了，今日的暴政往往是結構更為複雜細緻的，甚至是你中有我、我中有你，暴力並不隨著一個極權政府瓦解就結束，它是國家機器與企業資本之間合流的「軍工複合體」。更為致命的是，這個陣營更生長出了使用「文化」的能力，鎮壓起民主異議更為高效而難以直接被看見。只要「藝術歸藝術」（而不逾越至政治等領域），那麼賓士便能「小額贊助」[57]你，梅賽德斯之星也就能永垂不朽。

在這個計畫中，紀念不是一個就此打住、靜止於牆倒當時那刻的標誌，而是能夠附帶著批判意識去回溯歷史事件中的暴政本身所蘊含的複雜結構，更藉此預警了即將出現的新型態暴政。今日，哈克的預言成真，在賓士買下的波茨坦廣場土地上，他們蓋起了大樓，裡面營運著「柏林戴姆勒當代藝術中心」。

在圍牆建起之後，便有人搭起了瞭望平台供遊客「一窺」牆內。

## 將負面資產納入資本主義的勝利之囊

資本主義在冷戰之中贏了制度之爭。雖然歷史曾被宣稱終結，但是一切其實未完。歷史記憶的戰場上，資本主義依舊步步進逼，在東德資產的處理方面，一如前述波茨坦廣場的事例，早先多是以私有化的方式處理。歷史的偶然何其不巧，圍牆的一大段正好橫亙在市中心的菁華地帶，使得圍牆倒塌後釋出的大量空地恰成資本家的競逐之地。公有土地的喪失不僅是導致今日柏林市公共空間匱乏、居住成本居高不下的遠因，更導致紀念的重要位址都掌控在企業財團手上，公共性的施為只能被動而零散。

舉例來說，自廿年前起，一直有團體訴求在查理檢查哨附近成立「冷戰博物館」，希望從外部的國際關係張力、大國集團間的對峙來看德國的分裂態勢，這也是現階段的歷史記憶工程中較為缺乏的環節。然而現有靠近查理檢查哨一帶的空間，幾乎皆歸私人所有，若不是早有生意在運作，便是仍在等待開發審核。結局是，這一帶有「特拉比博物館」、「柏林圍牆全景博物館」甚至曾有的「咖哩香腸博物館」，還有毀譽參半且歷史悠久的圍牆博物館，但就是遲遲無法設立冷戰博物館。

近期，這項期待終於稍微露出曙光。多次易手之後，街邊空地的新一輪持有企業願意在開發計畫中納入冷戰博物館，然而，比起計畫中劃設的旅館、百貨以及住辦空間的大量樓地板面積，冷戰博物館所占的份額相形之下不過也只是九牛一毛。指望私人企業設置的館舍，必定很難不以營利作為考量因素之一，若想監督或對其內容產生影響力亦不具正當性，畢竟，那已是私人產業的一部分——心照不宣的或許是，冷戰博物館根本成為開發單位促使銀行及市府通過他們計畫的籌碼。

終究，負面遺產也是一種「資產」，通通可以一起下鍋「炒」。二〇一三年，柏林市中心的開發飽和之後，也輪到東邊藝廊周遭一帶空地的建設，結果竟出現了一個令柏林市民自己都覺得荒謬無比的場景，讓他們集體擋在機具面前抗議，以阻止工人拆除東邊藝廊段的柏林圍牆。因為建設的需求，地產商在東邊藝廊上開了個缺口，然後在過去曾是圍牆死亡帶的地方，蓋起了高級住辦大樓。

幾年前，我偶然再次路過東邊藝廊，但我不敢相信我的眼睛：建在圍牆邊的一幢大樓頂，正旋轉著梅賽德斯之星。

弗克菲的紀念金字塔。位處兩德邊界及冷戰前線,弗克菲在交換占領地後,被劃歸東德。在東德嚴格的邊界政策下,為了清出視野遼闊的無人區以利監視和邊境防守,當地的居民受到強制迫遷而房舍遭拆除。直到 2004 年夏天易北河堤防整治時,才重新出土當年迫遷的房舍瓦礫堆,揭露了一段不人道的歷史。紀念碑材料為當年留下的瓦礫。

# 對東德的紀念——
# 多重、分層的歷史創傷

離過去越久，東德就一年比一年美麗。這並非由於東德自身，而是東德的記憶受到了後來一些失望情緒的形塑，特別是在 90 年代早期時〔…〕在那段時間自身的經歷越差，那個人人都對彼此如此友好、實際上卻不存在的「好的老東德」就越美麗。

——曾任職於聯邦處理德國社會主義統一黨獨裁政權基金會的斯蒂凡・沃勒博士，於中部德國廣播電台 2021 年 4 月 7 日的訪問〈快樂的童年或獨裁？「正確的」東德記憶之爭〉

蘇聯占領區及東德中的政治迫害制度必須在適當的中心位置予以記錄並傳達給公眾知曉。同時有納粹和共產主義恐怖統治的犯罪現場（例如：薩克森豪森、布痕瓦爾德、包岑、布蘭登堡、德勒斯登的慕尼黑廣場紀念館等）不應引發任何「抵消」或將二者相等。

必須記住的是，在共產主義恐怖統治的受難者中，也還包含那些被納粹迫害的人。

——《「處理德國社會主義統一黨獨裁政權之歷史與後果」<br>
調查委員會報告》，頁 233

東德瓦解之後有待處置的問題當中，前一節所述及的圍牆，僅僅是小小一角。聯邦政府在一九九二年三月針對東德獨裁政權成立了調查委員會[58]，由國會成員以及各界專家組成。在三二〇名見證者和學者的支持與協助下，一共召開約四十次內部全體會議、約四十次的公開聽證會，以及一五〇餘場報告小組的會議。歷時約兩年之後，該委員會在一九九四年五月於聯邦國會發表其最終調查報告：除了對東德獨裁政權的權力架構、決策機制等做出分析，以明確知曉該從何處下手進行處置與清償之外，意識形態、司法警政以至於教會的角色及反對派的行動等，都一一受到分析。[59]「紀念」這項問題亦包含於報告書中。調查委員會提出：

> 透過受害者遭受不公正待遇的紀錄文件，來防止所發生的事情被遺忘。[60]

依此，在與紀念工作相關的部分，調查委員會建議聯邦和各邦政府共同推動具有全國重要性的紀念場所／場館之設置，包括曾被蘇聯及東德祕密警察用以拘留、關押即審問政治犯的監獄[61]應設置紀念館，同時也應在各地經由「現地體驗歷史」、造訪各前東部邦以及柏林所設的警醒與紀念館，來深化政治教育工作（Deutscher Bundestag, 1994: 223）；另一個段落也提到：

> 重要的是人們在德國社會主義統一黨獨裁政權統治下的經歷，特別是將人們遭受的苦難記錄於歷史政治意識之中，並紀念那些不公和專橫統治下的受害者。人類尊嚴受到侵犯的人，有權看到自己的人類尊嚴，得到恢復。[62]


## 雙重的超克過去：針對東德獨裁政權的處置

如前章節所述，與二戰結束後的社會局勢不同，在兩德統一、東德獨裁政權瓦解的當時，已有過去東西兩德對納粹政權的處置作為前例，至九〇年代時社會各界相較於過往，更已凝聚較高的共識，願意對負面的歷史記憶進行處置，甚至連國家權力亦已介入至這一工作領域中。有鑑於此，常出現於此時的說法是「雙重的超克過去」（Doppelte Vergangenheitsbewältigung），並將東德的政權等同於納粹。

# 對東德時期紀念物的處置

## 呼喚者　設計者 ▶ 格哈德·瑪克思

設置年分 ▶ 1967
設置地點 ▶ 3QHW+V6 不萊梅

最初〈呼喚者〉乃受不萊梅廣播電台委託（上圖），為 1966 年新大樓落成而設置。其後多次授權重鑄，立於世界各處。

設置年分 ▶ 1989. 05. 19
設置地點 ▶ G98F+CP 柏林

1989 年，時任德意志銀行董事的米歇爾·費恩霍茲在一次夏洛滕堡宮舉辦的展覽中看到〈呼喚者〉這件作品並深受吸引，於是與友人發起募款，並與西柏林市府交涉，設置雕像於當時仍是圍牆前的現址（左上、右下），似是對圍牆另一端喊話。

然而，這樣的說法既無視於「超克過去」此一概念本身的缺乏批判性，其隱含歷史記憶工作的完結並切斷負面過往的意圖；其次，東德的獨裁政權也存在許多顯然難與納粹政權相提並論的地方。屬調查委員會中的部分學者即明確地表達對於這種不加區分的歷史處置的批判（Rudnick, 2015: 304），譬如歷史學家法奧侖巴赫就認為：

> 納粹時期及其具獨特性的犯行，不應藉由史達林主義下的犯行
> 而被削弱，或者也不應在參照納粹時期犯行的情況下，就低估
> 了史達林主義的犯行。

對此，另一名歷史學者柯卡也指出：

> 歷史現實的多向性不該被簡化為純然的獨裁比較

然而，對其他學者而言，所謂「雙重的超克過去」依舊有其歷史研究上的意義，尤其是在對於「東德政權自身對於納粹的紀念」的再處置，以及於同一歷史地點疊加有多層意義（包括東德獨裁政權暴行）之處（Rudnick, 2015: 303-307）。

## 紀念的多重面貌

承上，對於東德負面歷史的紀念工作因而有多個不同的層次。若以時間為軸線，發生於蘇聯占領時期的暴行，有必要與東德時期區分。其次，除了處理東德自身的暴政罪責，東德時期以意識形態政治宣傳先行的兩項「紀念」內容，也有待處置，包括在東德意識形態之下受到正面宣揚、紀念的「偉人」紀念碑／物，再來則是東德政權針對納粹政權之過往而設置的紀念碑／物。此外，調查報告更深入至細節，強調了幾個在紀念工作上需要針對的方面，其中有兩項與紀念碑／物的設置較相關：首先是紀念受難的場所，特別是不人道的事件發生地[63]；第二項則是重要的紀念日期，例如發生「六一七起義」的一九五三年六月十七日，以及圍牆倒塌前夕遭鎮壓的萊比錫示威（一九八九年十月九日）。

以下我們將先談談兩德統一的一九八九年前後，針對東德政權不義罪行的紀念碑。兩件皆由個人所發起。

# 對東德時期紀念物的處置

## 反戰爭與暴力的樹之議會

設計者 ▶ 班·瓦金
設置年分 ▶ 1990.11.09
設置地點 ▶ G9CG+FW 柏林

紀念碑位於過去圍牆死亡帶。延續瓦金以樹木為希望載體的概念，核心是由樹木組成的矩陣，後逐步發展成結合石雕、塗鴉及一小段柏林圍牆遺跡所組成的形式多元、有機之紀念碑。

Author : Gerd Danigel / Source : Wikimedia Commons / CC BY-SA 4.0

Author : Blunt / Source : Wikimedia Commons / CC BY-SA 3.0

紀念碑所在地國會大廈一帶進行改建計畫時，此碑一角曾被拆除，其後於 2006 年被納入柏林市政府的《柏林圍牆紀念整體計畫書》，並於 2017 年納入文資保護。

PARLAMENT DER BAUME
STEINE
GEGEN KRIEG
GEWALT MAUER
HEINRICH BRUMMAK · YASUO MIZUI
JOACHIM SCHULTZE-BANSEN
UTZ KAMPMANN · ERICH REISCHKE
ROLAND GÖSCHL · KARL PRANTL
JOSEF WYSS · GERSON FEHRENBACH
PIERRE SZEKELY · ELDUL KOSSO
WALTER STEINER · YOSHIKUNI IIDA
WOLFGANG GROSS · MARIO
MOSHE SCHWARTZ-BUKY
1945 ++ 1961 ++ 1989

Author : OTFW / Source : Wikimedia Commons / CC BY-SA 3.0

首先是紀念碑〈呼喚者〉，由雕塑家格哈德‧瑪克思所製作。這座碑原先並非以紀念為目的，而是受不萊梅廣播電台委託，為一九六六年新廣電樓落成而製作，並於隔年完成、展出。隨後，這件作品受到多次的授權重鑄，於世界各處皆有其蹤影，但大多並非用來紀念特定事件。[64]

直至一九八九年，再鑄〈呼喚者〉雕像的募款被發起[65]，隨後在五月十九日成功立於六一七大道上。此一「呼喚者」的形象借自於希臘神話中的特洛伊戰爭英雄斯滕托爾，而雕像底座上也附有佩脫拉克之詩句：

　　　　我行過世界，並呼喚：「和平、和平、和平」。

雕像立於柏林的一九八九年五月，也是匈牙利開放對奧地利的邊界、冷戰鐵幕首次出現瓦解徵兆之時；隨後六月四日，波蘭的團結工聯勝選，和平地轉移政權；九月，德國從萊比錫的聖尼古拉教堂開始了反東德政權的「週一示威」，隨即擴散至東德各地。雕像立起後所發生的事件，就好像是讓對著圍牆另一側呼喚的姿態，從另一側得到了真實的回應，原本應與事件無關的此紀念碑，因而額外加上了一層時代意義。

班‧瓦金是藝廊家與藝術家，因關於樹木與環境的巨幅壁畫、宣揚環境保護觀念而聞名。[66]一九九〇年十一月九日，在當時仍是廢墟的國會大廈附近、曾是圍牆死亡帶的地方，瓦金設置了名為〈反戰爭與暴力的樹之議會〉紀念碑。延續他自學生時期起以樹木為希望載體的概念[67]，紀念碑的主要核心部分，是一區由樹木組成的矩陣，由德國各邦共十六位邦長及隔年增的多位國會代表所栽種（Kaminsky, 2016: 113-14）。隨後幾年間，瓦金不斷對這個空間進行些微的改動和增補，最終的成果是一處形式多元且有機的紀念群集，主要由樹林、石雕紀念牌（紀念圍牆死難者以及一九四五年柏林戰事的喪生者）、塗鴉，以及一小段柏林圍牆遺跡所組成，與一般認知中的紀念碑形式有著不小的差異。

依建造的過程檢視，這件作品亦並非在公眾共識下形成，而更傾向於瓦金的個人作品，隨著時間過去才逐步受到廣泛認可為紀念碑，進而在二〇〇六年時被柏林市政府納入《柏林圍牆紀念整體計畫書》（Flierl, 2006: 44-45），並自二〇一七年十一月六日起，納入文資保護。同時，因為它並非經過特定程序而設的紀念碑，統一後新政府確定落腳柏林並大舉擴建國會大廈周遭一帶成為新政府區時，此紀念群集的一角曾遭拆除，成為國會圖

| 1-4-2 |

# 統一後的六一七起義相關紀念

## 郵政廣場起義受難者紀念碑

揭幕年分 ▶ 2008
設置地點 ▶ 3P2J+4R 德勒斯登
設 計 者 ▶ 海德瑪麗‧德雷瑟爾

該碑是以六一七事件中鎮壓抗議的蘇聯製 T-34 坦克履帶所製成，長約5.7m 的履帶，橫越廣場中段，並在前端向上高起，就像是有一輛不存在的坦克存在於此。

Author : Christian Gebhardt / Source : Wikimedia Commons / CC BY-SA 4.0

Author : Thomas Jacob / Source : pictokon.net / CC BY-SA 4.0

## 「坦克印痕」紀念地

揭幕年分 ▶ 2003
設置地點 ▶ 89RG+86V 萊比錫
發起團體 ▶ 1953 年 6 月 17 日人民
　　　　　起義紀念碑促進協會

為了紀念六一七事件，此紀念碑由年輕人發起募資而設。一塊刻有紀念日期的標牌，後方左右各有一傾3m 至 4m 長、帶有坦克履帶印痕的黃銅片，嵌在熱鬧的舊市政廳廣場中央。

Author : Concord / Source : Wikimedia Commons / CC BY-SA 4.0

書館建築的一部分。若非瓦金於藝文界的影響力以及相關政界人脈，此處很可能早已不復存在。

## 以印痕紀念

前面兩件紀念碑計畫的時序相對較早，也較傾向於由私人策畫發起；至於公部門支持下執行的紀念計畫，則因為有許多必要的程序，相對來說形成稍晚，也較難以一次到位，需要一步步地將紀念計畫完成。例如德東大城德勒斯登的〈郵政廣場起義受難者紀念碑〉。這是為了紀念一九五三年六月十七日郵政廣場上起義抗爭的受難者而立，當時該城最大的軍火及重工業工廠工人發起抗爭，隨後整個城市的其他工人及居民都起而支持，聚集於郵政廣場上抗議，並嘗試占領郵政與電報局——後果則是軍方的開火與戒嚴，相關發起者也遭到判處長時間的監禁（Kaminsky, 2016: 405-406）。

| 1-2-1 |

為了紀念此事，一九九三年，德勒斯登的市議會先是決議設牌紀念並隨即實行。十年後，工廠所在之處的街道改名「六一七大街」，至於紀念碑，則要等到再五年後的二〇〇八年，官方委由競圖中勝出的本地藝術家海德瑪麗·德雷瑟爾製作。該碑是由當年鎮壓抗議的蘇聯製 T-34 坦克履帶所製成。履帶的高度近一個成人高，站立於紀念碑前時，不難設想當年的抗爭者需要排除多少恐懼，或具備多大勇氣，才能真正站出來爭取權利。比起原本的紀念牌，此紀念碑的設置更引人注目，亦保留了原碑對當時起義的說明。自東德政權瓦解，直到正式立起紀念碑，這段近廿年的路程並非一次達標，而是階段性地執行與修正。

另一德東大城萊比錫，也有一件讓人憶起坦克鎮壓的紀念碑，但設碑的過程與採取的雕塑語言則略有不同。同樣一九五三年的六月十七日時，萊比錫也是眾多發生工人與市民起義的城市之一，共有約八萬人上街抗議，而蘇聯坦克一路輾進市中心鎮壓，不僅在該城居民的心中刻下傷痕，也在街道上留下了物理傷痕。

若說德勒斯登紀念起義受難者的紀念碑，選擇凸顯鎮壓暴力的體感，萊比錫的紀念碑選擇凸顯的，則是過往留下的心理與物理傷痕。二〇〇三年時，十名年輕人自發性地發起設碑紀念起義受難者的請願，並希望募集二

# 邊界劃分下的迫遷遺跡

## 弗克菲紀念碑

所 在 地 ▶ 原屬下薩克森邦，後經交換劃歸東德
設置地點 ▶ 6WCR+M9 阿姆特諾伊豪斯
揭幕年分 ▶ 2006. 10. 03

被劃分為東德領地的弗克菲村，因位處兩德邊境而被迫遷村，以利東德對邊界的監控與防守。此遷村事件直到 2004 年夏天易北河堤防整治時，才重新出土。在被迫遷的家族後代、在地建築公司、儲蓄銀行、林業公司共同協助下，設置金字塔型紀念碑，民眾協會則進行資料考察，設置成資訊亭。

萬歐元來實現這個目標，他們的呼籲使得越來越多人加入協會[68]，最終成功於該年的六一七紀念日當天，於市中心奠基，隨即開工製作，並於另一個紀念日 —— 十一月九日的萊比錫示威 —— 正式完工揭幕（Tiefensee, 2007; Kaminsky, 2016: 423）。

此紀念碑型態相當簡約：一塊寫著「1953 年 6 月 17 日」的標牌，設在熱鬧的舊市政廳廣場的中央，兩側後方則各有一條帶有坦克履帶印痕的黃銅片嵌於地面，讓廣場上熙來攘往的人意識到，在今日充滿和平氛圍的市區中央，亦曾經一度是暴政的第一現場。


## 邊緣的紀念

有一些紀念碑，紀念的對象未必是主要事件或具代表性的場所，其存在卻使對於東德獨裁政權的紀念更為多面，也讓東德獨裁歷史之中一部分更為邊緣且有待考掘的史實，找到與公眾對話的途徑。

譬如在二戰結束後，四國占領區以及隨後兩德邊界的劃定，有時並未顧及實際生存的人，更有可能在雙方交換下改動了原先居民生活的行政區，進而使人民被迫流離失所。但這些遠離中心的小鎮或村落，往往不為人所知，弗克菲便是一個這樣的村子。

弗克菲位處兩德邊界及冷戰前線，原先屬於下薩克森邦（西德），卻在交換占領地後，被劃歸東德。在東德嚴格的邊界政策下（須清出視野遼闊的無人區以利監視和邊境防守），當地的居民受到強制迫遷。他們不知下個落腳處，卻必須在短時間內離開家園，而賴以維生的農莊也陸續因軍事需求遭摧毀。這則位處邊緣不為人知的故事，一直要到二○○四年夏天的堤防整治挖掘工事才重新出土，揭露出當年迫遷的房舍瓦礫堆，證成了一段不人道的歷史（Kaminsky, 2016: 367-368）。

瓦礫堆出土之後，一名記者卡琳·托本以及當地對家鄉歷史感興趣的民眾聚集起來，希望為這段過往設立紀念碑。從這裡開始，便是一段民眾自主合作的故事：一位自幼生長於此鄰近地帶並與家人一起遭到迫遷的醫生霍格·策賓，無償提供土地供設碑使用；在地的建築公司提供各種必要的工程服務，不收分文；儲蓄銀行捐出一萬歐元作為立碑經費；林業公司捐助

# 誰消失在地下室裡？

## 問！

所 在 地 ▶ 柏林普倫茨勞爾山區，內務人民委員部審查拘留所
揭幕年分 ▶ 2004
設 計 者 ▶ 卡菈·薩克斯

Author：鄭安齊

位於普倫茨勞爾山區一處曾為衛生局的建築，在二戰後被蘇聯內務人民委員會接收，其中一棟地下室成為審查拘留所。東德建立後，此處再被轉移給東德國家安全局——被密警察機關「史塔西」——並運作至 1956 年左右，關押納粹分子、東德政權異議分子，甚至警察任意搜捕的受害者。

2003 年競圖計畫中獲選的設計者薩克斯，在研讀了審訊檔案紀錄後，擷取來自審訊者或犯人的 61 個問句，成為環繞建築物的黑色飾帶。

wann weinten die Männer ?    wann endete das Grübel

Author：鄭安齊

Geschichte
des Hauses 3

Denkzeiche
für die Opfer der Haftstätte Prenzlauer Alle
des sowjetischen Geheimdienstes NKWD un
des Ministeriums für Staatssicherheit der DD

Author：鄭安齊

木材作為建築材料之用；民眾協會則協助進行資料的考察，將迫遷的歷史製作成資訊牌（Kaminsky, 2016: 367-368）。最後的成果，是一座金字塔以及一間展出歷史資訊的小亭子，建造使用的材料則是二〇〇四年出土的、過去遭迫遷強拆的瓦礫。

另一個案例，是柏林的普倫茨勞爾山區一處曾為衛生局的建築，在二戰之後蘇聯內務人民委員部接收後，此處第三棟的地下室被做為審查拘留所。內務人民委員部是史達林時代蘇聯的主要政治警察機構，其下所屬的國家安全總局，即是後來惡名昭彰的情報單位、國家安全委員會「克格勃」的前身。東德建立之後，此處移交予東德國家安全局，也就是人稱「史塔西」的祕密警察機關，運作至一九五六年左右（Presse- und Informationsamt des Landes Berlin, 2004）。無論是蘇占時期或東德時期，此處對外宣告的任務皆為搜捕納粹地下組織成員[69]，但根據相關受難者的證言，受到關押者多未必是前納粹分子，更多是政權的批評者及異議分子，甚至是祕密警察任意搜捕下的受害者。[70]因為此處的隔離審訊功能，受關押居留者皆與外界完全隔絕，既不能收／寄信件，法律辯護諮詢等亦受禁止，關押的物質條件也極度低落。這段歷史並不太為人所知，導致難以統計出相關的人權受侵害者數目。實際上，在前東柏林範圍內，共有六十處這類的空間，普倫茨勞爾山區的這一處屬其中規模最大的，共四十間牢房。關押者在受審訊之後，會轉送到其他監獄或拘留所（Kaminsky, 2016: 127-128）。

一九九八年起，該區區議會決議調查空間歷史及設牌紀念；二〇〇一年該區居民在受到一份見證者報告的觸發下，發起對公部門的立碑紀念倡議行動。二〇〇三年，官方先是於該地公布設置紀念標誌計畫的展板，再進而於隔年九月舉辦邀請制的匿名競圖，共七名藝術家受邀參與。最終評審團隊一致決定，由卡菈・薩克斯的計畫〈問！〉中選（Presse- und Informationsamt des Landes Berlin, 2004）。

為了紀念此地審查居留的歷史，卡菈・薩克斯在建物的地下室對外窗上方，設計了一條環繞整個建物的黑色飾帶，上面以白色字體嵌有各種問題，例如：

> 耳朵能承受多少沉默？
> 誰消失在地下室裡？
> 他們知道什麼？
> 剃光的頭是什麼感覺？

# 聯邦政府針對德國社會主義統一黨的紀念方針

**1992.03**　聯邦政府成立「處理德國社會主義統一黨獨裁政權之歷史與後果」調查委員會，提出關於紀念工作的指引

**1994.05**　《「處理德國社會主義統一黨獨裁政權之歷史與後果」調查委員會報告》於國會發表：

> 關於紀念工作，建議聯邦和各邦政府共同推動具有全國重要性的紀念場所／場館之設置，包括曾被蘇聯及東德祕密警察用以拘留、關押及審問政治犯的監獄應設置紀念館；同時也應在各地經由「現地體驗歷史」，也透過造訪各前東部邦以及柏林所設的警醒與紀念館，來深化政治教育工作。

**1995.09**　「在德國統一過程中克服德國社會主義統一黨的獨裁後果」調查委員會成立

**1998.06.05**　「聯邦處理德國社會主義統一黨獨裁政權基金會」成立

**1998.06.10**　《「在德國統一過程中克服德國社會主義統一黨的獨裁後果」調查委員會報告》於國會發表：

> 東德政權時期建立的這些大型「國家警醒與紀念館」有重新改造的必要；應在當前研究狀態與合於時宜之教育概念的基礎上，更新檔案資料，而紀念碑分析亦應於歷史脈絡下被解釋；至於改造的新概念之公共論辯，則應在受難者及相關當事者的組織協會等參與下推動。

誰聽到了夜裡的尖叫聲？
誰注意到窗戶上的陰影？
你對自己的話語有多大的恐懼？

黑白分明的字句，被擺放於地窖的通風窗上，彷彿是當年從牢房頭透出來的一點聲響，加上去脈絡後竟顯得詩意的字句，無一不激起觀眾想像，並代入受到嚴酷審訊與關押的情境。

這些東德遺緒的處置並不容易，許多加害者或者其支持群體，仍舊生活於這個城市之中。不管是設碑之前或紀念碑揭幕的當下，都不乏抗議行動或陳情信，認為這是對他們或對「黨」的侮蔑，又或者認為蘇聯是柏林的解放者，而非加害者——在這些抗議者中，也包含了「納粹受難者聯合會」的身影。幸而當時民主社會主義黨（原東德德國社會主義統一黨）即便遭到眾多黨支持者的抗議，市議員[71]依然予以支持，而這樣的舉措也證實該黨民主轉型、重新返回符合民主原則的政壇之決心。


## 批判「紀念」的紀念

| 1-2-2 | 東德時期對納粹的大規模紀念設施，多是在集中營及其附屬空間。學者曼弗雷德·阿格森指出，東德政權雖然標舉無神論，並用各種社會主義性質的節日取代宗教節日，以淡化信仰色彩，然而，東德自身所立的各種儀式及紀念文化卻成為了國家狂熱崇拜，並以世俗化的宗教狀態存在（Agethen, 2002: 129）。曾任薩克森豪森紀念館館長[72]的君特·莫希更以「反法西斯主義的神殿」形容東德政權下的集中營紀念館。

誠如「『處理德國社會主義統一黨獨裁政權之歷史與後果』調查委員會」的國會報告書所言，受到特定意識形態與國家政權影響甚至主導的東德記憶政策（包括紀念館、紀念碑／物或是儀式活動），是需要反省與修正的一個重要環節。此處牽涉的除了政治、教育以外，也包含了文化與藝術範疇的轉型。

反法西斯的神話，為準宗教化的國家崇拜、為形式上借自教會——如殉道者崇拜或是紀念館的設計方面——的世俗化宗教，提供了材料；反法西斯的神話也發展出特定的儀式，並在

# 對原紀念碑的增補
## 集中營臨時解放紀念碑

### 致紀念碑的紀念碑

原紀念碑 ▶ 1945 年布痕瓦爾德集中營解放方尖紀念碑
所 在 地 ▶ 26CX+HC3 威瑪
增補年分 ▶ 1995
設 計 者 ▶ 霍海塞爾、克尼茲

Author：鄭安齊＊翻攝於紀念碑現場標示，攝影者不詳

〈致紀念碑的紀念碑〉是為紀念布痕瓦爾德集中營解放後，囚犯就地取材建立的臨時紀念碑。這座紀念碑的是方尖碑形式，材質為木頭，碑體正面寫有「K. L. B」及「51000」，分別代表了「布痕瓦爾德集中營」及在該地殞命的 51,000 名關押者。

1995 年，方尖碑原地基座上設置了〈致紀念碑的紀念碑〉，以銅板鋪設於地面，從上方看下去，這塊銅板以及它的線條，就像是過去歷史之中的方尖碑被壓成平面２Ｄ一樣。原碑體的字樣被重現，且列有 56 個國家、族裔及無國籍等出身者。金屬板面耤由加溫，長年維持在 37 度。

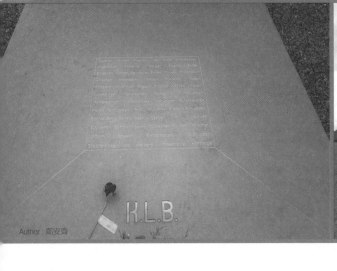

Author：鄭安齊

Author：鄭安齊

「社會主義的教育」中受到重視。

紀念館在維護東德反法西斯主義方面發揮了核心作用，而其重
點是共產主義分子受害者，他們在準宗教的國家崇拜中受到崇
敬的英雄化。

上述引自《「處理德國社會主義統一黨獨裁政權之歷史與後果」調查委員
會報告》對反法西斯的角色、功能與發展進行分析的這些段落（Deutscher
Bundestag, 1994: 52-53），顯示了紀念工作是東德政權灌輸意識形態予國
民之一環；「反法西斯意識形態」填充了紀念工作的內容，紀念工作又回
頭強化「反法西斯意識形態」，形成一無止盡的自我循環。

此外，在文化藝術的段落又提及，黨總是藉著文化政策準則來設下框架，
而藝術家僅能於其中有限度地從事其工作，這在博物館和紀念館的建築和
內容設計中尤為明顯（Deutscher Bundestag, 1994: 78）。鑑此，擔任委
員之一的德國當代史學者曼弗雷德·奧弗施提出，東德政權時期建立的這
些大型「國家警醒與紀念館」有重新改造的必要；應在當前研究狀態與合
於時宜之教育概念的基礎上，更新檔案資料，而紀念碑分析亦應於歷史脈
絡下被解釋；至於改造的新概念之公共論辯，則應在受難者及相關當事者
的組織協會等參與下推動（Deutscher Bundestag, 1994: 53）。

| 1-4-1 |
| 2-3-1 |

在紀念館／園區大幅更動的背景之下，這時也有新的紀念碑被增補到其
中。兩位以創作「反紀念碑」知名的藝術家，霍海塞爾（以拆毀布蘭登堡
門作為〈歐洲被害猶太人紀念碑〉提案概念的藝術家）與克尼茲（〈灰巴
士紀念碑〉藝術家之一），考察了一九四五年蘇聯紅軍尚未設置特別營
以及東德政權介入紀念工作之前的集中營受難者紀念行動：早在布痕瓦爾
德集中營解放後的幾天，集中營受難囚犯們便即時就地取材，通力合作地
於集中營大門前的操場，建起了一座臨時的紀念碑。這座方尖碑正面寫有
「K. L. B.」及「51000」，代表了「布痕瓦爾德集中營」及在該地殞命的
人數。一九四五年四月十九日，來自各地的前囚犯們在這座碑前，舉辦了
二戰後第一場紀念納粹政權下被殺害的集中營受難囚犯的紀念儀式。

霍海塞爾與克尼茲於是在一九九五年，於建立方尖碑的原地取其基座形狀，
打造了一塊銅板鋪設於地面，名之為〈致紀念碑的紀念碑〉。除了
「K. L. B.」及「51000」的字樣猶在，上面還按字母順序詳列了五十六個
不同國家或族裔，以及無國籍和無法辨別其出身者。[73]這塊紀念牌的中央含

# 遭植木掩蓋的亂葬崗

## 布痕瓦爾德蘇聯特別營的 7000 名罹難者紀念碑

所在地 ▶ 布痕瓦爾德集中營二號特別營；27F3+HG2 威瑪

Author : Brian Harris / Source : Alamy Stock Foto

Author : Brian Harris / Source : Alamy Stock Foto

## 紀念鋼柱

鋼柱增補年分 ▶ 1996 年起，迄今設置超過 1,100 支鋼柱

二戰結束後，蘇聯於占領區中廣設了十處特別營及三處監獄，主要用以關押活躍的納粹分子，布痕瓦爾德二號特別營自戰後 1945 年 8 月成立，一直到 1950 年為止，關押了約 28,000 名囚犯，包括納粹黨的地方層級官員、青年及異議者，超過 7,000 人因飢餓和疾病，命喪於此。

【紀念源起】1990 年一位在地嚮導在電視節目上，隨手於樹林以鏟挖掘，卻露出受難者骨骸，引發各方關注，紀念館隨即立下簡易十字架作為紀念。此後，紀念館進行系統性調查，每個發現骨骸的位置，都被插上了小小的木牌，並且記有編號。

Author : Gorodilova

【紀念模式】在現地的工作當中，替代的紀念方式被發想出來——每 8 至 12 具骨骸立起一支有編號的鋼柱。

有特殊的設計：金屬板的溫度長年維持在卅七度，恰如人類的體溫。[74] 與此相對的，則是位於僻靜郊山上的這座營地的冷冽、受到不當對待的囚犯感受到的寒冷，以及受難者的身體失去生命的冰冷。藝術家表示，這樣的設計是希望來到此處的訪客能夠向前躬身，並在觸摸原應是冰冷的金屬牌時，或能感受到一些在這個地方不可見的事物（Jochmann, 2001: 77-78）。

| 1-2-2 |這件紀念碑，恰是對東德政權下紀念物全面性的批判——無論是在紀念的內容上，或者是紀念碑的形式美學上。碑體自身簡約的造型，僅是一方金屬板以及肉眼不可見的略為加溫，對應了過去東德政權在布痕瓦爾德所建立，以整片山坡為規模的宏大、雄偉，並強調情緒撩撥和神話劇情鋪排的紀念方式。內容上，過去因為意識形態以及政治立場之故，僅有十八個國家的名字能夠登上「國家之道」，許多受難者都遭到排除；霍海塞爾與克尼茲則額外增加了三十八個國名到紀念碑上，包括了沒有特定國家所屬的猶太人、辛堤人與羅姆人，此外，無國籍所屬的前囚犯與受難者也都在紀念對象之列。此碑追溯並致敬早年集中營受難囚犯們自主的紀念，以當時多元、複聲的紀念狀態，相對於在後來東德政權掌控紀念工作之後，以傳遞黨的意識形態和政治宣傳為主的策略。一件立於舊集中營大門側、毫不起眼的金屬牌，卻是對四十餘年謬誤紀念的最好翻案。

布痕瓦爾德集中營中還有另一件紀念碑，是針對東德瓦解之前未曾被處理過的蘇聯特別營歷史而設。二戰結束後，蘇聯於其占領區中廣設了十處特別營及三處監獄，主要用以關押活躍的納粹分子，以防止他們再度發起軍事活動或各種反抗。一如前述內務人民委員部審訊拘留所的故事，這些逮捕雖然有法令依據，但是不完備的解釋使得任意關押異議者變得可能。其中的布痕瓦爾德二號特別營自一九四五年到一九五〇年間，關押了約二萬八千名納粹黨的地方層級官員、青年及異議者，超過七千人命喪於此。

蘇聯結束占領並解散特別營之後，此地的建物連同亂葬崗一同被拆毀，並且種植上大量的樹木以作為掩飾，而知悉此事的，僅有集中營紀念館最初的領導階層。直至一九八三年，在一次水管鋪設工程中，工人不巧挖到特別營受難者的骨骸，卻在國家安全局以及紀念館高層的掩飾下悄悄帶過。事情真正被揭露，要來到一九九〇年，一位當地的嚮導在電視節目的鏡頭前隨意於樹林內挖掘幾鏟，便立刻露出一批白骨。這件事情經由媒體報導後，引來關注以及各式通報。一部分骨骸被掘出後，紀念館方面隨即立下了簡易的十字架以資紀念（Finn, 2002: 127-128）。

# 層疊的歷史記憶——從帝國戰爭部至「內閣之家」

位於萊比錫大街及威廉大街的轉角處，最早是普魯是時期的帝國戰爭部，納粹時期擴建為帝國航空部，為德國對外發動戰爭的決策場所。東德建立後改為行政中樞「內閣之家」。此地亦是 1953 年六一七事件的起始遊行抗議處。

Source : Bundesarchiv, Bild 183-H27413 / CC-BY-SA 3.0

## 帝國航空部最早的藝術作品

**旗隊**

設置年分 ▶ 1936 ～ 1937 年完成；1941 年裝設上牆
設 計 者 ▶ 瓦爾德史密茨

（左、右）Source : akg-images / Sammlung Berliner Verlag / Archive

因為事隔多年，許多屍體已難再辨認，紀念館方面先是對亂葬崗進行了有系統的調查：從這些現地的工作當中，替代的紀念方式被發想出來——每八至十二具骨骸立起一支有編號的鋼柱[75]。與其說是紀念，這樣的做法更為冷靜而平淡，幾乎可說是檔案紀錄或考古現場的標記方式。也就是說，當難以考察辨識受難者身分，或者難以定論該受難者是否合宜於此處受到紀念（因為其中含有納粹成員），這個立柱做法（搭配一旁對於第二號特別營的常設展）已經是現有條件下可令人接受的紀念形式了。至今，樹林中已立有超過一千一百支鋼柱。

此處死難者之複雜組成，也為此紀念設施召來了抗議。相比其他對紀念碑的抗議的組成多為右翼保守勢力，針對第二特別營紀念碑抗議的團體，則是左派的反法西斯組織及已有多年歷史的納粹受難者聯合會。一九九七年四月十三日的集中營解放紀念日，多名來自亞琛反法西斯小組以及納粹受難者聯合會的抗議者，用垃圾袋蓋住六十餘只鋼柱，並且散發寫有「把納粹紀念柱丟進垃圾堆」「別為納粹立紀念碑」的傳單，並踹倒紀念十字架（Finn, 2002: 144）。

這個案例十足地顯示，一旦錯過考掘歷史的時間點，以致再難有證據去深究每一個加害者、受難者甚至是具雙重／矛盾身分者的不同狀態時，紀念工作也將隨之變得艱難，而單一的「受難者」或「加害者」之分，也已難以滿足今日的紀念工作。換句話說，紀念工作（或者立碑）往往不僅只是美學問題，若歷史與政治問題無法解決，即便形式上處理得再完美或低限，也可能僅是徒勞。


## 層疊的記憶

柏林市的萊比錫大街／威廉大街轉角處，則是一個歷史層疊之地。在普魯士時期，此處設有帝國戰爭部。納粹執政之後，將此地擴建為現今所見之宏偉的新古典式樣建築[76]，並將帝國航空部設於此地，直至二戰結束前，這裡一直是德國對外發動戰爭的決策場所之一；東德建立之後，此處則是其行政中樞，稱為「內閣之家」。一九五三年觸發六一七起義抗爭的工人抗爭事件，即是從六月十六日遊行到此地、向政府提出訴求的工人抗議開始的。

| 1-1-1 |

# 東德建國後，「內閣之家」牆上取代舊作的競圖計畫

## 共和國的建立

設置年分 ▶ 1950 年接受東德政府委託；1952 年完成繪製；1953 年 1 月揭幕
設 計 者 ▶ 馬克斯・林納

Author : Manfred Brückels / Source : Wikimedia Commons / CC BY-SA 3.0

此作是為了取代納粹時期帝國航空部牆上的浮雕，由東德政府展開的競圖。勝出的作品（草稿部分節錄如下圖）原名〈和平對於人類文化發展之重要性，以及為之奮鬥的必要性〉。但歷經六次高層介入修改，最終創造出各種社會主義意識形態下的樣板人物群像，譬如少年先鋒隊、人民警察以及政治上的領導者。畫作風格也在修改後更趨向於社會主義的寫實主義。

Source : Max Lingner Stiftung Berlin

Author : Manfred Brückels / Source : Wikimedia Commons / CC BY-SA 3.0

最先設於此建物牆上的藝術作品，是浮雕作品〈旗隊〉，由藝術家瓦爾德史密茨於一九三六至三七年間完成，四一年裝設上牆，其母題合於納粹時期經常出現於紀念碑體上的「士兵行進」，也準確裝飾了這個發動戰爭決策的場所。東德承繼此空間之後，自然不能容納此敵對意識形態下的文化產製品，更遑論鑲嵌浮雕之處為國家中樞，於是建國不久後政府便發起了競圖，並委託自競圖勝出的馬克斯·林納製作。林納是流亡的藝術家，曾加入反抗納粹組織，並如同許多流亡者一樣，在東德建國後隨即返國，願為其效力，但是他的草案卻在東德高層的指導下一改再改，一共經過了六次修訂。[77]對於這些修改指導，藝術家本人最後甚至在與高層往返的書信中，自我指責思想怠惰、適應能力不足，以及長年的流亡造成自己對（德國）環境陌生，以及對於過往的桂冠榮耀之安逸（Flacke, 1995）。

最終的作品名為〈共和國的建立〉，內容展現了各種社會主義意識形態下的樣板人物。過往林納流亡法國時期，曾經創作過為數不少的壁畫，然而那時期的作品中尚無政治樣板角色在內，線條與表現形式也更加大膽奔放，這些都是在柏林內閣之家的作品裡無法見到的。[78]諷刺的是，這幅壁畫的中央，按照東德高層的意思，描繪了當時史達林大街的建造；而一九五三年六月十六、十七日遊行至此地的工人們，正好戳破了壁畫內社會主義國家歡愉的模樣，以己身來證明宣傳性的紀念物之虛假。

德國統一之後，此處成為聯邦財政部以及處置東德資產的機構「（國有資產）託管局」之所在。這次，聯邦政府並未如當初東德建國時一樣，將去除帶有意識形態的文化產製品作為第一要務，反之，他們所做的工作是保留與加註。一九九三年的六一七起義紀念日時，一塊記述有起義歷史及當時訴求「降低勞動定額、釋放所有政治犯、自由與祕密選舉」的銅鑄紀念牌，就設立於林納的壁畫旁，成為對壁畫內容有力的批判。

# 統一後，增補於舊「內閣之家」的六一七紀念牌及紀念碑

AN DIESER STELLE,
VOR DEM „HAUS DER
MINISTERIEN" DER DDR,
FORDERTEN AM 16. JUNI 1953
DIE BAUARBEITER DER
STALINALLEE
IM BEZIRK FRIEDRICHSHAIN
DIE SENKUNG DER
ARBEITSNORMEN,
DEN RÜCKTRITT DER REGIERUNG,
DIE FREILASSUNG ALLER
POLITISCHEN GEFANGENEN
SOWIE FREIE UND GEHEIME
WAHLEN.

DIESE PROTESTVERSAMMLUNG
WAR AUSGANGSPUNKT
DES VOLKSAUFSTANDES
AM 17. JUNI 1953.

WIR GEDENKEN DER OPFER,
17. JUNI 1993.

## 六一七訴求紀念牌

設置年分 ▶ 1993.06.17

在原壁畫旁增補的銅鑄紀念牌，刻上六一七的訴求「降低勞動定額、釋放所有政治犯、自由與祕密選舉」，作為對林納〈共和國的建立〉壁畫的歷史訊息補充。

## 1953 年 6 月 17 日起義紀念碑

揭幕年分 ▶ 2000.06.17
設計者 ▶ 沃夫岡‧魯佩爾

2000 年新設置於壁畫前地面上的紀念碑，內容為 1953 年六一七抗爭第一排的民眾群像照。

一九九四年三月，柏林市議會提出在起義事件的中心設碑紀念之要求，此後經過座談討論準備、公開競圖後，[79]二〇〇〇年六月十七日，就在設有壁畫的前方廣場，由沃夫岡・魯佩爾製作的紀念碑正式揭幕。[80]這是一座設置於地面上的紀念碑，尺寸約莫同於嵌於財政部建築牆上的林納壁畫。裝置內容是放大至已呈現粒子狀的照片，並加上了透明的綠色單色遮蓋效果。相片內容是手勾手立於當年的抗爭第一排的群眾群像。這個畫面再一次地先是對應了林納的壁畫，同時也紀念了一九五三年起義當日所有挺身而出的人們。

## 讓紀念「行動」起來

近年才啟動的〈萊比錫自由與統一紀念碑[81]〉競圖提案，則嘗試了另一種進路，不僅試圖對層疊的歷史進行解釋，也把眼光放向未來。

首獎的提案人是「M+M／ANNABAU」建築工作室，提案作品〈七萬〉將製作七萬個彩色底座，共分做七階的色彩。其數目根據一九八九年十月九日，於萊比錫促使東德政權垮台的重要示威抗議參加者的估計人數；色階則是自當時抗議的紀錄照片中，分析出來的七種最常見顏色。紀念座一側附設資訊平台，可供民眾俯瞰彩色基座，展現出猶如抗爭現場空拍圖的視覺效果，亦同時呈現相關歷史資訊。除了一千二百個固定在廣場中的底座，象徵第一次「週一示威」時參加的人數，剩餘的底座將可供民眾自由搬動，讓民眾依自身的願望，把這些底座組合成他們需要的形狀（M+M／ANNABAU, 2013）。創作者賦予民眾主動操作的工具，讓這個空間不僅是靜態的、帶著象徵性意義的以及再現記憶的紀念性場所，更有可能成為一個動態的公共論壇，透過民眾的日常生活乃至政治行動，不斷地被活化。

來自「realities:united －藝術與建築工作室」的二獎提案〈致未來的基金會〉，與首獎有異曲同工之妙，都善用設碑選址身為萊比錫公眾集會、抗議示威的重要場域特性。提案人在廣場上劃設一塊巨大的圓形區域，並將一九八九年十月九日的示威抗議當作比例尺，將圓視作圓餅圖，畫出一塊像是切蛋糕的區域，代表示威抗議的這個範圍內，地上將嵌有抗議中的各種布條標語和訴求字句，兩側的水泥隔牆則寫著「不要暴力」（Keine Gewalt）、「我們是人民」（Wir sind das Volk），這兩句當時最廣受傳

# 新啟動的紀念碑競圖
## 〈萊比錫自由與統一紀念碑〉

## 【競圖首獎】七萬　　提案者 ▶　「M+M / ANNABAU」建築工作室

提案設計將製作 7 萬個彩色底座處，分做 7 階的色彩。紀念座一側附設資訊平台，除了展示相關的歷史資訊，也提供民眾一個俯瞰的視角，可以看到彩色基座展現出猶如抗爭現場空拍圖的視覺效果。

Courtesy of Stadt Leipzig

## 【競圖二獎】致未來的基金會

提案者 ▶　realities:united －藝術與建築工作室

Courtesy of Stadt Leipzig

提案以示威抗議的範圍和人數作為比例尺，日後凡在萊比錫發生的抗議，將計算數轉為實際的大小比例，並依時序將抗議的口號（以白色呈現）連同範圍（彩色）畫於地面圓餅範圍且一併記錄於資料庫中。

Courtesy of Stadt Leipzig

誦的抗爭口號。接下來，這塊紀念碑的發展就是民眾的事了：提案人設定了規則，以示威抗議的範圍和人數作為比例尺，往後只要有提報並實際發生於萊比錫本地的抗議活動，負責管理及營運紀念碑的「基金會」工作小組，都會將數據經過計算，轉為實際的大小比例，並依時序將抗議的口號、訴求（以白色呈現）連同計算出的範圍（彩色，依其活動代表色而定）畫於地面圓餅範圍，且一併記錄於資料庫（realities:united, 2013）。往後，年年發生的各式抗爭，無分議題內容或政治傾向，都將被一一記錄於此圓餅上，並以順時針的方式不斷循環疊加上去，舊的紀錄則不斷被新紀錄覆蓋，使得歷史無形的累積、民主社會的過往與未來，能夠持續具象化被疊加意義於此。

歷史學者法奧侖巴赫曾於其專文〈德國獨裁經驗與民主的紀念文化〉中指出，之所以對於東德獨裁不義的紀念會有這麼多的反挫，並不僅僅是因為東西德的差異。大多數人所經歷的日常生活經驗，以及少數人經歷的受壓迫經驗，兩者之間的差別與張力，才是更主要的關鍵，甚至到了今日，這樣的經驗差別仍存在，也導致了後續對於歷史上政權的不同詮釋，再加上對於新的社會體系適應困難，亦有可能使人轉而懷舊，在在成為批判地處理過往歷史的阻礙（Faulenbach, 2020）。

今日，個體經驗更趨複雜且碎裂，因此紀念工作門檻更高，畢竟紀念工作是需要共識才能達成的一件事。而這種斷裂不僅發生於前東德地區，它已是全世界所有曾遭遇不義政權統治的地方，甚至是我們日常的政治生活中普遍的狀況。傳統樣式的紀念碑所能給出的訊息、予以肯認的價值或已過於單一，過去人們一度寄望這樣的文化產製物能成為對話凝結的終點，但效果卻經常適得其反，反於今日成為開啟政治衝突的引火點。或許我們應該停止將紀念碑視為「導正」並「統合」一切歷史的道標，停止誤以為立碑之後，便能終結不義。藉由設碑紀念的契機，〈七萬〉嘗試使單子化的個體再次凝聚在一起，〈致未來的基金會〉則在共同的基礎上使各種訴求間互相對照辯論。這兩例共同紀念的，正是「歧異」（彩色的基座或比例圖）與「行動」（鼓舞行動以及標誌行動）的價值，並且表達了：僅有透過不斷地行動，一個民主、多元且公義的社會才有可能存在。

# 第二部

# 記得的方法

當俄國塔爾圖學派的文化符號學家尤利·洛特曼和鮑里斯·烏斯賓斯基把文化定義成一個「集體不可遺傳的記憶」時，他們就強調指出文化記憶對某些實踐和媒介的依賴性。這種記憶不會自動地進行下去，它需要一再地重新商定、確立、傳介和習得。不同的個人和文化通過語言、圖像和重覆的儀式等方式進行交際，從而互動地建立他們的記憶。個人和文化兩者都需要借助外部的存儲媒介和文化實踐來組織他們的記憶。沒有這些就無法建立跨代際、跨時代的記憶，這也意味著，隨著這些媒介不斷變化的發展水平，記憶的形態也不可避免地隨之發生變化。

——阿萊達·阿斯曼，《回憶空間：文化記憶的形式與變遷》，1999

卡塞爾的雅許洛特噴泉是 20 世紀初受猶太企業家雅許洛特資助所建，後遭納粹拆除。
1987 年新建了霍海塞爾版本的噴泉以負型的方式建於舊址之上。民眾時常會於尖塔深入之
處觀察底下的樣子。而相對於外顯於地表上的「空缺」，霍海塞爾認為：「這裡真正的紀
念碑是人，是那些佇立於廣場噴泉地基上，思考為何這裡遺失了什麼的人。」

紀念德國統一戰爭時期駐紮於科布倫茨、萊茵第八野戰炮兵團的〈芭芭拉紀念碑〉整修工地一景。

接續前文回顧德國自建立現代國家伊始，至 1989 年之後成為「新德國」後，一路以來包含了倡議、運動、論辯與折衝的紀念碑／物設置歷程，其中涉入角色、話語權釋及權力關係越趨複雜。接下來第二部我們將進入討論「怎麼做？」的階段，將這些複雜的面向一一展開。

隨著這項工作領域的拓展，創作者、民間的發起組織以及政府單位也隨之發展出許多不同的紀念手段。現存的碑亦可能因時序上政經情勢的推移，在詮釋角度的變化下產生了不同的意義，因而產生爭議甚至更動的必要。

紀念碑／物能夠傳遞的訊息不出人、事、時、地、物幾項，而當中的「紀念對象」是紀念碑／物的設置過程中恆常的論爭主題。除了過去因民間的歷史考掘運動浮上檯面的「加害者」，納粹暴政下「受難者」的面貌更是多樣。誰才是受難者？受難者應以何種面貌出現？這是第一章藉著聯邦四座中樞紀念碑的設立過程所欲探討的問題。

第二章則呈現在紀念碑／物此一領域中發展出來的各式策略，特別是設置區位的選擇。其中有的反映了每個地方在歷史考掘的發展進程，有的是為了回應既有紀念方法的不足，有的則是為了更貼近特定的地點或議題，使紀念碑／物的設立能有更深層的結合。它們之間在策略上微有差異，但共通點是對於中樞式、集中化以及全稱對象紀念的批判與商榷，使得設置工作在發起與執行的進路上愈發多樣。

最後一部分的案例，則對紀念碑的固有概念發動挑戰。有的紀念碑／物的設置與舊存的紀念碑／物形成對質、詰問的關係；有的則捨棄紀念碑／物於空間中的占有，以負型的樣態呈現，甚至消失不在；另有一類則直接在既有的紀念碑／物上刪減或增補。它們除了紀念受難者或事件，也商榷紀念碑／物當中過往所帶有的固有概念——以榮耀掩蓋暴政殘酷苦難的、家父長式訓教的，或是激起極端國族意識的。紀念工作的動態與活性，是這些案例所欲揭示或達致的共同之處。

藉由第二部的內容，一方面我們能夠看到德國的紀念碑／物設置工作如何採取各種策略回應「怎麼做？」的論題；另一方面也希望再次提醒讀者，紀念工作絕不因設置紀念碑／物共識的形成而抵達終點：這些共識是否有可能再度瓦解？特定的共識是否僅取代了舊的統治者之位，卻並未解構過往的權力關係和歧視性的結構？更重要的是，如何在設置工作的前後打開公共對話的途徑？這些正面或負面的例子，都值得我們在台灣執行紀念碑／物設置工作時，不斷地自問且批判地檢視。

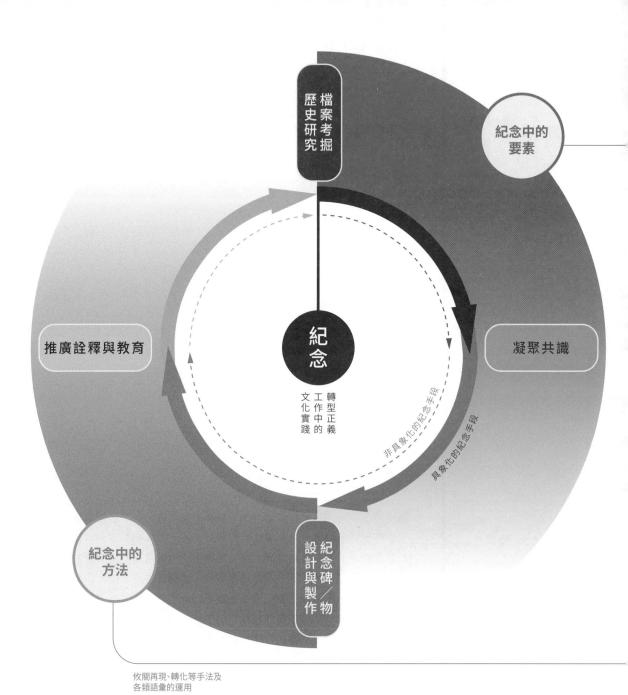

歷史研究　檔案考掘

紀念中的要素

推廣詮釋與教育

紀念

文化實踐　轉型正義工作中的

非具象化的紀念手段

具象化的紀念手段

凝聚共識

紀念中的方法

紀念碑／物　設計與製作

攸關再現、轉化等手法及
各類語彙的運用

第一部〈轉型之長路〉，依時序引介德國自帝國時期至 2000 年代初期的紀念工作、發展、演變及其後續影響，超過半個世紀的轉型正義之文化實踐，留下諸多紀念物，也引發了對於紀念方式不足、缺失的爭辯。 在第二部〈記得的方法〉中，以紀念的語彙與紀念的政治，在實際紀念工作上發生的交互關係為主軸，探究紀念政治透過紀念語彙所傳達、產生的效用，也回探第一部中的缺失或未竟之難，如何透過不同的紀念方式 調整而回應。

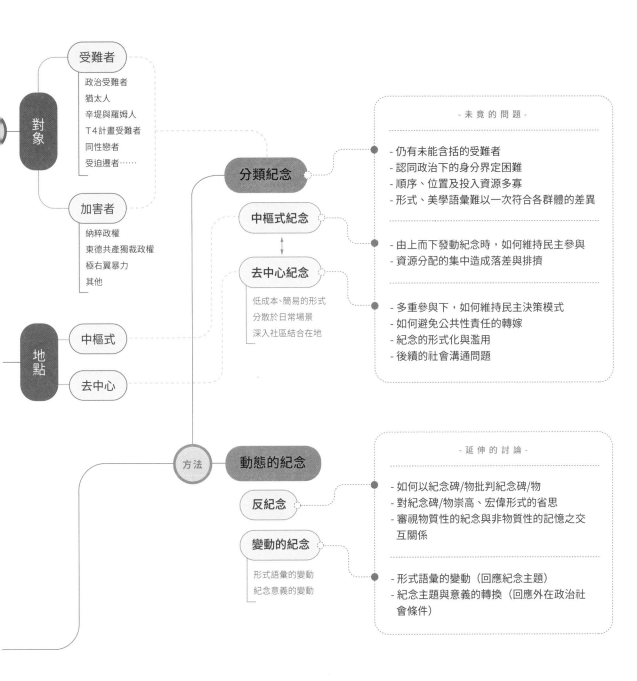

對象

受難者
政治受難者
猶太人
辛堤與羅姆人
T4計畫受難者
同性戀者
受迫遷者……

加害者
納粹政權
東德共產獨裁政權
極右翼暴力
其他

地點
中樞式
去中心

方法

分類紀念

中樞式紀念

去中心紀念
低成本、簡易的形式
分散於日常場景
深入社區結合在地

- 未 竟 的 問 題 -

- 仍有未能含括的受難者
- 認同政治下的身分界定困難
- 順序、位置及投入資源多寡
- 形式、美學語彙難以一次符合各群體的差異

- 由上而下發動紀念時，如何維持民主參與
- 資源分配的集中造成落差與排擠

- 多重參與下，如何維持民主決策模式
- 如何避免公共性責任的轉嫁
- 紀念的形式化與濫用
- 後續的社會溝通問題

動態的紀念

反紀念

變動的紀念
形式語彙的變動
紀念意義的變動

- 延 伸 的 討 論 -

- 如何以紀念碑/物批判紀念碑/物
- 對紀念碑/物崇高、宏偉形式的省思
- 審視物質性的紀念與非物質性的記憶之交互關係

- 形式語彙的變動（回應紀念主題）
- 紀念主題與意義的轉換（回應外在政治社會條件）

# 第一章

# 紀念的分類與否？

# 中樞紀念碑之紀念群體

| 群體 | | | | |
|---|---|---|---|---|
| 猶太人 | 1988 | 蕾雅・羅許與歷史學者埃伯哈德・耶克爾主導成立倡議團體「觀點柏林」，促進〈歐洲被害猶太人紀念碑〉的設置 | 2005 | 〈歐洲被害猶太人紀念碑〉揭幕 |
| 同志 | 1993 | 「紀念納粹時期同志受難者」倡議組織成立 | 2008 | 〈納粹時期受迫害同志紀念碑〉揭幕 |
| 辛堤與羅姆人 | 1989 | 辛提與羅姆人中央委員會以與「觀點柏林」相同格式刊登聲明，反對僅針對單一受難者群體的紀念，呼籲紀念碑的建立不應將對象分級且排除 | 2012 | 〈納粹時期歐洲受迫害辛堤與羅姆人紀念碑〉揭幕 |
| | | | 2020-2021 | 新建的城市快鐵 S21 號線預計穿越此處，工程可能帶來的影響引起各界疑慮，進而引發抗爭 |
| T4 計畫受難者 | 2007 | 「Ｔ４圓桌」在「恐怖地誌基金會」的計畫與邀請之下首度舉辦後定期聚會，就「安樂死」謀殺受難者紀念的議題進行討論，於倡議立碑的過程中扮演重要角色 | 2014 | 〈致納粹「安樂死」謀殺受難者紀念與資訊地〉揭幕 |
| 德國共產主義暴政受害者 | 2019 | 德國國會決議為德國共產主義暴政的受害者豎立一座中央紀念碑，是繼猶太、同志、辛堤羅姆人、Ｔ４計畫安樂死紀念碑後，第五個將以中樞紀念碑紀念的群體 | | |

構成紀念碑的非實體要素之中，最重要的一項無非是紀念的對象。

所謂紀念對象，除了依血緣、文化、性別與政治傾向等特質可被區分為不同族群，同時還有全稱式的紀念與個別紀念的差異，有時亦包含了匿名的紀念，譬如某些無名受難者紀念碑，將紀念的對象導向事件。紀念對象的不同，以微觀層面來說，不僅可能影響個別紀念碑的材質、形式選擇，也使紀念碑的意義有明顯的不同；宏觀層面而言，在紀念對象的選擇上，不僅含有重大的政治意義，亦可能改變整體的歷史詮釋。

二次世界大戰結束後，關於「誰是受難者？」的辯論便已開始。

西邊的盟國占領區視猶太人為主要的納粹政權受難者。一九五三年制定的《聯邦賠償法》中，看似對「有權請求賠償者」（也就是「受迫害者」）的範圍，相較於東邊的蘇聯占領區，認定標準較為寬鬆，凡因種族、政治、宗教或世界觀等原因受難者皆是。[1]但實際上的認定，卻比《賠償法》所述要收窄許多。譬如一九五六年聯邦法院就裁定，辛堤與羅姆人是自一九四三年三月起才因種族原因受到迫害[2]，於此之前的搜捕，被認定屬安全警察或出於軍事動機的秩序維持措施。這樣的規定雖然在一九六三年被取消，然而因為曾將納粹對於辛堤與羅姆人的暴力界定為必要的治安施為，在統治機關中的結構性歧視仍持續存在（Hockerts, 2013: 15-22）。

另一方面，蘇聯占領區內認定的受難者，最初僅為特定的政治犯或長期受關押的集中營囚犯，亦即以共黨分子、無產階級組織以及工會成員等人為主。一九四五年七月一日的《德意志人民報》則提及，即便數百萬流離失所、或被強迫推上戰場，因希特勒罪惡的戰爭而失去生命者、猶太人或各種因種族主義之妄想而遭迫害者、聖經研究者或怠工者等，皆可算是「法西斯主義受難者」，但是「法西斯主義受難者」的概念卻不應推到這麼寬，因為這些人雖然忍受了一切、遭受了困難，卻未起而鬥爭（Reuter & Hansel, 1997: 80-81）。此種說法意味著，界定受難者與否可分為兩種概念，一是以納粹政權所遂行的犯行來定義受難者，另一種則以是否主動起而抗爭來認定受難者，而東德政權選擇後者。

然而在一九四五年秋，在萊比錫的一場法西斯受難者委員會大會，開始了一場關於受難者界定的論辯。會議最終將許多過去未被認可的族群都納入受難者之中，但卻設下了重重限制，譬如：猶太人若是德猶混血或「非法」

締結婚姻下的子女，除非特例才能被認可；逃兵或違背軍紀者，必須是在終戰前六個月的案例；辛堤與羅姆人則需要有固定居所或工作證明，才能受到認可（Reuter & Hansel, 1997: 81-86）。這不僅如盟國占領區一樣反映了結構性歧視猶存，更從中顯示出不同族群遭歧視的要素所在。

總結下來，還有更多無分位處東德或西德，在戰後初期難以得到平反的群體，舉凡辛堤與羅姆人、同志、「Ｔ４計畫」安樂死或強制絕育的受難者、逃兵／削弱國防力量者（譬如失敗主義言論）以及反社會無工作者等，都經常被排除在受難者行列之外（Musial, 2015: 64-65）。在東德，有時連猶太人亦遭排除。

須注意的是，一開始的受難者認定往往與補償相關，尚非擴及紀念工作，但這些思想及法令卻影響了社會對於特定族群的看法，並且連帶影響了之後的紀念工作。


## 紀念的落差

在新歷史運動之後，民間考掘歷史的工作普遍擴散，「受難者是誰？」這個提問，再次隨著紀念工作的推行，成為不可迴避之問題。

| 1-4-1 |　如前所述，有別於一九八〇年代行動博物館協會以確立加害者為紀念工作之核心，或者是各地歷史工作坊聚焦於社區、在地事件的考掘，倡議團體「觀點柏林」選擇以凸顯單一受難者群體的紀念取徑，呼籲專為百萬受害的猶太人建立紀念碑。率先對此提出異議的，是德國辛堤與羅姆人中央委員會，他們公開表示，種族大屠殺的概念不單僅適用於猶太人，也同樣發生在被屠殺了五十萬的辛堤、羅姆人以及其他族群身上，紀念碑的設置不該分級或排除特定受難者族群，畢竟，分級與排除正是納粹的策略和手段。這樣的號召，恰好呼應了早年蘇聯占領區排除對猶太人的受難者認定時，蘇聯占領區內有識之士的呼籲。曾被關押於集中營的海因茨·布蘭特[3]早在一九四五年即呼籲，政府不可能一面反對納粹意識形態、滅絕猶太族群，卻又一面聲稱猶太並非受難者（Reuter & Hansel, 1997: 82-83）。

回到一九八〇年代，當時之所以出現辛提與羅姆人中央委員會的有力呼

籲，可追溯至七○年代末辛堤與羅姆人的民權運動。當時辛堤與羅姆人積極藉運動來改變公眾對該群體的理解，包括對於他們在滅絕歷史中的邊緣地位，以及紀念場域裡的不可見。一九七九年十月廿七日，辛堤與羅姆人團體於前貝爾根－貝爾森集中營舊址，紀念歐洲五十萬名辛堤與羅姆人的種族滅絕苦難，隔年更於前達浩集中營進行絕食抗議行動，訴求包含正式承認納粹政權對少數族裔的種族滅絕，並追溯加害者責任。有了這些集結，才促成一九八二年辛堤與羅姆人中央委員會的成立，以及後續聯邦總理赫爾穆特·施密特對於納粹對辛堤、羅姆人的種族屠殺罪行之承認。

一九八五年五月八日，時任聯邦總統馮·魏茨澤克於德國國會著名的終戰日演說之中，先是表示：「今天我們在哀傷中紀念所有在戰爭和暴政中死去的人」[4]，接著旋即提及各種應受紀念的對象：除了「集中營裡被謀殺的六百萬猶太人」，還包括戰爭中受難的蘇聯、波蘭人民及德國人民與士兵，此外更提及「被謀殺的辛提人和羅姆人」、「被殺害的同性戀者」、「被殺害的精神疾病患者」，以及為了宗教或政治信仰的死難者、被槍殺的人質等，並認為紀念應擴及「所有被德國占領的國家裡的抵抗運動受難者」以及「德國抵抗運動、公民、軍事與信仰相關的、工人群體以及工會的抵抗運動，以及共產主義者的抵抗之下的受難者們」。

馮·魏茨澤克的演講，在當時具有兩面意義，一是以聯邦總統的地位追認許多過往未受認可的受難者地位與事實，甚至擴及受汙名化的群體，以及當時仍在冷戰態勢下政治意識形態相左之群體；另一方面，受難者的概念正式因官方層次的發表，不僅與賠償工作與究責追溯等相關，亦正式與紀念工作相連。

若說民間而起的「新歷史運動」是追求紀念地點的去中心化，將紀念擴展到被遺忘的現地，那麼這些由不同群體發起的紀念對象倡議，即是紀念對象的去中心化，將所謂的「紀念」擴展到被遺忘的受難者族群身上。


## 被指認的焦慮？無止盡的紀念分類？

一九九二年，儘管對紀念是否該分類的論爭仍未休止——辛堤與羅姆人中央委員會支持一座涵蓋所有受難族群的紀念碑，而成立「觀點柏林」的蕾雅·羅許則傾向各種分類的紀念（Richter, 1999: 97-98），最終，聯邦與

Author : Marko Priske / Courtesy of Stiftung Denkmal

Author : Marko Priske / Courtesy of Stiftung Denkmal

粹時期受迫害同志紀念碑〉第三版影
由錄像藝術家雅葉．芭塔娜製作。此
納入男女同志的接吻，也搭配許多歷
的同志照片、同志遭迫害的場景或者
檔案為背景。

| 1-4-1 |

柏林市決議探以「分類」方式紀念。官方首先確定了對於「歐洲被害猶太
人紀念碑促進協會」的財務資助，聯邦更承諾提供「內閣花園」為設碑地
點。這個舉措，也確立了聯邦政府選擇以分類紀念的方式，做為將來官方
設立的中樞紀念碑之準則——即便一九九九年的聯邦國會決議文以及後續
「歐洲被害猶太人紀念碑基金會」的章程中，都明確載有「德意志聯邦共
和國仍然有義務，崇敬地紀念納粹主義下的其他受害者」[5]，以明文確保
各受難者團體都應受到紀念，但當我們細探其先後順序、經費的投入以及
規模形制，仍不免感受到意義上的落差。

二〇〇五年〈歐洲被害猶太人紀念碑〉落成之後，下一個由歐洲被害猶太
人紀念碑基金會推動並完成的中樞紀念碑是〈納粹時期受迫害同志紀念
碑〉。

一九九三年時，「紀念納粹時期同志受難者」倡議組織成立，其中包括「德
國女同志與男同志協會」在內的同志團體及在運動中活躍的個人。而當時
推動猶太受難者及辛堤、羅姆人受難者立碑紀念的意見領袖，包括蕾雅·
羅許、羅曼尼·羅斯等，也都支持這項議題並連署簽名。

這個關於同志受難者紀念碑的創設過程，同時也正是同志爭取權利的歷
史。紀念同志受難者倡議組織成立後的隔年六月十一日，聯邦國會終於作
成決議，廢除過去將男子同性間性行為視為犯罪的《刑法》第一七五
條——也就是惡名昭彰的所謂「同志條款」。刑一七五這條法律，在納粹
時期不僅被擴大解釋，也加重刑責[6]，令人感到不解與羞愧的是，即便在

二戰終戰、納粹政權受到審判與譴責之後，刑一七五卻始終存在於德國的法律中。二〇〇二年，納粹時期因此遭難的受難者，終於得以在法律上恢復名譽及權利；隔年，國會決議建造納粹時期受難同志的紀念碑（Lesben- und Schwulenverband e. V., 2008）。此後經二〇〇五至〇六年的競圖，藝術家雙人組艾默格林與德拉塞特[7]獲選，並在〇八年完工揭幕。然而紀念依然來得過晚，最後一位倖存於納粹集中營的同志受難者皮埃爾‧塞爾，已於二〇〇五年十一月與世長辭（Von Graevenitz, 2008）。

雙人組艾默格林與德拉塞特以多媒材的空間裝置，活躍於當代視覺藝術領域，擅長將作品融合於裝置現場的空間中，並多採以現成物為材料，於日常空間中創造出突然的隙縫。在這座紀念碑的設計上，他們採用了隔鄰的〈歐洲被害猶太人紀念碑〉的方碑形式，差別在於尺寸（此碑高三‧六公尺、寬一‧九公尺）與傾斜的角度。此外，方碑腰身在約莫成人臉部高度開了一個洞，若湊近洞口一看，會見到裡面循環播放同志情侶親吻的影片。影片最初版本約五分鐘長，以中景半身的鏡位對準畫面中的二人，自始至尾大部分皆為親吻的動作，其餘則是吻與吻之間的對視、廝磨和耳語。情慾滿溢的影像畫面，與灰色水泥製的方碑、黑白無聲的影片形式，形成強烈的對比。根據藝術家的設定，內部的接吻錄像作品應每兩年舉辦徵件替換。

而這座碑即使設立得如此晚近，亦晚於〈歐洲被害猶太人紀念碑〉，仍自始便成為攻擊的對象，甚至持續至今。揭幕儀式上，「德國女同志與男同志協會」的主席鈞特‧德渥瑞克便已直言，這座紀念碑將會激起反感，因為許多人認為同志的存在即是一種冒犯。他表示，即便是今日，同志在公共場所接吻仍可能是危險的，對於暴力分子來說，光是見到一對同性伴侶，就足以使他們發動殘酷的攻擊。德渥瑞克舉了數據佐證：根據二〇〇七年的一項學術調查，三分之一的德國人認為同志接吻很噁心。因此，德渥瑞克視此紀念碑為一道強烈的訊號，在當下傳遞出支持尊重、反仇恨的訊息（Dworek, 2008）。

除了對保守派、極右翼來說，方碑內的親吻影片無可忍受，同志群體內部也對這部影片有不同的聲音。在競圖的準備階段和過程中，「德國女同志與男同志協會」就已點出，雖然納粹時期對於男同志與女同志有處置方式上的差異，[8]然而紀念碑的設計仍應避免在兩個群體間造成差異。影片最初版內容皆為男男接吻，使得該協會與重要的女權主義媒體《艾瑪》皆一

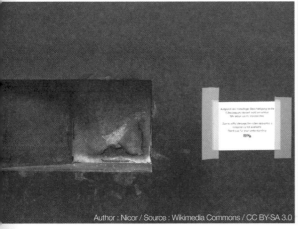

（左）〈納粹時期受迫害同志紀念碑〉常遭破壞，特別是播放影像的小窗。此為揭幕後同年內遭受破壞的紀錄。

（右）〈納粹時期受迫害同志紀念碑〉第一版影像。畫面左側的演員吉姆・林維爾後來遭遊客偶然揭發，雖然林維爾身為同志，卻在丹麥公開多次發表種族主義、性別歧視和恐同言論，並且加入右翼民粹主義政黨丹麥人民黨。由於藝術家製作影片的時間點，林維爾尚未公開發表這些言論或於媒體前露臉，故兩位藝術家皆不知悉此事，也在事件揭發後表達對恐同、歧視言論的不認同。

度批判此設計。當時（二〇〇六年九月）為此爭議所舉辦的討論會上，協會認為計畫草案中，女同志確實有遭受排除之感，而女同群體不應在此碑的內容中隱形，僅存在旁設的附加信息中；女同必須是作品的組成元素之一。協會表達了對藝術家創作自由的尊重，但其呼籲亦是政治上的必然之舉，且主要針對握有決策權的審查委員會，另外他們也呼籲文化國務部長、藝術家及柏林市府，將協會訴求納入討論並做出改變（Lesben- und Schwulenverband, 2006）。「艾默格林與德拉塞特」對此聲明回應表示「肖像並非再現」，表明並非排除女同群體乃至於跨性別群體，並認為難以強求藝術家所創作的象徵涵括各個群體。

最終，這座紀念碑的原初設計並未受到改動，但是後續替換的影片中，則陸續納入了不同性向與性別認同者的接吻畫面，以作為解決方案。這項設碑爭議十足顯示了紀念碑製作與視覺藝術創作之間的差異，也就是兩種藝術概念（委託製作藝術與自主藝術）之間的衝突，另外也顯見受難者群體對於受到（／未受到）指涉之在乎程度，確實已達頂峰。只要不是明確有形的現身，各個族群皆不免有被遺忘的焦慮存在。這並非負面的現象，因為這些受紀念的群體，無一不是承受了多年的苦難，並且或仍抵抗著持續的汙名。但視覺藝術語彙中的聯想、開放詮釋或提煉、純化象徵意義的模式，確實在回應受難者群體的政治訴求時，顯得捉襟見肘。然而，這並不意味藝術家並無此意識，實際上，「艾默格林與德拉塞特」採以〈歐洲被害猶太人紀念碑〉之方碑形式作為此碑的基礎，除了是雙人組經常運用的現成物手法，他們也認為，這是同志群體處境之再現——總是不得不接受既有的公共空間，並再以自身的觀點重新定義並拓展之。[9]這個說法，一

方面影射自十九世紀起，同志族群就已將現今紀念碑所在位蒂爾花園作為祕密的聚會點，也無意間暗示了受迫害同志紀念碑，或許無非也只能在為〈歐洲被害猶太人紀念碑〉設計好的架構之下行事。

## 波折的〈辛堤與羅姆人紀念碑〉

彷彿與其「受難者」身分認定同樣坎坷，〈納粹時期歐洲受迫害辛堤與羅姆人紀念碑〉（下稱〈辛堤與羅姆人紀念碑〉）的設置也一波三折。位於柏林市中央地帶的政府機關區的〈辛堤與羅姆人紀念碑〉，是繼對猶太人以及同志族群設立紀念碑後，第三座由聯邦所設的中樞紀念碑。然而，自一九九二年四月廿四日聯邦政府決議立碑起，直至二〇一二年十月揭幕，共經歷了超過廿年的政治論爭。

從決議設碑起，程序上便存有「排除」的瑕疵。如前文所述，無論國會決議文及「歐洲被害猶太人紀念碑基金會」章程對不同群體紀念的保證，但組成基金會時，卻未包含辛堤與羅姆人的代表。[10]法條中明訂，基金會的目標包括確保對「納粹下所有的受難者」的紀念、追悼，並管理辛堤與羅姆人及同志受難者的紀念碑，但董事會席次的規定中卻不包含上述群體，便形成了一個弔詭的狀態：紀念碑的決策和管理過程，竟無受難者群體的參與。類似的情形，也發生在另外一個專責對納粹時期強迫勞動的受難者進行賠償的「記憶、責任與未來基金會」，初始雖有各國代表，但沒有國家實體的辛堤與羅姆人，卻無法在董事會之中擁有席位。[11]這樣的事例顯然是將國族分類作為歷史反省、處置與轉型工作中依據的極大缺失之一。

| 1-4-1 |

回到九〇年代，聯邦政府為辛堤與羅姆人立碑的決定，實際上並未經過國會的議決；此外，當時柏林市政府雖許諾提供設碑地點，卻是一項非正式決議。為了避免重蹈〈歐洲被害猶太人紀念碑〉徵件時的混亂，這次並未公開徵件，而是在一九九六年時由德國辛堤與羅姆人中央委員會直接徵詢他們所屬意的、出身以色列的雕刻家丹尼‧卡拉凡負責製作。然而，即使迴避了徵選程序，爭議仍未因此減少。首先在選址上就出現分歧。一開始預計的地點是國會大廈南側蒂爾花園的一角，儘管有文化國務部長瑙曼的支持，時任柏林市長迪普根所屬的基督民主黨卻不樂意見此碑設於市中心，認為市中心不應成為「紀念群集大道」，一度欲將此碑移至郊區（Longerich, 2012）。對此，民間也有相應行動，包括辛堤與羅姆人團體

〈納粹時期歐洲受迫害辛堤與羅姆人紀念碑〉的地磚上，刻有當年辛堤與羅姆人遭遭送的集中營名字、遭處死的地點或發現集體屍塚之處。

以及國際人權聯盟等團體，於一九九六至二〇〇〇年間，五度於蒂爾花園預計為設碑處的林中空地，邀請民眾各自攜帶一塊石頭——主辦方稱之為「阻礙之石」——來到現場，一同將木製的牌匾撐起，以臨時紀念碑的形式進行象徵性的立碑行動（Ausschuss Sinti and Roma, 2000）。

直到二〇〇三年，聯邦政府確認將負擔經費，由柏林市府提供土地，並預計於隔年開工（Mellmann, 2003; Gessler, 2003）。看似終將塵埃落定，下一輪論爭卻正要開始。不陌生地，這個論爭再次地攸關分類：德國辛堤人聯盟時任主席娜塔夏·溫特認為，應採用「茨岡人」（亦即英語中的「吉普賽人」之意）為紀念碑的名稱，因為「辛堤與羅姆人」並不足以代表所有過去被泛稱為吉普賽人的群體。確實，納粹政權迫害的並不僅辛堤與羅姆人，即便今日已或多或少將此稱呼做為大多數遷徙民族的代稱，但除了族群的差異，當時的納粹文件中也還有其他的表述。然而，對於包括辛堤與羅姆人中央委員會在內的各團體而言，溫特提議的「茨岡人」，正是納粹主義中帶有貶意的辭彙，當年納粹政權將此詞納入各種族法案中，以醜化、汙名化、進而將辛堤與羅姆人群體入罪，所以各團體皆難以接受將此詞彙概念用於紀念上。爭論一直持續到二〇〇八年前後，多方才同意採以科隆納粹檔案中心的學者卡蘿拉·芬斯及慕尼黑的當代史研究中心共同制定的年表，作為補充。目前年表亦屬紀念碑設施的一部分，引言部分提及：

> 在納粹的統治下，一九三三年至一九四五年間，在德國和其他
> 歐洲國家有數十萬人被當作「茨岡人」迫害。他們中的大多

數人依其於不同的群體的歸屬而有各自的稱呼，例如辛堤人、
羅姆人、拉萊里人、洛瓦拉人或馬努什人。而在歐洲最大的群
體屬辛提人和羅姆人。

後面則又補充道：

獨立的受害者團體葉尼緒人之成員，和其他邊徙民族，也受到
迫害。[12]

經過長年的爭持與討論，最終的紀念碑方案由卡拉凡帶領團隊完成。這位
藝術家擅長結合當地的地景，並運用自然的素材或能量（如水、沙或風）
為創作元素。紀念碑為圓形的水池，在藝術家的設計下，池底材質與水的
結合，使之既深邃又透澈地反射周遭風景。中央則有一塊可升降的黑色三
角石碑，是集中營裡「茨岡人」的標記，石碑上每日會更換一朵鮮花，是
對受難者的致意。水泉外圈則刻上了義大利詩人史皮尼利的詩〈奧許維
茲〉，地上則埋有許多看似碎裂地磚的石塊，上頭刻有當年辛堤與羅姆人
遭遣送的集中營名字、遭處死的地點或發現集體屍塚之處。除了水池裝置
與年表碑文，周邊亦有裝置持續放送出聲響效果，是音樂家羅梅歐・弗蘭
茨以辛堤傳統唱頌音調為基礎所創作。整個紀念碑現地本就位於林中的一
隅，加上低迴的聲響，創造出深沉而適於哀悼的氛圍。

雖然在製作過程中，藝術家亦與柏林市執行單位產生了衝突，但爭議點多
聚焦在藝術製作的材質以及施作的要求。在此，偏向傳統雕塑的藝術產製，
似乎在紀念碑製作的範疇中，與當代所需回應的政治問題產生隔閡，亦即，
卡拉凡的製作能觸及的至多也就是在感官上的細節調控，但現實政治裡真
正關心的重點、爭議的核心，卻僅能以碑文之改動來回應。這是在這座碑
的設置過程中，不免令人感到遺憾的地方。


## 邊緣的安樂死受難者紀念

目前聯邦政府最新設立的中樞紀念碑，是〈致納粹「安樂死」謀殺受難者
紀念與資訊地〉。

納粹時期，針對遺傳性或後天精神、生理殘疾，或甚至是遭判定為反社會

的人，進行大規模的謀殺。在納粹「優生學」思想當中，這些群體不僅僅是在種族淨化政策上不正確，更被判定為「經濟上價值低落」，是「無價值之生命」。

「安樂死」原文在希臘語中有「美的、好的死亡」之意，但在這個脈絡下卻可能導致不正確的誤解，畢竟這些受難者並非在自主意願下、也非出於憐憫而受到殺害；另一方面，與「茨岡人」類同，這是納粹思想下的用語，故除非是研究需求或是現行用語無法涵蓋到，否則在戰後多改以該大規模屠殺計畫的發起源頭——蒂爾花園街 4 號宅邸——來稱呼此項大屠殺為「Ｔ４」行動的受難者（Langer, 2015b: 223-225; Stiftung Denkmal für die ermordeten Juden Europas; Loose）。

對這個群體的謀殺，還要早於針對辛堤與羅姆人及猶太族群，自一九三九年起即有納粹軍官於德東新占區和東歐諸國屠殺精神病患或者送入毒氣室（Neumärker & Baumann, 2013: 10-11）。甚至可以說，整個納粹法西斯的種族思想，正是根植於此擅對人類生命進行價值分類判斷的理論中。而集中營中以大規模毒氣毒殺的技術，更是先於這些「病患」身上進行了測試，而後才被應用於大規模滅絕設施之中。「安樂死」政策以及隨後有計畫的「Ｔ４」行動，總共在一九三九至四五年之間，取走了至少約廿萬人命，其中包含了「Ｔ４」行動實際執行期間一九三九至四一年間，約七萬名的受難者，此外，更有超過三十五萬人被強制絕育，其中占最大多數的是療養、護理機構的院民。[13]

戰後未多久，一九五三年雕塑家安東・克拉姆斯受威斯巴登地方政府委託，在哈達瑪爾的精神疾病療養機構主樓（今日紀念館的五號樓）製作一塊浮雕，浮雕上寫有「1941~1945」以及「紀念」二字，背後則有藝術家的手寫字跡「哈達瑪爾療養設施紀念碑」。浮雕呈現了一側身彎腰者，在他前方則是一只燃燒的火盆，是早期的紀念碑／物中經常使用的意象。雖未明確說明致敬的對象，但依據設碑地點以及年分，顯然是紀念一九四一年至四五年間，哈達瑪爾設有滅絕設施時，於此地喪命的納粹「Ｔ４」行動受難者。這塊浮雕可說是最早由公部門所發起，針對「Ｔ４」行動受難者所設的紀念碑（Endlich, 2000: 314-315; Lilienthal）。

而後，一九六四年黑森－拿紹當地教區與主席牧師馬丁・尼穆勒[14]則發起重整機構所屬的墓地，[15]並加上長條狀中央帶有溝槽的雕塑紀念碑，告慰

Source : LWV-Archiv, F 100, unverz.

Source : Berliner Geschichtswerkstatt

亡者。這些墓地在納粹時期，為了不啟人疑竇，由機構自身設置並處理了大部分的屍體，於上方偽裝成個別墓地的狀態，然而底下掩埋的，實則為多個遺體聚集的墓塚。總計喪命於此機構的人數，約有一萬五千人之眾，當中甚至包含了一半為猶太或者是辛堤、羅姆人雙親的孩童，於此地被注射毒物遭「安樂死」。

（左）馬丁·尼穆勒牧師與 1964 年設立的紀念碑。
（右）1987 年拖行經過愛樂廳前的「移動博物館」。

## 多重的掩蓋

但是，在納粹政權過去的政治核心柏林，卻一直缺乏此類受害者相關紀念物的設置。「Ｔ４計畫」當中的「Ｔ４」是「蒂爾花園街４號」的縮寫，是一間落在柏林的別墅宅邸地址，在納粹時期，它是「治療與院內護理慈善基金會」總部的所在地。「Ｔ４計畫」即在這個宅邸內被制定出來，且藉著「治療與院內護理慈善基金」之名，包括哈達瑪在內位於貝恩堡、布蘭登堡、格拉芬埃克、哈特海姆和松嫩施泰因的精神疾病療養機構，皆被改為滅絕設施。這些被判定為「無生存價值者」，先被集中至多個中途機構[16]，再一一運送至滅絕機構做最終處置。這些過程中皆以各種名義掩護，也因此「Ｔ４計畫」受難者，除了在社會中或家族裡因汙名化而相對邊緣，致使他們難以為自身發聲，也因為這些過去行動上的掩蓋，更使歷史處置難以遂行或得到支持與認同。

除了這些阻礙，一項文化建設計畫，更為「Ｔ４」行動受難者的紀念加上難度。曾在一九四五年為「法西斯主義受難者紀念日」設計巨幅布景的建

| 1-1-2 |

築師漢斯‧夏隆在一九五七、五八年之際參與競圖，而後完成的新音樂廳——也就是柏林愛樂廳——成為「文化論壇」計畫下的一環，與東柏林的博物館島分庭抗禮。不巧的是，這座紀念廳的用地正位於蒂爾花園街4號宅邸的舊址上。[17]雖然沒有證據能夠顯示，夏隆是否對於4號宅邸的歷史知情，但柏林愛樂廳所取得的成功與名聲，無庸置疑地大大蓋過了「T4」行動的幽暗歷史。

| 1-3-1 | 如此，直到一九八七年，柏林歷史工作坊與數個民間團體共同於柏林愛樂廳現址前，以「移動博物館」形式舉辦紀念活動和展覽，促使政府正視此歷史、立碑紀念。隔年，柏林市府將原本放置於馬丁－葛羅皮烏斯展覽館前的理查‧塞拉的雕塑作品〈柏林匯聚〉移設於愛樂廳前，做為納粹安樂死紀念碑，以此回應民間的訴求。然而，塞拉本人並未針對此議題創作，再者，此作形式語言也完全是藝術家慣有的樣態，因此在紀念碑揭幕後，招致民間團體劇烈抨擊。一九八九年，市政府為此再委託藝術家佛克‧巴契設計一塊紀念牌，鑲嵌於塞拉的雕塑前方，並委請「移動博物館」團隊審訂碑文，以此紀念「安樂死」受難者。但因為塞拉的雕塑作品的樣式近似愛樂廳的弧形，一直以來，這件市政府方認定的紀念碑，更像是一件公共藝術作品。

Author : Marko Priske / Courtesy of Stiftung Denkmal

Author : A.fiedler / Source : Wikimedia Commons / CC BY-SA 3.0

Author : A.fiedler / Source : Wikimedia Commons / CC BY-SA 3.0

（上）〈致納粹「安樂死」謀殺受難者紀念與資訊地〉帶水藍色有阻隔視覺效果的透明玻璃。

（中、下）紀念碑全景，及其上設的影音及點字等介面。

二〇〇七年，在「恐怖地誌基金會」的計畫與邀請之下，許多對此議題有興趣的人們，定期於基金會所在的檔案中心聚會，隨後，倡議團體「Ｔ４圓桌」就在民眾、相關協會、研究團隊與政治人物、紀念館方的代表等人（包括主管中樞紀念碑的歐洲被害猶太人紀念碑基金會）的參與下組成，其目標設定是，將眾人對於當前紀念碑狀態的不滿，轉為發想出合宜的紀念碑概念的基礎。

在眾人皆滿意的紀念碑成功設立之前，紀念工作並未真正停擺。這段時間，許多大小團隊開始實行不同的計畫，先是二〇〇七年「藍色駱駝聯盟」（柏林的殘疾人行動聯盟）、平等福利聯合會及克諾伯斯朵夫學校的青年學生團隊合作，藉測量實習機會，在愛樂廳前地上標出蒂爾花園４號宅邸門面入口處的地基範圍（Bartels, 2007）；接著則有設計師羅尼・郭爾茲設於愛樂廳前公車候車亭上的資訊展牌；批判紀念碑形式的克尼茲以及霍海塞爾雙人組則再度攜手合作，其〈灰巴士紀念碑〉在二〇〇八年時巡迴至愛樂廳之前；「恐怖地誌基金會」也在這一年，於愛樂廳前補設了一塊紀念牌，說明「Ｔ４」行動的歷史。二〇〇九年則在恐怖地誌基金會和歐洲被害猶太人紀念碑基金會的合作下，共同舉辦「歷史地段蒂爾花園街４號的應對處置」研討會，會後訴求市府與聯邦應於「文化論壇」總體規畫整建的架構下舉辦競圖，於該地設立檔案與紀念之地。

| 2-3-2 |

二〇一一年十一月十日，德國國會拍板決議在於柏林愛樂廳前，為「Ｔ４」行動的「納粹安樂死受難者」興建一座紀念碑。雖然蒂爾花園街４號宅邸已有部分位於愛樂廳建築底下，但這已是目前所有聯邦層級中樞紀念碑裡，唯一直接於該事件相關的歷史現場設置紀念者。經歷過去幾次中樞紀念碑興建的經驗，這次的立碑自國會提案之初，即要求必須使歷史場所可見，亦應教育和告知相關地點、受難者、罪行和加害者身分（Deutscher Bundestag 17. Wahlperiode, 2011: 4）。由「Ｔ４圓桌」所參與制訂的公開徵件文件中註明的競圖要求，則是以兼顧紀念功能與資訊、文獻的呈現為考量，這也連帶影響了競圖提案的形式。由於過去同志受難者以及辛堤與羅姆人紀念碑的經驗裡，總有成品不足以回應紀念與歷史內容多面向要求的狀況，而這次的「Ｔ４」受難者群體更是涵蓋廣泛——從患有精神疾病、生理和精神殘疾者、因遺傳性疾病遭受強制絕育者（以及因此喪生者）與受到汙名化為「反社會」「低價值」者（酗酒者即在此列），甚至還包括了兒童——，如何對這樣繁複的受難群體進行精準的詮釋與資訊的傳達，是徵件工作上的難題。

競圖最後中選的提案，來自建築師威爾姆絲、景觀設計師哈爾曼和藝術家柯琉希斯所組成的團隊，完成的作品帶著「紀念與資訊地」之名，確實很好地結合了團隊中三名成員的專業。場地的中央橫貫著一塊水藍色的透明玻璃，不帶任何文字或其餘的裝飾，僅以材質本身給觀眾脆弱易損或者視覺效果上的隔閡。玻璃的兩側各有兩塊長條的深色混凝土塊，其中一塊不帶任何其他元素，但可供民眾暫坐休息；另一塊則裝配有經過特別設計的影音文字內容，且因為受難者群體的特殊需求，不僅高度設計顧及輪椅使用者，資訊也各配有點字、聲響或者是簡化語言等。除了兼顧資訊的完整性之外，過去三座聯邦層級中樞紀念碑幾乎未曾友善身障者的使用，因此，像〈致納粹「安樂死」謀殺受難者紀念與資訊地〉這麼考慮到共融效果的紀念碑，是過去至今少有的。

## 認異下的共生

即使在此四座中樞紀念碑之後，聯邦層級對於各類受難者群體的紀念工作仍未有中止。下一個即將揭幕的中樞紀念碑，是為德國共產主義暴政的受害者所設置的紀念碑。

在共產黨暴政受難者協會及聯邦處理德國社會主義統一黨獨裁政權基金會的共同爭取下，二〇一九年十二月十三日，德國國會決議為德國共產主義暴政的受害者豎立一座中央紀念碑，成為繼猶太、同志、辛堤羅姆人、安樂死紀念碑後，第五個受到中樞紀念碑紀念的群體。[18]實務上，紀念的三要素也已立下：實際的紀念碑、現場訊息的提供和數位檔案，此外也應提供教育和學習材料。在此可以發現，聯邦所設的中樞紀念碑，或已逐漸確立了資訊以及儀式、感性布置的紀念並重的路線。

然而，由國家主導的中樞紀念以及由認同政治的潮流所帶起的分類紀念，終究要面臨其根本的矛盾，亦即，何以不再認同均質同一性，不接受僅將逝者通通放置於同樣的「受難者」名下紀念的各個群體？為何仍期待被總是追求國民一致認同的民族國家權力的合法性認可？再者，致力維護統治權力完整穩定的國家，在對受難者身分一一追認的過程中，或可能掀起各群體之間爭取資源，反而掀起民粹爭鬥的問題？

史學者查理斯‧邁爾即認為，現今趨勢是對於負面事件的紀念多過正面事

件，對受難者的紀念遠大於對加害者的記取，苦難成為珍貴的資產以及重要的象徵資本，這導致受難者身分肯認、受難者階級的競逐，許多受難者群體在其中互相爭奪經濟資源與政治權力。對此，阿萊達・阿斯曼則認為，若以各受難者群體的觀點來看，他們是在被迫的狀況下，必須自我組織以求其訴求被聽見，且依過去的事例來看，若無法撐出能見度、若未執行政治遊說，亦無後續在已固著的記憶及權力形制上進行協調並且開放的機會（Assmann, 2016: 142-144）。

處於執行者的角度，歐洲被害猶太人紀念碑基金會副執行長鮑曼亦認為，以不同形式分別對應不同群體的紀念方式，在今日來看是很適切的。譬如，猶太族群或許認為猶太大屠殺是獨一無二的、具特殊性的罪行；辛堤與羅姆人因其族群的遷徙，而有著特殊的歐洲連帶；同志族群則有內部關於何為迫害之論辯（主要是生理男性被逮捕、關押在集中營，又或是因女同志生活文化亦遭到鎮壓，皆可視為一種迫害）。每個地點、每個不同的日期，都各有其歷史的記憶，而這些都難以用一個集中一致的紀念方式予以總括。[19]

然而，還有什麼能夠維繫今日的我們，使我們依舊是一個能夠互相扶持、互助互信的共同體？曾在柏林圍牆以賓士標誌的旋轉燈取代「梅賽德斯之星」的漢斯・哈克，在德國國會大廈的一件帶有紀念碑性質的計畫〈致住民〉，也許回答了這個共同體問題。

| 1-4-2 |

一九九八年，哈克受邀對國會大廈中庭進行設計。經過兩年的論辯，國會最終通過執行其方案。哈克取樣書於國會大廈正門口處門楣上的「致德意志人民」（DEM DEUTSCHEN VOLKE），依此字體改寫為「致住民」（DER BEVÖLKERUNG），並放大為立體字塊，置於中庭。四周則圈圍成花圃，規則是：每位聯邦國會議員皆受到邀請，從他們的選區帶來一公擔（五十公斤）的土，傾倒於「致住民」花圃之中，議員的名字與選區都會被記錄並公布。而此處的生物群落生態應不受干擾，聽任其自由生長。一座設於上方的監視鏡頭，將每日兩次上傳花圃最新的樣貌到網路上，民眾若有興趣，可以自由查閱該花圃的變化。

儘管在納粹時期，國會並非最重要的權力中樞，然而無法否認的是，從過去的帝國時代直到納粹時期，不論政體是否足夠民主，「德意志人民」皆被視為（或至少象徵性地被視為）構成國家的主體，因此議會的門楣上題

（左）〈致住民〉於 2000 年揭幕時的紀錄。此時各國會議員正要首次將土傾倒於花圃中。

（右）德國國會大廈正門口處門楣上的「致德意志人民」字樣。

有「致德意志人民」──但此處的「人民」，顯然以「德意志」國族為前提，潛在的意涵是，若未符合此條件，即是不屬於這塊土地上的人民，得剝奪其權利，甚至予以驅逐。而晚近直到一九八九年的東德人民和平革命時喊出的類似口號「我們是人民」（Wir sind das Volk），雖意味著還權於人民以及德國的統一，但因為過去「人民」（Volk）一字所蘊含的以血統、出身地及族裔等意涵，「我們是人民」一詞後來也受到極右裔團夥的濫用。當哈克以「住民」一詞替代時，則是以居住、生活的事實，代以國族所繫起的共同體連結──只要有在此生活之事實，其生而為人所固有的權利皆應受到承認。如此一來，即便我們彼此之間有如此多的不同，並傳承著各種不同的歷史記憶，但彼此之間仍舊有在同一塊土地上「共同生活」的願望，就足以將認同各異──無論是文化、族裔、政治意識形態或者性傾向等──的人，串聯在一起。

第二章

紀念發生之地

# 非中樞式紀念碑／牌

## 柏林市歷史紀念標牌計畫

**去中心標牌**

1984 年，為了紀念柏林建城 750 周年，柏林文資保護官赫爾穆特・恩格爾建議製作全西柏林一致的歷史紀念標牌。自 1985 年執行迄今。1987 年時先完成 11 塊，至今累積近 500 塊於全柏林。

Author : OTFW / Source : Wikimedia Commons / CC BY-SA 3.0

## 〈絆腳石〉

**日常介入**

1990 年丹姆尼科的〈希姆萊命令〉設置於科隆市政廳前的磚石鋪面。1994 年在科隆安東尼特教區的神父庫特・皮克鼓勵下，製作了 250 份紀念被謀殺的辛堤與羅姆人的〈絆腳石〉，於教堂展出。

Courtesy of : Karin Richert

## 〈巴伐利亞區的記憶之地〉

**發生於社區**

1988 年舍訥貝格區議會於「11 月反猶暴亂」50 周年紀念時，居民及社民黨地方黨部策畫以「對抗遺忘」為名的臨時紀念碑計畫。此計畫使得「去中心化的紀念」方式之效應得以被看見。右圖為後續設於舍訥貝格區市政廳的常設展《我們曾是鄰居》中的索引卡。

Author : 鄭安齊

## 反法西斯紀念標牌計畫

●83 年十字山區議會「民主與環保的另
名單」黨團提案，異於柏林市標牌的一
化設計，針對不同紀念對象，發展形式
異的方案，獲其他各黨團支持。1985
1990 年，共執行 13 塊紀念標牌（1 塊
故未能執行）。

（左、右）Author：鄭安齊

●95 年丹姆尼科在未申請許可的情形
，於科隆市區試驗性的首度鋪設〈絆腳
〉。2000 年 7 月首次合法設置〈絆腳
〉，鋪設於柏林市瑙寧街 46 號前。

●91 年，由柏林市府及舍訥貝格區共同
辦公開藝術徵件。1993 年〈巴伐利亞
的記憶之地〉完成掛牌並揭幕。

Jüdische Kinder dürfen keine
öffentliche Schulen mehr
besuchen.
15.11.1938
Verbot jeglichen Schulbesuchs.
20.6.1942

# 去中心的紀念
# 各類紀念標牌計畫

雖然地點之中並不擁有內在的記憶，但是它們對於文化回憶空間的建構卻具有重要的意義。不僅因為它們能夠通過把回憶固定在某一地點的土地之上，使其得到固定和證實，它們還體現了一種持久的延續，這種持久性比起個人的和甚至以人造物為具體形態的時代的文化的短暫回憶來說都更加長久。

——阿萊達·阿斯曼，《回憶空間：文化記憶的
形式與變遷》，1999

接下來將鋪設遍布整個城市各處，總計約三百塊出自國家陶瓷製造工坊的牌區，因為它的一致性以及它所能乘載的有限文字，並不能傳達出它所欲指向的個別地點及歷史事件之特殊性。它們也無法順應各地點極為不同的建築或城市空間規畫的條件而調整，而是始終保持一致。〔…〕十字山區在過去的幾年走的是另一條路〔…〕。十字山區的計畫的另一特點是，讓視覺藝術家個別設計標牌，以襯托出每個紀念對象各自的舉止，並且在考量地點實際條件下，確保美學方案的多元。

——《一九八五至一九九○年十字山區
反法西斯紀念標牌計畫》手冊前言

歷史學者克里斯蒂安·麥爾曾於雜誌撰文提到，想要單用一座碑一口氣概括一場大屠殺，相較於針對特定地點、明確受難者的紀念，譬如紀念某集中營的受難者或某城市遭屠殺的市民，前者無疑是一件極度困難的事。更何況，隨著歷史研究的推進以及新事證的浮現，整個大屠殺的全貌必然會更趨於多面且複雜；然而，圖文都是易於變動調整的，但一座紀念碑的改動卻顯然沒有這麼容易（Meier, 1997）。

一九九七年，在〈猶太大屠殺紀念碑〉爭議仍興之時，德國集中營紀念館工作小組也提出反對「集中化的紀念」。他們擔心這類集中化紀念將使人們不再記得納粹政權是如何在當時的疆域以及占領區內，滿布集中營及附屬營[1]；此外，過去幾年來耗費心力在真實地點及現存的紀念館網絡所建立的教育與學習機會，將隨著集中化的紀念而遭到貶值。工作小組強調，集中化的紀念同時是將紀念去具體化的舉措，因為這些真實地點往往也就是加害者實施犯行的地點，一旦紀念脫離了這些地方，也就脫離了能夠探討具體罪行及實際加害者的場所（Knigge, 1997: 32-33）。

| 1-4-2 |

肇因於〈歐洲被害猶太人紀念碑〉以及另一座中樞紀念碑——德意志聯邦共和國戰爭和暴政的受害者中樞紀念館（一般以其舊名稱為「新崗哨」）[2]的討論，使得辨別「去中心」與「中樞式」紀念之間的差異與優劣，成為紀念地景建構當中重要的一題。

不過，「集中」與「分散」之間的糾纏，倒不是在八、九○年代才浮上檯面。

## 戰後初期的紀念標牌

二戰之後，德國最早立下的一批紀念物，是從紀念標牌這種紀念型態開始開始。以柏林市為例，這些戰後初期的紀念標牌中，最大批是在一九四六、四七年間設置，分別由當時柏林市府轄下的「法西斯受難者委員會」[3]以及「納粹政權受難者聯合會」[4]所策畫與推動，組織的傾向亦反映於策畫的標牌上，比如後者因其左翼傾向，大多紀念工人階級中的受難者（Schönfeld, 1993: 13; Baudisch & Ribbe, 2014: 77-79）。這些標牌大多直接設在與事件或紀念對象相關的地點，形式與紀念對象則各異，材質方面從金屬[5]、石材[6]、木頭[7]以及陶瓷[8]皆有，隨著設置地點與事件背景的差異，美學方案也多樣並立。這與過去舊有的標牌設置方式略有不同——十九世紀末或更早期設立的標牌，大部分皆以相對雋永的材質，如青銅鑄造或石材雕塑而成，並且形狀方正一致。更大的差異則在於設立的內容與意義。紀念碑與紀念標牌的傳統中，不乏彰顯住居所在或標誌重大功績地點的標牌，但是紀念的對象多限於名人及正面事件，好比一九〇一年立於柏林市米特區的生物、地質學及現代地理學奠基者亞歷山大‧馮‧洪堡故居處的紀念牌（Baudisch & Ribbe, 2014: 62）。戰後初期的紀念標牌則安靜卻基進地扭轉了僅對名人或正面事物進行紀念的準則，紀念對象從「七二〇謀刺案」的關係人士、加入反抗組織的工廠工人[9]到無名的逃兵都列名其中。戰後短短幾年內，一時之間紀念的景象透過設置標牌這類實踐，達到多元並存的狀態。

| 1-1-2 |

但這樣的狀態卻沒能維持太久。一九五一年前後，標牌陸續遭到移除，有的是無故遭受竊盜之災，有的則是在主管單位的意志下，以「防止擾亂公共秩序」等理由，實際上則是為了壓抑社會運動——抗議德國再軍事化的社會運動——而拆除，最糟的情況甚至還有大規模的破壞（Schönfeld, 1993: 13-15）。

此外，陸續成立的東西兩德政府在處理納粹歷史上的態度，因冷戰與意識型態對立激化，初期形形色色的紀念對象與方式開始受限，雙方都依照各自對自身政權正當性有利的敘事模式，操作紀念工作。另外，戰後的重建以及隨之而來，特別是在西德大城市的大規模都市更新，也造成對紀念標牌的破壞（Schönfeld, 1993: 15）。拆除、重建或更新之後，導致都市地景改變，也讓往後要再次將紀念物設置於真實歷史地點上（也就是分散化紀念的做法）增添了不少難度。紀念碑與紀念標牌的設置，除了零星的計

戰後的第一時間，史蒂格里茲市政廳前就掛上一塊金屬牌，紀念一位在終戰前幾日（1945 年 4 月 24 日）因不願持續作戰而遭到納粹絞死的德軍士兵。當時他的屍體被掛上「我是叛徒」的吊牌，懸掛在市政廳前一根燈柱上。

Source : Archiv Fachbereich Kultur Steglitz-Zehlendorf

第 1 版的紀念牌（左）上寫道：「1945 年 4 月 24 日一位德國士兵在此被兇殘的納粹禽獸絞死，因為他不願再繼續這場漫無目的、荒唐的戰爭。」

1947 年後替換成第 2 版的紀念木牌（中）懸掛於同一處，初立時配有十字架，上面寫著：「一名德國士兵在希特勒政權即將崩潰的日子裡，於 1945 年 4 月 24 日被德國人吊死於這根柱子上。」

1948 年因為公眾對紀念牌內文的批判而進行改寫。而後因電線桿施工之故，該牌被拆卸並改存於市政廳內展示（右）。牌面上的資訊為：「1945 年 4 月 24 日一位德國士兵在此被不人道的納粹份子絞死」。

Source : Bezirksamt Charlottenburg-Wilmersdorf

Author : OTFW / CC BY-SA 3.0

Author : 鄭安齊

柏林市政府在 1947 年 9 月 29 日設立的〈威廉‧洛伊許納紀念牌〉。內容記載：「曾為工會領袖的洛伊許納因為參與『7 月 20 日謀刺案』遭到納粹處決」。根據《柏林晨報》的考察，紀念牌揭幕時除了柏林市市長在場，德國統一社會黨、自由德國工會聯合會等的第二主席或社會民主黨的地方組織代表等意識型態上相左的人，亦在同一場出席。

設立時間早於 1952 年的〈奧托‧格呂納貝格紀念標牌〉，為該區戰後最早一批紀念標牌。格呂納貝格是夏洛騰堡區屬德共旗下組織「紅色青年陣線」成員，參加保護居民免受納粹團體侵擾的守衛組織。他在一場受到衝鋒隊干擾的工人集會衍生的嚴重衝突當中，被衝鋒隊員開槍射殺。

理查‧胡堤希的紀念牌，採用白底藍字的陶瓷。胡堤希是在納粹普勒岑湖監獄不義司法體系下的第一位受難者。

畫之外（像是由國家由上而下推動的〈七二〇謀刺案受難者紀念碑〉），| 1-1-2 |
| 1-1-3 |
進入了一陣沉寂期，直到一九六〇年代之後，各種考掘歷史以及碑或標牌
的設置行動才又逐漸活躍，標牌的紀念對象也開始從早年紀念挺身行動的
反抗者，擴展到因為各種原因而在納粹政權下受難的犧牲者。

## 反法西斯紀念標牌計畫

一九八〇年代是各種分散式紀念標牌設置的高峰期。經過由民間而起的
「新歷史運動」的累積（Der Spiegel, 1983: 36-42），西德再度出現多元
樣貌的紀念地景，特別是以「挖掘你所在之處」為口號的運動，隱含了對| 1-3-1 |
| 1-3-2 |
所謂歷史事件真實所在地點的強調。紀念標牌能夠順應城市空間的各種狀
況做出調整的特質，正好可搭配設置在歷史場址的要求，其簡易的形式也
降低了分散化設置方案的實現門檻。但同時，紀念標牌的版面有限，資訊
和內容承載量無法無限擴張，故必須在有限的字數與圖像中，精準地傳遞
內容訊息。

這個時期，一些區層級的政府單位投入規畫紀念標牌的設置，譬如夏洛騰
堡區和策倫朵夫區。其中值得留意的要屬西柏林十字山區的「反法西斯紀
念標牌計畫」。一九八三年，區議會的民主與環保的另類名單（綠黨前身
之一）黨團提出「反法西斯紀念標牌計畫」，並獲跨黨派一致支持。這項
計畫的特殊之處，是有主題地設置與納粹時期歷史相關的紀念標牌，明確
地以紀念反抗納粹者為對象，並在歷史場址上紀念。這一系列的標牌自始
便設定針對每個紀念對象的不同事件、行動的背景，並考慮設置地點實
際的狀況，分別以視覺藝術的創作發展出形式各異的美學方案（Kunstamt
Kreuzberg, 1990: 4-5）。

程序上，十字山區的議會各黨團提出紀念對象與地點的建議，接著送交工
作小組審議。工作小組的成員包含由各黨代表、區政府內的職員、視覺藝
術家職業工會，以及依照涉及議題性質所邀請的各界專家。小組議決實施
的計畫後，再交由藝術家工會「附屬於建築的藝術委員會」進行徵件競
圖。決定徵件最終方案之前，藝術家與歷史學者預先受到委託，一同進行
學術調查及見證者訪談的工作。最後，「附屬於建築的藝術委員會」再遴
選出適合的方案，委託藝術家並由該委員會的專員輔導執行（Kunstamt
Kreuzberg, 1990: 4-5）。

Source：gedenktafeln-in-berlin.de / Courtesy of Gedenkstätte Deutscher Widerstand / CC BY-SA 3.0 DE

Author：鄭安齊

威利・桑格的紀念標牌於 1987 年 11 月 27 日揭幕，是十字山區「反法西斯紀念標牌計畫」其中一部分。

地面上鑲嵌的素燒陶板標有威利・桑格的相關資訊以及物件的拓印。

舉例來說，為威利・桑格設計紀念標牌的藝術家侯伯・許密特，考量到桑格出身一般工人家庭，並活躍於工人體育協會中的性格，捨棄銅及其他金屬材質，採用視覺與質地上較為質樸的素燒陶磚及手作瓷片。此外，紀念標誌的布局並非傳統的標牌樣式，而是以陶瓷片環繞著桑格出生的房屋門口及屋前地面。地面上用打字機字體，記載桑格的簡要生平與受難際遇資訊，瓷片上則有現成物的轉印，譬如當年反對納粹的文宣品、將斧頭圖象與納粹標誌結合的拼貼作品[10]、運動員的團體照等。門楣上還嵌著形似獎牌、中心是幾何方塊與一件出自拆屋廢墟碎石的組合（Kunstamt Kreuzberg, 1990: 14-15; Endlich, 2000: 83）。從桑格出生居所的大門階梯拾級而上，桑格出生、成長的住居前方，布置得像是運動會頒獎台一樣。

另外，又比如為了紀念自高架的車站上撒放反抗納粹的傳單的沃夫岡・蒂斯，紀念碑立於哈雷門站入口的顯眼處，而此地即為蒂斯撒放傳單之地。蒂斯的生平曲折，他曾經加入納粹黨，卻又因為對該黨失望而轉投向德國共產黨，並參與反抗運動，從事文宣的製作與派發，並於地下刊物撰寫評論。製作此紀念標牌的藝術家格哈・莫里岑參照中世紀教堂大門敘事銅雕的形式，呈現蒂斯的生平故事，並輔以藝術家設計的字體標註出蒂斯的名字、生卒年、地點等資訊（Kunstamt Kreuzberg, 1990: 25-27）。一格一

Author：鄭安齊

沃夫岡‧蒂斯的紀念牌於哈雷門地鐵站外牆。

格畫面中的人物，則是以抽象化的形式，並留了四格空白，一方面給予觀者想像的空間，也象徵當時的人們對蒂斯之生平所知有限，和對於納粹時期反抗歷史考掘不足的空缺。

一九八〇年代的十字山區是各種另翼文化和進步政治發展的區域，「民主與環保的另類名單」即成立於此，此外，如前文所提，這裡也正是「蓋世太保地段」等重大的納粹歷史考掘運動發生的地點。然而，即便此區或許已是當時客觀上最有條件執行紀念標牌設置計畫的地方，實際施行的過程依然遠比預期更為複雜。譬如曾為工會領袖、因「七二〇謀刺案」遭處決的威廉‧洛伊許納的紀念標牌，便因為屋主不同意，藝術家瓦德瑪‧奧托只好捨棄鑲嵌於牆上的樣式，設法調整出適合於該處的方案。[11]雖然有這些狀況，「反法西斯紀念標牌計畫」依舊還是在討論過程中納入多方的聲音，舉凡歷史見證者、屋主、藝術家、公部門機關工作人員、政治家，乃至該區對此有興趣的一般市民，也因此，設置的過程往往同時是人們察覺其所在之處歷史的起頭。執行單位亦認為，過程與最終的標牌成果，對於這段區內反抗納粹歷史的傳遞，有著同等的重要性。


## 柏林市歷史紀念標牌計畫

在各區發起的紀念標牌計畫之後，「柏林市歷史紀念標牌計畫」[12]則接續以整個西柏林為範圍實施。發起的時代背景是紀念一九八七年柏林建城

Author：鄭安齊

威廉・洛伊許納的紀念標牌位於歷史悠久的市場出入口對面，採取三面立柱的方式，不僅使得四面八方經過的行人都能閱讀其生平遭遇的資訊，形式上也更能在人來人往的街區中突顯出來。

七五〇周年，西柏林市府在一九八五年決議製作全西柏林一致的歷史紀念標牌。[13]資金來源最初是儲蓄銀行捐贈的五十萬西德馬克，因為儲蓄銀行是屬於地方政府的金融機構，所以實際意義上也等於是政府間接資助；後期則由柏林天然氣股份公司（市營機構，九〇年以後私有化）為主要贊助者。

當時兩德仍處於分裂態勢，所以東西柏林在柏林建城七五〇周年紀念的活動上較勁，促成許多相關的企畫發生，如西柏林的《國際建築展》。決議製作歷史紀念標牌這樣的計畫，不無搶奪歷史話語權、互相宣告自己才是正統柏林／德國的意味。雖然計畫的本質上不免有政治宣傳性質，卻也因為資源的投入，而給了民間單位發揮空間，像是恐怖地誌博物館的倡議就是透過一九八七年國際建築展架構下的展覽，使市民注意到歷史上納粹制度性滅絕的運作中心位於該處。

| 1-3-2 |

「柏林市歷史紀念標牌計畫」的設置對象並不限定於納粹不義歷史，只要是對城市有特殊意義或貢獻的人、事物與機構，都可以是紀念的對象。[14]雖然當時是德國（西德）民間對於推動轉型正義工作的熱烈時期，許多提案與納粹時期不義歷史相關（除了人物外，也包括強迫勞動營地點或是反抗運動發生地的標註），納粹時期相關的紀念對象也會標註上一些相應的資訊，譬如該對象流亡的時間點，但根據會議紀錄，諮詢委員會討論紀念

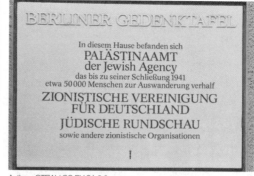

Source : Königliche Porzellan-Manufaktur Berlin GmbH

Author : OTFW / CC BY-SA 3.0

柏林市歷史紀念標牌計畫的第一塊瓷版，是設置於 1985 年 10 月 22 日的德國錫安主義聯盟紀念瓷版（右）。這個機構的工作人員直至 1941 年關閉為止，協助了約 5 萬人逃離納粹德國。

內容時，特別強調「與普魯士─布蘭登堡以及帝國歷史的連結」；與此相合地，廿世紀初期的許多重要人物，正好就是在隨後的納粹政權下被迫流亡者。這一方面延續了普魯士─布蘭登堡以及帝國歷史時期是所謂德國黃金年代的迷思，但同時也記錄了一段歷史中空缺的流亡史（Schönfeld, 1993: 23）。然而，我們必須注意的是，流亡、出走者不一定也是挺身對抗納粹政權者，所以這項紀念標牌計畫的主題性，確實未若十字山區的「反法西斯紀念標牌計畫」強烈。

雖然在這個計畫下，白底藍字的瓷板分散設置在西柏林的各個地點，在設計樣式、審查過程與紀念對象等，卻並非那麼地「去中心化」。首先，紀念牌的樣式未因紀念對象的不同或是設置地點的條件而有所變化──不同於「反法西斯紀念標牌計畫」，「柏林市歷史紀念標牌計畫」發起者夏洛騰堡區區長的目標，自始即是全西柏林一致的標牌。一九八四年儲蓄銀行辦理的徵件，由設計師維蘭·舒茨掄下首獎，委由柏林皇家陶瓷製造工坊製作，至今形式仍維持不變。審議的模式為全市統一由一組委員，從各區提報的申請中選出執行的方案；雖然提案是由下而上，設計與審查的過程卻缺乏各區的參與，而這也是幾區退出計畫、幾區後來各自辦理區內標牌計畫的原因之一（譬如十字山區的「反法西斯紀念標牌計畫」）。紀念對象的面向上，「柏林市歷史紀念標牌計畫」畢竟仍是城市節慶的項目之一，因此也回到傳統紀念碑的準則──紀念帶有功績的歷史名人，然而也由此，歷史光彩的一面得到注目；晦暗、難堪的歷史再現，卻非計畫的主軸。[15]

經過長時間的執行與調整，今日「柏林市歷史紀念標牌計畫」的設置準則和紀念對象也略有變動，文化、社會和人口組成多樣性亦反映在紀念對象的選擇上，具有移民背景的人也被考慮在內，因此紀念的對象也未必是歷史上早已眾所皆知者。

Author : OTFW / CC BY-SA 3.0

〈米娜・芙利屈紀念標牌〉

芙利屈是一名清潔婦，因為參與「赤色救援」組織兩度入獄、遭受刑求並隨後輾轉流亡捷克與英國。這塊標牌是在十字山區「反法西斯紀念標牌計畫」下豎立的。雖然浮雕的形式看似傳統，然而將一名尋常女性的正面肖像做成銅雕本身就不是一件普通的事情，特別是在過去傳統的紀念標牌中，幾乎都是由有權力、地位的男性佔去所有版面。

Author : OTFW / CC BY-SA 3.0

設立於 2014 年的〈穆罕默德・赫米紀念標牌〉

赫米出身埃及，是一位穆斯林，1922 年到達柏林，1937 年成為內科醫生；1939、1940 年曾被蓋世太保抓捕；獲釋後到二戰結束前，曾協助多名猶太人躲藏於自己的家中。

因此，史學家旬費十分貼切地以「去中心的再中心化」，來定義「柏林市歷史紀念標牌計畫」（Schönfeld, 1993: 22-23）。讓我們打個比方，紀念標牌在城市空間做出記號，彷彿藉此在當前的時空中開出很多道傳送門（相比於集中單一的中樞紀念碑），把當下與過去聯繫起來——前往反納粹的傳單發送的地點，或遇見一位反抗極權的清潔婦。[16]然而這些傳送門卻可能通往性質類似的空間，像是一九二〇年代的成功人士家中。也就是說，「去中心化」以及「集中式」的紀念之辯，並不僅是在物理（標牌的設計形式）和地理（設置的地點和空間）上的差異；審議的方式以及紀念對象的選擇，也都是影響紀念的多元度是否充足的要素。

於此，問題也將從而推進到：當我們不只把紀念限縮於一處，而是開展於各地時，這些「註腳」應該怎麼添加？內容又應該描述些什麼？

# 第二節

# 紀念進入日常
# 絆腳石計畫

接續在前述一九八〇年代幾項紀念標牌計畫之後，九〇年代有更多去中心的紀念碑計畫。「去中心」於此是相對於「中樞」、「中心」或「中央」而存在，它形容的對象既可能是紀念的地點、受紀念的對象，也有可能是指立碑過程中的決策機制，又或是製作過程之中藝術家、受紀念群體（及其相關人士）與政府有關單位之間的權力關係。

當中兩項紀念碑計畫，在形式及內容的考量上，皆延續性地脫胎自「標牌」這種紀念方式。其中一項計畫廣為人知，是由藝術家鈞特・丹姆尼科主導發起與製作的〈絆腳石〉。筆者將試著更進一步介紹這項計畫的緣起，及發展至今的各種爭議，以及〈絆腳石〉做為一項去中心紀念碑計畫的意義。

丹姆尼科的「絆腳石」初始為遭到遣送的集中營受難者，於他們最後居住／出現或被強制逮捕的的地點立碑。2014年起，紀念流亡者（非死於納粹時期暴政）的「絆腳石」則首次於柏林立下，卻因此得到正反意見。左圖為 2017 年立於科隆的其中一塊紀念流亡者的「絆腳石」。

Source : Archiv Gunter Demnig

## 誰是受難者

究竟納粹大屠殺之中，受難者的面貌是怎樣的呢？過往的幾座大屠殺紀念碑中，即使已有群體分類的紀念，然而受難者個別的姓名及生平，卻未能受到凸顯，進而使其面貌模糊；又或像是發生在〈納粹時期受迫害同志紀念碑〉上的爭議，藝術家所創作的象徵難以代表性地「再現」各個受難者的樣貌。「受難者的面貌」這個問題，即是觸發鈞特‧丹姆尼科啟動〈絆腳石〉計畫的初始動機之一。在學者鄔塔‧弗蘭克的專題訪問中，丹姆尼科認為對他的身分頭銜，最適切的描述是「雕塑家」，他的計畫大多帶有行動性質並發生於公共空間之中、與公眾相關，丹姆尼科將此描述為一種「行動藝術」（Franke, 2002: 9）。丹姆尼科同時以「雕塑家」以及「行動藝術」這兩項特質為自己定調，這一方面描述了自身藝術生涯的轉化（事實上也是同時代許多藝術家的轉化）：從工作室到跨出戶外，從靜態展演到強調整體製作過程的行動；另一方面，紀念藝術這個範疇的製作，大抵也不偏離此一軌跡。

丹姆尼科的藝術生涯始於一九六八年[17]，一九七〇年代嶄露頭角，當時因為幾項帶有反戰抗議性質又不無爭議的計畫，讓丹姆尼科漸為人知。比方〈旗幟〉，他在工作室的窗前繪上美國星條旗，卻以骷髏頭代替星星；〈烤

人〉〈麵包人〉則是與麵包師傅合作，將麵團塑成人形並烤至焦黑。〈旗幟〉〈烤人〉〈麵包人〉[18]在當時的時空背景下，很快便會使人聯想到抗議越戰，然而後兩者在德國的歷史脈絡中，也不無指涉發生在納粹集中營內事件的意味（Demnig; Hein, 2017）。

到了一九八〇年代，丹姆尼科將重心轉移到公共空間中，並開發出他稱之為「移動雕塑」的機械裝置，於公共空間中留下痕跡。在一系列留下石灰粉、顏料甚至氣味的計畫之後，一九九〇年——也就是辛堤、羅姆人自科隆市被遣送往布痕瓦爾德集中營的五十周年悼念之際——丹姆尼科與科隆羅姆人協會合作，製作了〈留下蹤跡—穿透遺忘的線〉，從城西的黑白廣場（也就是該遣送措施的起點站），途經過去辛堤、羅姆人曾經的居住地帶，直到當年遣送至集中營的科隆—多伊茨車站（當時周邊設有臨時集中營），用移動雕塑裝置和石灰粉將當年的這條路徑標誌出來。這條辛堤與羅姆人的千人遣送計畫路徑，也是當年納粹在後續大規模滅絕行動中的一次演練。而後，為了長期保存此路徑痕跡，一九九三年時，丹姆尼科與科隆市納粹文獻中心合作並對外募資，製作了以黃銅材質的路徑條，並鑲嵌於執行計畫路線上選出的廿一個不同地點（Franke, 2002: 11; Museen Köln）。這項計畫不僅總結了丹姆尼科在八〇年代的創作[19]，也開啟稍後他製作〈絆腳石〉的起點。

〈絆腳石〉形式與材質上的參照，起於丹姆尼科另一項計畫——〈希姆萊命令〉五十周年紀念計畫。〈希姆萊命令〉是由海因里希·希姆萊頒布、用於驅逐「茨岡人」的命令，根據此令隨之頒布的《奧許維茨法令》，導致許多辛堤、羅姆人被送往奧許維茨集中營。一九九二年十二月十六日，也就是「希姆萊命令」五十周年時，丹姆尼科與羅姆人協會再度合作，丹姆尼科將該法令的第一段，手工鍛敲至一片略大於目前所見之〈絆腳石〉（十公分見方）的黃銅片上，並安裝於科隆市政廳前的磚石鋪面上。此時，〈絆腳石〉的大小、材質以及製作方式都已於這塊紀念牌顯見雛形。

另外影響到〈絆腳石〉計畫成形的，還有丹姆尼在執行計畫期間，一次印象深刻的遭遇。一位身為歷史見證者的婦人，在執行計畫的現場（科隆的大希臘市場，一九九一年時）與他交談，並語帶懷疑地說，自己並不記得周遭住了辛堤與羅姆人。丹姆尼科於是翻找資料，詢問這位婦人是否對某些名字有印象，才喚起婦人的記憶。這讓丹姆尼科對於人們在日常的脈絡下對大屠殺的認知有了新的體認，對這些見證者來說，當年被遣送至集中

Source : Archiv Gunter Demnig

Source : Archiv Gunter Demnig

（上）丹姆尼科與羅姆人協會合作製作的〈留下蹤跡—穿透遺忘的線〉行動。

（下）〈留下蹤跡—穿透遺忘的線〉於科隆—多伊茨站留下的標記。

Source : Archiv Gunter Demnig

Courtesy of Karin Richert

）丹姆尼科正準備設置初版的〈希姆萊命令〉。

）初版〈希姆萊命令〉黃銅片，立於 1992 年 12
6 日，海因里希．希姆萊頒布驅逐「茨岡人」的〈希
命令〉50 周年時。

營的受害者／鄰人，外貌、族裔上與自身是否有著顯著的差異（譬如亞利安人與猶太人、辛堤與羅姆人等）並非他們所感興趣的，也不會立刻察覺到，因為這些人早已世居此地且融入社群，成為大家的鄰居。在這樣的條件下，紀念的方式與意義顯然有別於中樞式紀念碑。中樞式的紀念碑未必立於歷史事件發生地，更常是建造於知名的、可見的場所，受難者的紀念方式則是全稱式的概括（如設於「新崗哨」的〈德意志聯邦共和國戰爭和暴政的受難者中樞紀念館〉），或者是強調特定族群而遺漏其他（例如當年正在訴求建造的〈歐洲被害猶太人紀念碑〉）。

## 從一次性的藝術行動到紀念碑計畫

從〈希姆萊命令〉五十周年紀念計畫，到今日眾人所熟知的〈絆腳石〉，還要經過兩個階段。

首先是科隆／柏林時期。雖然當時丹姆尼科已有製作〈絆腳石〉的構想，但是要將數以百萬計的受難者紀念牌一一實現，在當時看似遙不可及。但在科隆安東尼特教區的神父庫特．皮克鼓勵下，一九九四年丹姆尼科先行製作了二五〇份〈絆腳石〉，在教堂展出並隨後鋪設於各地，接著則在柏林新視覺藝術協會的邀請下，於一九九六年參與《藝術家探問奧許維茨》展覽，並鋪設〈絆腳石〉於柏林街頭。

至此，〈絆腳石〉仍僅為一次性的概念藝術計畫，缺乏徹底實行的打算或可能性。在這個階段，立碑之前的研究工作大多仍有賴丹姆尼科自己進行。科隆的部分得力於過去幾項計畫累積的研究資料，加上各類協會和機構從旁協力，譬如科隆的羅姆人協會以及納粹文獻中心；柏林的部分則需查閱聯邦檔案庫和各區地方博物館的資料（Franke, 2002: 12-13）。這種狀況下，丹姆尼科的工作也相當仰賴各地對於納粹歷史研究的程度，若某地僅處於剛起步的階段，那麼累積的資料將不足以做為立碑佐證。

更加曠日廢時的，則是文書工作——申請設碑的許可。丹姆尼科有意識地希望將〈絆腳石〉設置於公共空間，此時，如何獲得公部門對立碑的許可，即是不可迴避的問題，甚至因為地點選擇經常在道路或人行道上，丹姆尼科須向主管機關證明其專業的施作能力。然而整個申請期程，從提案到獲得許可需要相當長的時間，在科隆甚至曾經長達三年之久；在柏林則

因為計畫的前置作業時間不足，未提出申請便低調地非法私下立了五十一塊〈絆腳石〉，直至三個月後該地的道路施工碰上了這群〈絆腳石〉，才令市政府土木工程局注意到此事，也因此加速審查。〈絆腳石〉設立的準則為：不分族群、個別化的紀念，以及藝術家手工個別打造的碑。期間雖然有一些零星的鋪設，但這時的〈絆腳石〉仍不是一項持續性的計畫。

一位遠方到來的尋根者，意外地開啟了〈絆腳石〉計畫走上建制化的路。史蒂芬·羅賓斯，家族原姓魯賓斯基（Rubinsky），一部分的家族長輩在納粹政權期間流亡海外，但仍有部分家族成員未能成功逃走，命喪集中營。受到南非轉型正義及真相與和解委員會的觸發，以及自一九九八年起他在柏林洪堡大學任教的契機，羅賓斯開始在柏林探尋失卻的家族記憶，並且輾轉得知〈絆腳石〉計畫，於是興起為家族成員立碑的想法。在十字山區博物館的居中聯繫與區議會的高度興趣下，最終議會決定協助推動，盡可能促進〈絆腳石〉於區內設立（Franke, 2002: 12-13; Warda, 2017）。不久後柏林市的行政區改制，與十字山區合併的腓特烈樹林區也納入設立的範圍。在二〇〇〇年時，終於在民眾自發合作（史蒂芬·羅賓斯）、機構協助（十字山區博物館）及順利取得許可（十字山區政府的推動）等條件俱備的狀況下，有計畫性、持續性的首塊〈絆腳石〉，終於立在柏林市的地面上。

從這個時期起，丹姆尼科不再是單獨一人進行前期研究，而是循羅賓斯的事例，由意欲推動〈絆腳石〉設立者進行研究並舉出事證；許多地方的主管機關則逐步成立專責單位，處理過去一度曠日廢時的許可取得相關事宜；丹姆尼科的工作則是製作碑體，一槌一槌地將碑文鑿進十公分見方的黃銅片上，並且頗具儀式性地穿著他數十年如一日的牛仔裝，旅行於各地、跪在各處的地面上，親自施工鋪設〈絆腳石〉。

隨著各地立碑的邀請愈來愈多，即便已減少研究工作與文書作業，巨大龐雜的立碑數量也非丹姆尼科一人所能負荷，故自二〇〇五年起，一位雕塑家弗里德里希—弗里德蘭德以及他的兩名助手，逐步接手碑體的製作。[20] 二〇二一年五月開始，則加入一位駐於阿姆斯特丹的新成員史都肯伯格，專責處理在荷蘭的〈絆腳石〉事務。自二〇一六年起，「蹤跡—鈞特·丹姆尼科基金會」成立，藝術家本人不再經手〈絆腳石〉計畫的事務性或財務工作，僅自基金會領取定額月薪，以再次確立此計畫的公益性質；另一方面，機構化後的〈絆腳石〉計畫也能夠確保往後若藝術家不在時，整個

史蒂芬‧羅賓斯為他的伯父母齊格飛／伊迪絲‧魯賓斯基立的〈絆腳石〉。

過去每塊〈絆腳石〉價格在 75 至 95 歐元，現在統一訂價 120 歐元。

計畫仍能永續地運作。到這裡為止，〈絆腳石〉計畫顯然已不再是能夠歸在丹姆尼科一人名下的「作品」[21]，而是一項多方協力的「社會雕塑」。

## 紀念如何多元

隨著〈絆腳石〉計畫近幾年數量上的增長，至二〇一九年底已鋪設七萬五千塊[22]，逐漸累積不少爭議點。每一起爭議也都攸關著〈絆腳石〉是否仍然稱得上是一項去中心化的紀念碑計畫。

一再受到討論的是，某些特定城市至今仍未能合法鋪設〈絆腳石〉，特別是德國的慕尼黑，受到主管機關與猶太人協會的雙重反對。源於此狀況，部分未有〈絆腳石〉的城市也各自製作專屬自己城市的〈絆腳石〉版本，而它們大多與丹姆尼科所設計的形式或材質有一定程度上的雷同，譬如維也納的〈紀念之石〉和〈為未來紀念〉；[23]慕尼黑亦於二〇一七年確立了該市的〈納粹政權受難者紀念標牌與紀念柱〉[24]設計，做為〈絆腳石〉的替代呈現；同屬巴伐利亞邦的奧格斯堡雖然並非沒有〈絆腳石〉的存在，近年仍以〈紀念帶〉為主要的實施方案。以上的部分案例也受丹姆尼科本人批判為剽竊之舉。

而若細查拒絕設置〈絆腳石〉的理由，倒不乏討論空間。譬如來自藝術家個體的反對意見，丹姆尼科曾提及，在科隆設置〈絆腳石〉時曾有屋主婉

Author : Dietmar Rabich / Source : Wikimedia Commons / CC BY-SA 4.0

Author : Edelmauswaldgeist / Source : Wikimedia Commons / CC0 1.0

（左）分布於整個維也納的〈紀念之石〉，計畫網站資料庫記錄當前共有 521 塊。形式、材質與銘文的排列上與〈絆腳石〉高度相似。

（右）〈納粹政權受難者紀念標牌與紀念柱〉，設置於城市中 70 餘處。設計者為祈里安・史陶斯，圖為應用於立柱時的樣貌。

拒，原因是對極右翼攻擊的擔憂（Franke, 2020: 20）；這類擔憂拒設的狀況，隨著九〇年代和二〇〇〇年代初期的幾波排外潮流逐漸消退後較少出現。此後常被正反雙方關注的，反倒是曾任猶太人中央委員會主席的克諾布洛赫的說法：紀念碑不應被擺放在地上踩踏，這是對亡者的不敬，也是對他們的二度冒犯。丹姆尼科原先的規畫，確實是希望〈絆腳石〉真正「絆」腳——受人踩踏，並藉此將黃銅表面拋得光亮，不過與預期的不同，行人（包括筆者自身）大多總是會有意識地閃避〈絆腳石〉，注意不要踩到它們（也因此後來衍生的一項關於〈絆腳石〉的周邊行動，是〈絆腳石〉清潔與拋光）。雖然亦有猶太族群中的意見領袖持不同看法，支持〈絆腳石〉的鋪設，但學者比爾・尼文回溯談到，過去納粹時期猶太人曾有被迫以牙刷清洗街道[25]，或是猶太人的墓碑被用來鋪設道路的歷史，因而確實可能挑動一部分人不舒服的感覺（Niven, 2019）。若在考量有的人會受到冒犯的立論上，其實更應該接納這些由各地主動發起設置的紀念物，使各地的紀念方式皆因地、因事制宜，從而打開紀念形式的多元性。畢竟各個地點、各種事件歷史脈絡與各處的受難者群體不盡相同。慕尼黑市政府文化部門專員庫珀斯就曾建議，應允許所有形式的紀念活動享有同等權利，並藉此建構一「記憶文化的網絡」（Hutter, 2015）。

紀念碑自始就不是全然自主自為的藝術創作，而是委託製作，〈絆腳石〉更是一項在多方協作之下才能產生的經典案例。藝術家對於協作的其餘各方，既無權也難以進行細緻的審查管控。特別是當集體創造出來的此一圖像在公領域被賦予特定的意義後，藝術家就再也難以聲稱此為「他的作

品」以及「遭到剽竊」。換個視角來看，因為協作參與，使得每塊〈絆腳石〉雖看似是一樣或類似的形式，然而每塊碑各自都是獨立的製作，擁有不同的脈絡和形成過程。這即是回到〈絆腳石〉最原初個別紀念的主張：每一位受難者都有不同的故事。所以說，顯然並不存在因原創的問題而禁止其他製作的正當性；更進一步來說，即便紀念碑再怎樣去中心化以及連結地方，所有的再現仍無法等於原初的事件，關於本真性、此地或此曾是的陳述，都是被建構的。

但確實存在一種狀況，將使所謂的「類絆腳石」不僅成為贗作，更傷害到紀念大屠殺以及去中心化紀念的本意。第一個例子是德國萊希林根狂歡節委員會設置的的〈含笑石〉，紀念對象與大屠殺並無相關，而是該地過世的狂歡節之友（當地的名人等）。當〈絆腳石〉的形式顯然成為一種自帶意義、具有公共性的政治、歷史標記，形成集體記憶或認同時，任意地採用便有混淆之虞。[26]第二個例子則發生在螢光幕上：二〇一〇年十二月，丹姆尼科應邀出現在德國的長壽連續劇《椴樹大街》中虛擬的場景裡，鋪設並無真實對應的〈絆腳石〉（Westdeutscher Rundfunk, 2010）。即使丹姆尼科本人親自出場操作，且劇中所鋪設的〈絆腳石〉與現實中的〈絆腳石〉是一模一樣的物件，亦未逾越特定人士身分的界線，但若與前一案例的〈含笑石〉遵循相同邏輯分析的話，對〈絆腳石〉這個物件／圖像進行去脈絡的挪用，無非也是陷〈絆腳石〉的紀念意義於危機之中。

## 其他德語地區與〈絆腳石〉形式相近的計畫

| 計畫名稱 | 起始 | 地點 | 備註 |
|---|---|---|---|
| 紀念之石 | 2005.11 | 維也納，奧地利 | 主要策畫、管理者為紀念之石協會，協會宗旨是紀念納粹大屠殺中的猶太受難者。 |
| 為未來紀念 | 2007 | 維也納瑪利亞希爾夫區，奧地利 | 瑪利亞希爾夫區代表會的文化委員會於 2006 年決議立碑紀念，紀念對象為在該區由於種族主義、政治、宗教、意識形態及性取向等原因受難的居民。執行單位為區政府。 |
| 納粹政權受難者紀念標牌與紀念柱 | 2018.07 | 慕尼黑，德國 | 2015 年 7 月 29 日由慕尼黑市議會決議設置；2017 年經由徵件選出祈里安・史陶斯的方案。現由市府設立部門專責處理立牌紀念事宜。 |
| 紀念帶 | 2017.05 | 奧格斯堡，德國 | 奧格斯堡市議會於 2016 年 3 月決議了「奧格斯堡紀念模式」，納粹受難者之遺族或支持者可以於公共場所的兩種紀念形式（〈絆腳石〉或〈紀念帶〉）擇一設牌紀念。主要執行單位為奧格斯堡紀念工作坊。 |

〈絆腳石〉設置的範圍遍布德國，而德國以外也有許多紀念計畫類似或深受〈絆腳石〉的形式影響。如左圖為比利時麥車命的紀念石，雖然採用的材質並非黃銅，然而鋪設於地上的布局及簡要的銘文亦類同於〈絆腳石〉。

# 第三節

# 社區裡的紀念
# 巴伐利亞區的記憶之地

儘管對實行（紀念碑計畫）有不同的想像，但一致認同的是，不僅只在一個中心位置——例如巴伐利亞廣場上的公園——而是在不同的地點，例如在房屋前或其他清楚可見的地方，可以設置石頭、牌匾或類似物件以觸發思維。

——1988 年 11 月 24 日，行動博物館協會與柏林歷史
工作坊於巴伐利亞廣場上舉辦討論會的會後新聞稿

Author：鄭安齊

美麗山區區議會代表維爾科深入考掘，記錄了 6,000 多個被遭送的名字，並依街道名牌寫於索引卡上。左圖為常設展《我們曾是鄰居》中呈現索引卡與所有曾居於此地卻遭受迫害之人的紀錄。

另一項相當重要的去中心紀念碑計畫，則是設置於柏林市的〈巴伐利亞區的記憶之地：一九三三到一九四五年對柏林猶太人的排除、剝權、驅逐、遣送和謀殺〉。九〇年代於蓋世太保地段歐洲猶太受難者紀念碑徵件中，以〈巴士站〉提案落選的藝術家組合——史蒂希與施諾克，在這裡則實現了他們的去中心紀念計畫，透過採用一般道路標誌的樣式，將納粹對猶太人生活的進逼巧妙地置入當代生活的片段之中。

| 1-4-1 |

## 水到渠成的「記憶之地」

若說十字山區內有著「蓋世太保地段」，並間接由此誕生了「行動博物館協會」以及「反法西斯紀念標牌計畫」，是〈絆腳石〉的催生地之一，那麼，在德國民間歷史考掘活躍程度不下十字山區、全德最早的「歷史工作坊」所座落的舍訥貝格區，則誕生了另一項時常受到討論的去中心紀念碑——〈巴伐利亞區的紀念之地〉。

| 1-3-2 |
| 2-2-1 |
| 1-3-1 |

如前文提及，一九八〇年代是民間的歷史考掘運動興起之時。同一時期，在舍訥貝格除了柏林歷史工作坊以外，各形各樣的團體無分年齡、職業或出身背景，都致力於考掘該區歷史。這些團體的成果陸續在一九八三年前後，也就是納粹奪權五十周年紀念時發表，除了展覽形式，也各自留下出版品做為紀錄，譬如柏林歷史工作坊主導的《舍訥貝格一九三三年的蹤跡

Author：鄭安齊

保存：「紅色之島」—「林登霍夫—猶太瑞士」》[27]，或者以舍訥貝格區的藝術局為發起單位的《生活在舍訥貝格／弗里德瑙區一九三三至一九四五—納粹的暴力統治與反抗》[28]。一九八七年，藝術局則接續發表了一份名為《漫步在過去的陰影中》[29]的手冊與露天展覽，更是直接將這些考據成果推廣到公共空間之中。若翻閱這些資料，會發現其中一大特色是，除了類同於其他歷史研究中的分項，譬如：納粹時期的女性史、政治史、教會運作等，這些出版品更使用了地圖圖表標記的方式，將個別的事件錨定於區內的地點，為稍後在區內去中心化的紀念做好了前置的準備工作。

一九八七年起，舍訥貝格區議會代表維爾科深入考掘，並藉由其職權，得以從區政府庫藏的財政資料中，調閱當年納粹侵占遭遣送的猶太人財產時所留下的紀錄，經數個月的研究後，維爾科記錄了六千多個被遣送的名字，並依序（街道名）記錄於索引卡上（Kaiser & Eschebach, 1994: 72-81）。出於這項研究調查的結果，區內的議會提案，要求區政府立碑紀念（Kunstamt Schöneberg, 1994: 184）。

以此為基礎，由民間的個人及組織、地方政治團體乃至區政府官方所策畫的各項活動，開始於區內運作起來，蔚成對紀念工作的討論風氣。隔年「十一月反猶暴亂」五十周年紀念時，在居民以及社民黨地方黨部的協力組織下，人們用紙板製作紀念碑，寫下一封信給鄰居，信上以「對抗遺忘」

為名，含有該地址遭遣送的人名及日期，懸掛於巴伐利亞街區內的屋前。這時，去中心紀念的雛形已隱然浮現，包括關心此議題的個別民眾在內組成的工作小組，以及行動博物館協會或柏林歷史工作坊在內的團體，也都各自透過形式各異的活動，促進居民對於立碑紀念方式的思考，並蒐集其想法。

爾後，區議會決議邀請藝術家製作紀念碑，在居民（包括早已在前述各大小活動中活躍的人們）高度的參與下，徵件的內容明確地提及：必須「在區內去中心地與各個具體事件相關」且「在巴伐利亞廣場上擬定一處中央的紀念地」。除此兩項要求外，居民也希望建構一處檔案中心，使歷史文獻資料能夠持續運用於研究與教育，並在這個基礎上，加以前述各項行動、活動累積的研究文件，形成常設展《我們曾是鄰居》，並且每年進行增補（Von Buttlar, 1994: 98; Ladwig-Winters & Jerabek, 2014）。

經由兩階段的公開徵件後，九十六份提案中，八案進入決選，最終無異議選出藝術家組合史蒂希與施諾克的〈巴伐利亞區的記憶之地：一九三三到四五年對柏林猶太人的排除、剝權、驅逐、遣送和謀殺〉」（下稱〈記憶之地〉）。

## 深入社區生活的紀念策略

〈記憶之地〉紀念碑計畫，是一組合計共八十塊、各為五十乘以七十公分的標牌。這些標牌採用與道路標示或街邊廣告牌一模一樣的材質，懸掛於巴伐利亞區內的路燈或標示柱上。標牌的構成有三項要素：圖、文、地點。標牌的其中一面風格樸素，色調上帶點古舊感，看起來像是絹版印刷的圖像，內容則是單一的物件或符號；轉往標牌的背面，則是一個短促的句子，描述內容卻不禁讓人倒抽一口氣，像是：「猶太人禁止進入電影院、劇場、劇院及演奏廳。1983 年 11 月 12 日」。又比如下方紀念碑標牌，正面繪有「跳房子」遊戲的圖象，背面文字寫道：

> 亞利安與非亞利安的小孩禁止一起遊戲。1983 年

另一紀念碑標牌繪上寫字黑板，後方文字寫道：

> 猶太孩童禁止就讀公立學校，1938 年 11 月 15 日；
> 禁止就讀任何學校，1942 年 6 月 20 日

Author : Manfred Brückels / Source : Wikimedia Commons / CC BY-SA 3.0

Author : Manfred Brückels / Source : Wikimedia Commons / CC BY-SA 2.0 DE

事實上，這些都是出自納粹時期針對猶太人所逐步頒布的各種針對性政策或法令。標牌的懸掛位置則顯然考慮過現地脈絡，像是繪有寫字板與鉛筆的標牌（關於猶太裔兒童就學權的限縮）就懸掛在該區

的小學前；一塊上面是時鐘記號的標牌（關於針對猶太人的宵禁政策）便設置於一間鐘錶店的前方。

圖文結合標牌就像是識字書或者某種解謎遊戲。該紀念碑計畫的說明手冊中，說明這種形式來自兩種藝術史上的圖像譜系，一是十七世紀的《世界圖繪》，另一個則是馬格利特的超現實主義繪畫（Straka, 1993: 17）。其中《世界圖繪》首先於紐倫堡發行，自刊印之初即以搭配各種主題，帶領讀者認識世界，成為重要的識字教育素材。

〈記憶之地〉當中的標牌雖然也是一種指示，但其實更傾向於「圖文不符」，是一種對歷史的「再認識」。譬如，當我們見到巴伐利亞廣場上一塊繪有紅色公園長椅的標牌時，背面卻是告訴我們：

> 根據見證人所述，1939 年起，猶太人僅允許坐在漆有黃色標
> 記的椅子上。

又或者，當我們看見標牌上是一隻貓時，文字內容卻是：

> 猶太人不再允許擁有寵物，1942 年 2 月 15 日

這樣的圖文結合——所見與所理解恰恰相悖，以及隨之而來的疏離感，便連結上說明手冊中所說的馬格利特的作品，特別是〈圖像的叛逆〉和「夢之鑰」系列。此處的疏離感不是為了使人感覺與這些事件無關，而是更接近布萊希特的「疏離效果」——透過打斷觀者慣常的情感投射，使其進入思考狀態。納粹的暴行肆虐歐洲大陸之後，一切被摧毀後的世界，事物的關係和名字都需要被重新建立。看似識字本、承載著許多日常俯拾可得物品的紀念標牌，藉由「圖文不符」的策略，重新為戰後的倖存者以及他們的後代，為這些已知、卻在結合文字描述後讓人分外陌生的事物，一一指認、重新命名。

除了圖文不符的策略，〈記憶之地〉依舊包含兩塊十分特別的「例外」。一片是圖像上全無指涉，只是全部塗黑，僅正中央帶著一絲絲刮擦質感的標牌，背面的文字是：

> 猶太人禁止移居，1941 年 10 月 23 日

另一片則是繪有信封的標牌，上面的引文既非法條、亦非政策，而是一段來自史料中的受難者話語：

Author：鄭安齊

〔…〕時候差不多了，明日我就得離開，這當然讓我很難受；
〔…〕我會再寫信給你〔…〕1942 年 1 月 16 日

這兩塊標牌立於郵局前方，捨棄馬格利特式的智辯，僅以「留黑」的圖和一句證言，直觀地傳達出在最後時刻（遭到遣送至集中營之前），即使猶太人們身上所剩無幾，納粹政權對他們的進逼卻從未放鬆過，連逃離的機會也被剝奪。

然而，這樣的紀念策略並非毫無爭議。儘管為了避免產生反猶主義的誤解，並且讓未成年者受到良好的引導，舍訥貝格的青年博物館自標牌設置之始，即常設提供給兒童及青少年的工作坊活動，社區也持續地使用〈記憶之地〉的標牌做為教育素材。然而〈記憶之地〉自標牌設置初期，就造成居民的驚慌，甚至報警，也因為連串報警以及被誤認為反猶物件遭到扣押的狀況，在與藝術家溝通後，決定於標牌下方加註此為紀念碑計畫的小字樣（Wiedmer, 1993: 7; Scholten, 2013: 29-30）。

無論如何，這些爭議卻是該時代背景下合理的結果。兩德統一過後的一九九〇年代初期，圍牆倒塌後，一些極右翼小黨團首先在德東醞釀其勢力，隨後於西邊也逐漸壯大，並逐步在地方層級的選舉中取得成果，當中較為突出的有「德國人民聯盟」及「共和黨」，此外，針對移民或難民的攻擊事件也頻頻發生（Stöss, 2015; Neues Deutschland, 2018）。重大的事件首先發生於九一年的薩克森邦霍耶斯韋達，一群暴徒以燃燒瓶與金屬球攻擊一處難民庇護居所，周遭居民不僅觀望此事，甚至為暴徒鼓掌，最終造成三十二人受傷；同年北萊茵－西伐利亞邦的小鎮欣克塞遭燃燒瓶攻擊，兩名女童嚴重燒傷；九二年的羅斯托克－利希滕哈根排外暴亂，則是九〇年代極右翼攻擊事件中最嚴重的一樁，一幢水泥預鑄公寓大樓遭到極端分子及好事圍觀群眾包圍，加起來達千人之眾，以各種物品攻擊該處，只因這棟樓是難民申請接收中心以及越南移民的住所。整個事態由於政府疏於處理，延續數日，最後以公寓遭焚毀告終。後續則是在默爾恩、索林根及馬格德堡的縱火與恐怖攻擊下，各造成三死九傷、五死八傷以及六人受傷的後果。其餘各種大小攻擊事件不勝枚舉，特別是在此碑揭幕的一個月前（一九九三年五月），北萊茵－西伐利亞邦的小城索林根才剛發生一起土裔移民大家族居住地遭新納粹年輕成員縱火，造成五人死亡、八人重傷的悲劇（Bundeszentrale für politische Bildung, 2018）。

| 3-1-3 |

居民對反猶可能的敏銳反應，一方面足見「記憶之地」這項計畫與當下強大的連結，並佐證此標牌與現地地點連結之重要。剛掛上「記憶之地」的德國，彷彿正處在一九九三年的社會情景當中——標牌的圖與文是負面意義上的圖文不符；然而現實世界之中的人們，卻要努力使所處的社會與標牌達到正面意義上的圖文不符。

## 回歸日常的紀念

在巴伐利亞區的〈記憶之地〉計畫中,史蒂希與施諾克則有意識地採取偽裝的形式,自始它就是路標與廣告牌的「偽作」、挪用或者擬仿。然而,在此它又不僅是偽作,譬如標牌群中使用巴士與地鐵站的標誌(而這些標誌自一九三三年至今幾乎沒有太大改變),更別說其他外觀更容易辨識的物件,故這八十塊標誌中的絕大部分仍具備傳達資訊的功能,與此同時也融入日常中,再藉由「圖文不符」之策略,給予見到標牌的人致命一擊。因此,擬仿路標的樣式這項動作本身,就是這個紀念碑計畫核心的邏輯,也是它們之所以能夠像〈絆腳石〉一樣「絆」住路人的關鍵之所在。

日常的紀念何以重要?分散且漸進地對日常地侵入,才是大屠殺的真正面貌,所以說,我們從來就難以辨識並指認出暴政,因為其面貌早就掩護在日常當中最為微不足道的事物之下(這也正是該計畫的兩面:無傷而平緩的圖片質感,與另一面如同鋒利刀刃的法條內容相對立),消失於公眾的視野與覺察之中,也就更別妄談對暴政進行抵抗。占據舍訥貝格該區住民極大比例、共六千餘名世居此地的猶太人,在平素必然經常往來的鄰居眼皮底下,受到壓迫並逐漸消失於街區中,乍聽之下十分荒謬,卻正是今日發生於我們當下這個世界的進行式。

一位從伊朗來到德國的庫德族友人,數年前開始於一處德國小城工作,他偶然與我提及初抵該城的經驗。有一次他步入一間小賣店,正打算填飽肚子,卻在門口就被老闆喝住。老闆大聲說:「我們不賣食物給難民!」這讓我想起〈記憶之地〉裡一塊畫有香腸的牌子,上面寫的是:

> 猶太人不再被允許購買肉、肉製品以及其他配給的食物。
> 1942 年 9 月 18 日

Author : Manfred Brückels / Source : Wikimedia Commons / CC BY-SA 2.0 DE

去中心的紀念方式,在前段〈絆腳石〉與〈記憶之地〉這兩項計畫中,還有一項共通的創建:在它們之前的紀念關注點,幾乎都集中在納粹統治最末尾的大屠殺,但經由這兩項計畫的設置,轉而使紀念日充滿自一九三三年至四五年終戰那日之前。日曆裡的每一頁,都是紀念工作在時間維度上的去中心化。這些紀念碑呈現出,大屠殺並非倏然坐地而生,而是每一日、每一日,在他人的沉默或者逐流之間,對受難者的人生逐步進逼,並在最終,將受難者掠奪到連生命也不剩的地步。

去中心化的紀念於是有三個層次,除了前述的時間維度外,在空間維度上也是去中心化的,從而不再只是將紀念工作在城市或政治的中心完成,而是回到暴政所滲透、侵襲的每一條街巷,每一間家戶;社會與政治的維度上,「如何紀念」不再僅由少數人決定。就如同暴政發生的時候,而是由每一位願意參與其中的民眾,共同擔負從考掘到累積文獻、宣傳尋求支持到凝聚共識,最終再邀請合適的藝術

家，將長時間累積下來的歷史工作成果，具象化轉譯成合適的感知傳遞形式，並使紀念物能夠做為未經歷暴政一代的教育素材，以集體敘事的模式繼續地動態運作歷史反省的工作。

唯獨，我們不應將「卸責」也錯認為去中心化。〈絆腳石〉之興盛，未免也使得原先許多應由各級單位甚至公眾集體負擔的工作與各類成本，紛紛轉嫁到少數活躍的民間團體，甚至是參與製作紀念碑／物的藝術家個人身上。歷史的反省與紀念終究應該是項全社會一同進行的工作，而在集中與分散之間，真正的問題關鍵是民主。我們不應在製作紀念物時，採以與極權統治同樣的邏輯（單向的決定），又或是被動地將紀念的責任推卸到他人身上。唯有積極主動的民主，才能真正對抗權力的集中。這就是去中心化的紀念碑為我們帶來的一課。

## 〈巴伐利亞區的記憶之地〉設立相關重要事記

| 日期 | 事件 |
| --- | --- |
| 1987 | 舍訥貝格區議會代表維爾科調閱納粹侵占猶太人財產時留下的紀錄，經數個月後記錄了 6,000 多個被遣送的名字於索引卡上。 |
| 1988 | 舍訥貝格區藝術局開始提供巴伐利亞區內的導覽，並以區內猶太居民相關歷史為題。 |
| 1988.04.11 | 包括維爾科在內的社民黨區議會黨團提案呼籲區政府於巴伐利亞區設碑紀念該區受迫害猶太人，並提出廣場上的大型紀念碑形式及碑文建議。 |
| 1988.09.21 | 舍訥貝格區議會決議立碑，初始提案為在巴伐利亞廣場上建立大型紀念碑。 |
| 1988.11.09 | 「11 月反猶暴亂」50 周年紀念時，居民及社民黨地方黨部策畫以「對抗遺忘」為名的臨時紀念碑計畫。此計畫使得「去中心化的紀念」之效應得以被看見。 |
| 1988.11.09 | 藉「11 月反猶暴亂」50 周年紀念機會，藝術局於巴伐利亞區廣場上舉辦為期數周，關於區內在地歷史以及反猶暴亂的展覽。 |
| 1988.11.24 | 在前述展覽架構下，行動博物館協會與區內的柏林歷史工作坊合作，於 24 日於廣場上舉辦討論會，討論立碑紀念巴伐利亞區受迫害猶太人一事並蒐集民眾意見。結果顯示，相對於立於廣場上的大型紀念碑，民眾更期待的是能夠激發思考且遍布於區內各處的紀念標誌。 |
| 1988.11 | 舍訥貝格藝術局於上述活動後，在文化工作部門下組建「巴伐利亞廣場警醒與紀念碑」工作小組，並對所有具意願參與者公開。除研究歷史素材之外，每月亦固定聚會並辦理公開活動，為區內民眾對於此立碑過程的資訊接收、交流與參與管道。 |
| 1989.06 | 「巴伐利亞廣場警醒與紀念碑」工作小組發起關於紀念碑形式的討論會廣發邀請函徵集民眾參與。 |

| 1989.11 | 「巴伐利亞廣場警醒與紀念碑」工作小組策畫第二度的露天展覽，呈現柏林其他各處紀念碑案例，以及至今對於區內立碑工作討論的階段性成果。工作小組同時發放問卷，供民眾表達對立碑工作的意見。 |
|---|---|
| 1991.06 | 由柏林市府及舍訥貝格區共同舉辦的公開藝術徵件開始。 |
| 1992.04 | 兩階段的公開徵件後，藝術家組合史蒂希與施諾克的提案獲選，預計於隔年施作並完工。 |
| 1993.06.04 | 紀念碑揭幕前夕，舍訥貝格區警方接獲多起民眾通報「反猶標誌及語句」的懸掛，並介入調查。雖經藝術家抗議，但警方仍先暫時拆卸並沒入十七塊已裝設的標誌。後續協商採取在每塊標誌下方加註的方式，提醒民眾此為紀念碑。 |
| 1993.06.11 | 〈巴伐利亞區的記憶之地〉完成掛牌並揭幕。 |

近年〈記憶之地〉計畫製作手機導覽應用程式，供用戶下載。民眾可以循具定位功能的地圖探索紀念標牌，或依照標牌索引閱讀標牌內容。

Courtesy of Renata Stih & Frieder Schnock, Berlin 2020 - VG Bild-Kunst / Bonn - Artists Rights Society / NYC

〈記憶之地〉計畫的整體地圖，除了標記出標牌位置，也使用地圖疊圖，呈現出 1933 年與 1993 年之間的城市變遷。巴伐利亞區內共有 3 處設置了此實體地圖。

Courtesy of Renata Stih & Frieder Schnock, Berlin 2020 - VG Bild-Kunst / Bonn - Artists Rights Society / NYC

# 第三章

# 動態的紀念

# 動態的紀念

## 雅許洛特噴泉

| | |
|---|---|
| 設計者 ▶ | 霍斯特・霍海塞爾 |
| 地 點 ▶ | 卡塞爾 |
| 年 代 ▶ | 1987 |

## 負型或隱匿型的紀念計畫

相對於中樞型、台座凸柱型紀念建物，負型或隱匿型的
紀念計畫在新舊的縫隙之中，拓衍出與歷史創傷對話及
反思的空間。

## 變動的紀念

相對於古典紀念碑的雋永與不朽，變動的紀念透過紀念
建物積體、形式、外貌的變動性，促進觀者對紀念的動
態參與。

## 納粹焚書紀念碑

| | |
|---|---|
| 設計者 ▶ | 米夏・厄爾曼 |
| 地 點 ▶ | 柏林 |
| 年 代 ▶ | 1995 |

## 以紀念碑增補紀念碑

面對歷史、政權更迭下，對於不合時宜的紀念碑，以增
補形式代替拆除模式，使紀念碑的歷史脈絡更為清晰，
並留下紀念工作上的錯誤與不足，作為後世警惕。

## 漢堡—哈堡反法西斯紀念碑

設計者 ▶ 約亨·蓋茨與依絲特·夏烈芙—蓋茨
地　點 ▶ 漢堡市哈堡區
年　代 ▶ 1986

## 逃兵與其他納粹軍事司法受難者紀念地

設 計 者 ▶ 弗克·朗
對應紀念 ▶ 第七十六步兵團紀念碑（理查德·庫爾）
年　　代 ▶ 1936 初設 / 2015 增補

## 灰巴士紀念碑

設計者 ▶ 安德烈亞斯·克尼茲、
　　　　　霍斯特·霍海塞爾
年　代 ▶ 1987

## 包姆起義小隊紀念石碑

倡 議 者 ▶ 倖存者葛哈·扎德克尋找民主社會主
　　　　　義黨議員增補
對應紀念 ▶ 柏林〈包姆起義小隊紀念石碑〉（東
　　　　　德政府）
年　　代 ▶ 1981初設／2001增補

# 第一節

# 反紀念碑

事實上，德國對法西斯時代及其受害者最好的紀念碑，可能根本不是一座單一的紀念碑，而是關於紀念碑之永遠無法解決的爭論——保存哪種記憶、如何保存、以誰的名義及出於怎樣的目的。

——詹姆斯·E·楊，〈反紀念碑：當今德國之反對自身的記憶〉，1992

前文我們述及了中樞式紀念碑所帶有的爭議，並且連帶地討論與它相對的「去中心」式的紀念。一九八〇年代之後，在去中心式的紀念以外，另有一類紀念碑／物，直接解構並挑戰過去至今既有的「紀念碑」形式與意義。進入理論與案例的討論之前，我們有必要再一次回顧在德語圈之中，關於「紀念碑」這項交織於政治、歷史與藝術領域之間的概念與實踐究竟為何，以便於理解，這些「非典型的紀念」到底挑戰並顛覆了什麼？

現今德語中慣用的「紀念碑」一詞，源自馬丁・路德翻譯《聖經》時，將拉丁語中的「mounmentum」及希臘文中的「mnemosynon」譯作「Denkmal」，有「幫助記憶」或「記憶的支柱」之意（Scharf, 1984: 8; Wijsenbeek, 2010: 23）。格林兄弟編纂的《德語字典》則定義「Denkmal」一詞為：「紀念人、物或重大事件的建物、立柱、雕像、畫像、墓丘，譬如勝利的戰役」或是「用於紀念／追憶的物件」。[1]

| 1-1-1 | 十九世紀中期，約莫於德國國家統一前後，紀念碑的古典意義建立在紀念士兵的死，以及頌揚國家之偉大之上。兩者之間藉強化犧牲的英雄性、神聖與榮耀連結在一起。第一次世界大戰後，落敗的德國更需要上述的轉換，以掩飾其戰敗的事實，納粹則更將紀念文化導引向復仇以及喚起對外在威脅鬥爭的情境（Wijsenbeek, 2003: 45-46）。為了支撐起這樣的訊息內容，紀念碑的形式需要能夠連結上對崇高、偉大和永恆的想像，所以其材質與外顯的形態必須雄偉並能抵禦時間的摧殘，常見的即為硬金屬或石材等；在功能上，紀念碑附屬為宣傳工具之一環，傳遞訊息的方式因而是單向並具有嚴明的階級性——也就是說，紀念碑是一項用來觀看、甚至仰望的物件，而非親近和參與其中。


## 反紀念碑，所反何事

藝術哲學家、評論人馬滕克洛曾提及，紀念碑以文字、圖像或抽象的符號，指涉人及事件，然而歷史之「實在」卻因為紀念碑的設置，而部分或甚至全然佚失（Mattenklott, 1993: 26）。長年研究紀念碑、語言學者詹姆斯・E・楊則認為，紀念碑創造了一種幻象，好似它永遠會矗立在那裡，提醒我們（憶起關於歷史的種種），而後我們轉身離去，卻僅在有需要時想起；這麼一來，紀念碑不但沒有促進、推進人們去真正「紀念」，更反倒替代了紀念工作（Young, 1992: 267-296）。原本我們建立紀念碑是為了不忘，

現在卻像是立碑促成遺忘。

一九八〇年代開始，出現了一系列的紀念物，它們與過去的紀念碑相比，無論內在與外顯的質地都相當不同，在各式報導與研究中，它們被稱為「反紀念碑」。

「反紀念碑」的「反」正是建立在前述紀念碑的古典意涵之上。反紀念碑的研究者維森貝克將此作出幾種分類：首先有外形上的反紀念碑（負型或是隱匿）、抽象式的反紀念碑，以及概念式的反紀念碑（Wijsenbeek, 2000: 31-32）。不過這些分類尚僅於以形式作為範疇，如維森貝克所述，有更多細緻的區分，譬如相對於前述古典紀念碑，有一類反紀念碑拒斥與紀念碑糾纏不清、屢現不輟的國族敘事，這類紀念碑重新凸顯戰爭的殘酷無情，一反舊有紀念碑中對征伐殺戮的光耀態度，主要處理的是紀念碑承載的內容；另外還有一類反紀念碑，反對的是傳統上紀念碑的「說教功能」，反對前述「代替了紀念工作」的紀念碑，以及各種將觀者降格為旁觀者的、具專橫傾向的紀念碑（Young, 1992: 274）。這樣的反紀念碑希冀的，是面對過去既有的紀念概念與策略中，人與碑、碑與歷史、歷史與當下的多層關係，得以被解構重組——是詮釋上的「反」。

如果我們當下所建造的紀念物，是為了反思帝國侵略、批判獨裁暴政或警醒戰火無情，那麼，我們就更沒有道理採用與批判對象相同的紀念策略。於是，反紀念碑的「反」，便不只是美學上的一大轉向，在政治上更是「非如此不可」——必定要與舊有的紀念模式劃清界線。

雖然不乏有學者論證[2]，對觀者來說，反紀念碑的意義，正是來自新舊縫隙的對話中，亦即，既有的舊碑與新的藝術手法介入後，創造出的對話空間。故紀念碑與反紀念碑二者是一組依存關係，甚至能夠相互作用，因而在意義上達到加乘的效果。儘管如此，確實也有不依賴與舊碑的辯證關係、單獨存在，並且在紀念策略或美學樣式上，都合於反紀念碑精神的製作。在這類反紀念碑單獨存在的場合下，其挑戰的則不再僅是單一的紀念碑／物，而是現存既有的紀念碑與既有歷史敘事詮釋的紀念物。

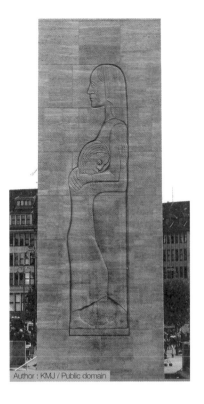

〈陣亡將士紀念碑〉上，恩斯特‧巴拉赫〈哀悼的母與子〉浮雕面。

Author：KMJ / Public domain

## 反紀念碑之濫觴

最早使用「反紀念碑」概念的，是漢堡的一項徵件計畫，也是當前各種反紀念碑的開端。

先把時間倒回一九三一年，當時的漢堡市由三政黨聯盟主政（社會民主黨—德國民主黨—德國人民黨），在一次關於市政廣場立碑紀念一戰亡者的論辯中，市府拒絕右傾政黨以及背後支持的軍人協會各自立碑的提議，並採用恩斯特‧巴拉赫所製作的〈哀悼的母與子〉浮雕做為〈陣亡將士紀念碑〉。對此決議，許多軍人協會強烈不滿，反應最直接的是漢堡第七十六步兵團協會[3]。他們除了詆毀巴拉赫製作的碑，認為它既「不夠英雄氣概」也「不德國」，還在許多保守派團體以及當初日益壯大的漢堡納粹黨支持下，規畫豎立自己的紀念碑。

一九三三年納粹黨奪權之後，各種限制更是快速被掃除，順利在隔年公開徵件，並在兩年後立起紀念碑，自此後長年引發爭論（Endlich, 2014: 20-23）。設計這座紀念碑的雕刻家，是在三〇年代納粹政權下製作〈第三十九輕步兵軍團紀念碑〉的理查德‧庫爾。他在漢堡製作的這塊戰爭紀念碑，是一塊高七公尺、寬四‧三公尺、長九公尺的潔白四面石碑體，側面圍繞的士兵浮雕以全裝備端槍的姿態行進，走出象徵漢堡的城門紋章，邁向戰場。刻於其上的文字則是摘錄自一九一四年時詩人海因里希‧列許的詩作：

　　若我們必須死，那麼德國應生。[4]

且看銘文引用〈與士兵訣別〉這首煽動戰爭情緒的詩，便可嗅到這座紀念碑被納粹作為喚起為敗戰復仇情緒的意味。

Author : Oxfordian Kissuth / Source : Wikimedia Commons / CC BY-SA 3.0

〈第二連隊第七十六步兵團紀念碑〉。

因此，戰爭結束後，該如何處置這座戰爭紀念碑，將表現出漢堡市民乃至於德國人面對過往的態度。早在二戰結束後，即有籲求拆除此碑。一九四六年十一月卅日，雕塑家鮑爾即於報上呼籲這座紀念碑應該消失，更進一步表示，「應以我們的死換取其生」的那個德國已經死了。時至七〇年代，漢堡市米特區議會曾向該區區長建議，至少移除該紀念碑碑文（Wijsenbeek, 2010: 39）。

歷經六〇年代末至八〇年代初期對於這座紀念碑的強烈批判後，對於這塊「令人反感的之石頭[5]」，公眾形成的共識是不應拆除此碑，否則將有塗銷歷史的危險。時任文化市政參議員赫爾佳·舒哈德即表示：

> 這座存留至今的紀念碑是我們無法從中遁逃之歷史的一部分，
> 因此，讓它維持現狀而不受到更動，自始便是毫無疑問的。[6]

這時，這座紀念碑，已從它原先紀念——更精確地說，是「政治宣傳」的角色——轉換成為歷史見證或紀錄檔案。然而，將這座曾是納粹政治宣傳之一部分的紀念碑未經任何加註地留在公眾的目光可及之處，絕對是無可忍受的，當時除了對此頻發的示威活動之外，該碑還不時遭到油漆洗禮，以示對未經反省的歷史之抗議（Müllender, 1982）。所以，保留不動並非應對措施的全貌。

一九八二年，漢堡市政府正式公開徵件，對〈第七十六步兵團紀念碑〉進
行加註補充。這也是在德國眾多城市中，首次有官方單位藉由公開徵件，
嘗試對納粹時期所遺留、帶有軍國主義色彩的紀念物進行反省與批判。徵
件文字中提及：

> 為能守衛民主，歷史意識是必要的；對此，移除一座紀念碑並
> 不會有所裨益。必要的反倒是關於將對犧牲者的敬意濫用為國
> 家社會主義的政治宣傳之狀況的啟蒙。[7]

也就是說，紀念被操作成軍國主義政治宣傳的策略與歷史，不僅應受到批
判，並且是同時在保留既有的紀念物下達成。這不是一件簡單的任務。

雖然後續徵件的過程與成果充滿各種程序以及內容上的問題，但不可否
認，無論是收到的一○七份各式提案，又或是最後由奧地利藝術家阿爾弗
烈德・賀德利卡製作的兩組抽象雕塑──分別象徵漢堡空襲和在集中營撤
離過程中的死難，雖然不盡理想，但至少終於以非拆除／加註的方式，在
處理納粹時期紀念物的工作上闢了一條新的途徑。這裡使用的藝術手法，
尚屬以外表的形式語言來與舊碑產生對照。

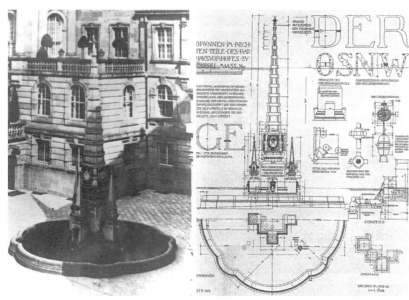

Courtesy of Horst Hoheisel

Author : Center for Holcaust & Genocide Studies, University of Minnesota

（左）雅許洛特噴泉最初的舊貌。

（右）建築師卡爾‧羅斯的噴泉設計圖。

## 負型的紀念

緊接在漢堡之後兩年，卡塞爾也啟動了另一件徵件。一九八四年，搶救卡塞爾文化資產協會（下稱搶救文資協會）為了「重建」雅許洛特噴泉，也舉辦了徵件。這是一座位於卡塞爾市政廳前的噴泉，高十二公尺、新哥德式樣，自一九〇九年起立於同年完工、新巴洛克式樣的市政廳前，噴泉設計師亦為市政廳的建築師卡爾‧羅斯。市政廳完工的前一年，羅斯受當地猶太企業家委託，設計出這座噴泉，視作獻給卡塞爾的贈禮。[8]

一九二九年是轉變的一年。這一年，國家社會主義工人黨——也就是納粹黨——首次在卡塞爾地方的選舉中有所斬獲，以百分之六‧三的得票率（相當於三萬三千多票）獲得三個議席。[9]隔年的國會大選中，納粹黨在卡塞爾迅速成長為第二大黨，僅次於社民黨（Krause-Vilmar, 2003: 3-4）。經過幾年的拉扯鬥爭後，希特勒與納粹黨於一九三三年奪權，而即使是在非第一線大城市、遠離首都柏林的卡塞爾也能感受到這股極端化的大浪：除了對猶太人及其物業的抵制和破壞以外，當年的弗里德里希廣場上，甚至建立起一塊鐵絲流刺網圍籬的區域，裡面圈著一頭驢子，圍籬旁附帶有文字解說：

只有驢子不懂希特勒是德國人民的元首、必須領導帝國的建
造，集中營是他（譯按：指連這點都不懂的人／驢子）的歸處。
（Krause-Vilmar, 1982: 162）

這間象徵性的集中營，而其目的是為了警告不守規矩的市民，要他們停止
到猶太商店消費。[10]

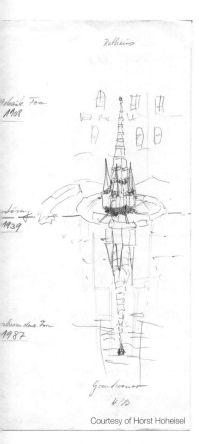

Courtesy of Horst Hoheisel

（上圖）霍海塞爾「重建」雅許洛特噴泉
的手稿及建貌（右圖）。

因為雅許洛特噴泉的資助者為猶太人，反猶勢力興起後，貶稱這座噴泉為
「猶太噴泉」，連其美學樣式亦一概批評「不夠德意志」；一九三九年起，
它先是遭納粹黨人搗毀，數週後，原地的瓦礫被清除乾淨並改造成水池；
一九四三年時，水池的凹槽又被填平成為花圃。戰後直到一九六三年左
右，此處進行「重建」，卻是恢復為噴水池，而不是遭到納粹搗毀之前的
原樣（Young, 1992: 288）。噴水池的存在，正好成為卡塞爾市民「集體
記憶佚失」的證據：許多市民不再記得此處原為新哥德式尖塔噴泉，忘記
「雅許洛特」這個名字，甚至誤以為噴泉是毀於二戰期間的空襲——事實
上，市政廳一帶是少數躲過二戰期間空襲的街區。這種歷史記憶的錯置，
與台灣社會過去對二戰時期空襲的回憶頗有異曲同工之處。

與漢堡雷同的是，一九八〇年代起，隨著民眾的歷史考掘，掩蓋已久的史
實漸次出土，而各種可能性的辯論也隨之不斷發生，一部分人希望將雅

Author：鄭安齊

許洛特噴泉如實重現，以鳳凰浴火重生之姿回到卡塞爾（Schulz-Jander, 1999: 131-132）。

一九八四年，在搶救文資協會的公開徵件下，中選的藝術家霍海塞爾藉著藝術手段，繞出一條特殊的取徑與歷史對話，在如實重建與徹底拆除之間，另尋其他出路——而這也符合反紀念碑的精神。首先，他按圖忠實重鑄十二公尺高的尖塔，卻將塔身顛倒，沉放入預先挖好的洞中。洞底十二公尺深處是卡塞爾市的地下水，水面若有光，那麼另一座雅許洛特噴泉便在底處水波粼粼中，搖晃重現：

> 我將新的噴泉設計成舊物的鏡像，沉放到舊址之下，是為了拯
> 救在卡塞爾市民的意識中，做為傷口或者開放性問題存在的本
> 地歷史——並藉此讓這樣的事不再發生。（Young, 1992: 288）

展覽圖錄中，可以見到當年霍海塞爾以木製模型與鏡子的組合，呈現他所規畫的「重建」。若此讓我們聯想到醫療方法，「鏡像」確實是對雅許洛特噴泉重建案例貼切的比喻。鏡像治療實例上，患者因為疾病或意外，可能會失去某側肢體一部分的能力；甚至很有可能在截肢之後，卻仍然感覺到疼痛。[11]而透過鏡中的倒影，患者能藉此重建生活，其理論是基於大腦迴路自我修復的功能（神經可塑性），透過注視健康身側的影像刺激、活化腦中的鏡像神經元，使得患側不僅能恢復動作，甚至可以改善感覺。[12]

若卡塞爾市民集體是一具身體，那麼霍海塞爾的計畫，則彷若「意識上的復健」，正如他所表示：

> 紀念碑並不在任何廣場及台座上發生，不顯現於任何立柱或
> 尖碑上，也不在大理石抑或砂岩之中，而是在人的腦海中！
> （Fuchs, 2011: 19）

無論是霍海塞爾的雅許洛特噴泉紀念碑，又或是其他的反紀念碑，其追求的或許是讓人們各自成為自己的紀念碑；將紀念留在意識裡，而非寄於外物，才不致讓立碑導向遺忘。

# 第二節

# 變動的紀念

當人們都能透過記憶之不可見的圖像而保持警醒時，終有一天，我們將抵達一個不再需要任何反法西斯紀念碑的地方。

　　　　——約亨・蓋茨，〈漢堡—哈堡反法西斯紀念碑〉製作者

## 時間變動的視覺化

在前述霍海塞爾版本的雅許洛特噴泉草稿中，藝術家強調從過去到現在的時間性位移，並將它轉化做視覺上的變動。約莫同期的另一組藝術家約亨・蓋茨與依絲特・夏烈芙—蓋茨則於〈漢堡—哈堡反法西斯紀念碑〉的製作上，採用了相近的策略。

兩位藝術家的這項計畫，也常被歸類於「反紀念碑」的一環，和雅許洛特噴泉的差異在於，〈漢堡—哈堡反法西斯紀念碑〉的拮抗力道並不作用在特定舊有的某座紀念物上，而是對應既有的古典紀念碑概念，並致力於排除紀念碑中所潛藏的極端國族思想。

一如同時期德國（西德）各地逐漸起步的紀念和歷史考掘運動、因應一九八三年納粹奪權的五十周年紀念策畫了大量活動之背景，這座紀念碑同樣是在一九八三年，由漢堡市哈堡區議會委託製作。而此紀念碑具備了各項與傳統紀念碑相反的元素。

首先是材質。有別於硬金屬或石材，〈漢堡—哈堡反法西斯紀念碑〉的表面材質是鉛製蒙皮，是常用金屬材質中硬度較低的一種，極少被採用於紀念性的雕塑上；再者，藝術家組合不願以傳統「巨大基座上的物品」來告訴人們該怎麼感知、思考，所以這座紀念碑是沒有底座的，有別於古典概念下的紀念碑總是只能保持一定的距離觀看，其安放的位置以及一旁附上的金屬刮棒，更像是在對民眾發出邀請：在碑上留下痕跡吧。

最後一點，則是反詰紀念碑的「永恆性」——自一九八六年十月十日揭幕起，該紀念碑歷經八次的沉降，終於在一九九三年十一月十日，完全沒入地面（Young, 1992: 174）。若是今日前往該地的遊人，僅能於地面找到封住該柱體的四方形蓋板、記錄沉降過程的照片，及七種語言的文字解說。這座十二公尺高的紀念柱揭幕時，藝術家原本設想民眾會在上頭簽上自己的名字或寫上該地的歷史，每當柱體上人們所能觸及的高度被畫滿時（按規畫為一・五公尺）柱體就會一次次地沉降，將整座紀念碑沒入地面。

保留至今的文字解說寫道：

> 我們邀請哈堡區民和到此的訪客，將他們的名字與我們一同留

1986 年〈漢堡—哈堡反法西斯紀念碑〉剛立碑時高 12 公尺的全貌（左上），及在其上留下訊息的民眾（右上）。

Author : Kulturbehörde Hamburg, Hannes Schröder / Courtesy of Jochen Gerz, VG Bild-Kunst, Bonn 2020

Author : Wolfgang Neeb / Courtesy of Jochen Gerz, VG Bild-Kunst, Bonn 2020

〈漢堡—哈堡反法西斯紀念碑〉，民眾塗上的「納粹滾出去」等詞句，（左下）及拍攝於 2018 年、僅剩地表的蓋板與陳列於一旁的說明與紀錄照片（右下）。

Author : Kulturbehörde Hamburg, Hannes Schröder, Wolfgang Neeb / Courtesy of Jochen Gerz, VG Bild-Kunst, Bonn 2020

Author : Kulturbehörde Hamburg, Hannes Schröder / Courtesy of Jochen Gerz, VG Bild-Kunst, Bonn 2020

於此處。藉此過程，我們致力保持警醒。當愈來愈多名字覆蓋這座十二公尺高的鉛柱時，它就會逐漸沉入地底。直到完全地沉降消失，這處哈堡的反法西斯紀念碑現址亦會成空。最後，就只剩我們自己，能夠起身對抗不公不義了。

若說古典的紀念碑概念，往往卸除了人們應當「記得」的責任，反而促成遺忘（Young, 1992: 26-296），那麼這組藝術家就像是希望藉由簽署的動作，將責任再次從紀念碑轉移回到人們身上。

約亨‧蓋茨在 1990 至 1993
年間與薩爾布呂肯高等藝術學
院的學生及猶太社群合作的另
一件計畫〈2146 塊石頭—反
法西斯紀念碑／不可見的紀念
碑〉，這是一件既未經申請也
非委託的計畫。約亨‧蓋茨和
學生在三年間，於夜晚將薩爾
布呂肯城堡前方廣場大街（通
往過去納粹時期的領導黨部）
上的鋪石一塊塊移走、刻上
1933 年前即存在的猶太人墓
地名稱，然後再將石頭刻字的
一面朝下鋪回去。

Author : Martin Blanke, Berlin and Gerz studio
Courtesy of Jochen Gerz, VG Bild-Kunst,
Bonn /

然而，民眾的能動性——無論是正面或負面的——卻也不是那麼容易就依
照設想的規則走，這座反紀念碑自身也依舊蘊藏有召喚解構的力量。不同
於藝術家設想的行禮如儀，這座方碑召來人們在上方簽名，彷彿訂下與紀
念工作的契約，但同時也喚來破壞的衝動：謾罵、納粹卐字，或僅是無意
義的塗鴉，而破壞性質的塗寫甚至遠多於前者。此時，紀念碑成為社會實
驗的紀錄，就好比今日的社群網站論壇留言一樣，各式各樣的自由發言正
是人們對自身之於「紀念」這項工作所反映的態度，而藝術家也忠實地將
這些過程記錄下來，變成見證的文件。

這座紀念碑從對「歷史」的紀念，轉而集中關注「此時此刻」，並將把「過
往」或「歷史」變成背後觸發觀者行動的潛在因素。於是，以紀念之名立
下的碑的變動，無論是表面上的刻鑿破壞，還是時間上或快或慢地沉降
（若注意沉降的日期，很快能夠發現在德國政治史大變動的一九八九至九
〇年間，這座碑就沉降了三次，特別是統一之際的八九年秋至隔年二月，
是整個計畫過程中碑最快被畫滿的一次），顯示出轉型正義的工作並不真

正因為碑的設立而從此定調於一，眾聲喧嘩以及破壞性的力量一直都在，然而若為古典紀念碑的形式，將使得這些異見不僅缺乏現形的可能，掩飾一切如太平，也讓歷史失去動態地受到正反討論的可能性。

## 雙重歧視下的受難者

除了上述〈漢堡─哈堡反法西斯紀念碑〉碑體本身的變化，另一類在空間上變動立碑的模式，也打破了紀念碑所固有的恆常性。這類在空間上變動的紀念碑，與去中心化的紀念碑仍稍有不同：去中心化的紀念碑在位址上分散，但仍是定著在一地或數地；而接下來介紹的這類紀念計畫，則是更貫徹對紀念碑恆常性的顛覆，這些紀念碑僅是暫時性的存在──因而在這類計畫中，「現身」與「缺席」是輪替著浮現的概念。之所以發展出這樣的游擊、游牧態勢，源於受紀念的對象或事件直至計畫設立之前，都未（能）被紀念，在政治上遲未能取得共識或認可。

其中一個相對未受到關注的群體，是納粹政權時期遭受到強迫絕育以及「安樂死」謀殺的受害者。前文提及「安樂死」受難者的平反來的要較晚，許多加害者更是未受制裁或僅受輕罰。形成此狀況的原因很多，除了幾乎沒有倖存者以外，他們特殊的身心狀態原本即飽受社會上的歧視，而在紀念工作方面的空缺更是二度的歧視。在蒂爾花園 4 號宅邸舊址（現柏林愛樂廳）的歷史工作坊等行動，以及市政府一度在立碑工作上的便宜行事，正揭露了這種「（暫時）紀念」形式的必要性。

| 1-3-1 |
| 2-1 |

於二〇一一年，4 號宅邸舊址正式為「Ｔ4」行動受害者立碑之前，藝術家克尼茲以及霍海塞爾合作的〈灰巴士紀念碑〉，正是以受難的療養機構院民為起點發想的計畫，並在這樣「遲來」的背景脈絡下形成。

1940 年拍攝於利貝瑙當地療養院所的歷史照片，紀錄著該機構醫生正在確認待運送者的名單的樣子。

Author：Alois Dangelmaier / Source：Archiv Stiftung Liebenau

藝術家在研究階段中，見到一張一九四〇年拍攝於利貝瑙當地療養院的歷史照片，醫生正在核實院民身分，並準備將他們送上紅色巴士運

走。起先這類巴士的塗裝與同款的帝國郵政巴士一樣是紅色，後期為了空襲的隱蔽效果改成灰色；巴士的窗戶為防路人的窺伺，則以窗簾或是塗漆遮蓋。照片中，這幾名院民的命運有如當年廿萬受難者的縮影，而這個畫面也觸發了藝術家組合採巴士的外型做為紀念碑的想法。運送「安樂死」受難者的巴士，有其專屬的組織名稱——「蓋剋拉」，亦即「非營利性醫療運輸會社」之縮寫簡稱，屬「Ｔ４」行動的一環。計畫期間，受難者從各地的療養機構或醫院被一車一車地，經由大街、廣場或杳無人跡的小路，送往德國境內共六處「安樂死」滅絕設施毒殺。[13]

當這些巴士穿過尋常街巷，在駛向死亡的路上與居民或路人的眼光交會的一瞥之時，也正是法西斯滅絕暴政與非受難者在彼此生命中少有的短暫疊合。藝術家依當年巴士梅賽德斯—賓士的車型，將其外觀完全複製，採用同樣是紀念碑製作上不常見的水泥混凝土灌鑄成形。但此處的複製不是依樣畫葫蘆，擋風玻璃、車窗等原先應是通透的部分皆被水泥封住，就像是影射當時以窗簾或塗漆遮蓋，以防外界窺伺，也讓車上的受難者全然摸不著東南西北的方向。車體則切割成前後左右共四大部分，中間保留一條狹窄、約僅容一人走過的通道，其中一側刻上一句來自「Ｔ４」行動一名受難者的證言：

你們要把我們帶去哪裡？

當民眾走過這條通道、讀到證言時，彷若穿越過去那未能被看透的巴士內部，與前人受壓迫之身軀與意念交會。巴士本體擺放於「Ｔ４」行動中途機構之一，拉芬斯堡—維斯瑙的一舊時療養院的舊大門口，藝術家重新召喚了這個時刻：原先塵封的鍛鐵大門重新被打開，時間就好像凝結於巴士即將駛出療養院、開往其目的地格拉芬埃克滅絕設施的那一刻。拉芬斯堡—維斯瑙的這處療養院，共有六九一名院民搭上這班死亡巴士，另一端的格拉芬埃克，則共有一萬零六五四人，命喪該地（Hoheisel & Knitz, 2012: 12; Gedenkstätte Grafeneck e. V., 2016）。不過這一次駛出院門的「巴士」有點不一樣：仔細一看，輪胎部分就好像沉入地面，其遲滯感與重量，就好像在說：「這一次不會再讓你們輕易被帶走。」

我們一般的經驗是，倘若將紀念物以完全忠實復舊的雕塑重製，很有可能喚起對該年代錯誤的美好記憶，適度拿捏重製的方式並不容易。而克尼茲與霍海塞爾將〈灰巴士紀念碑〉從中間劈開，供人穿行，正是對此一鄉愁

〈灰巴士紀念碑〉於拉芬斯堡─維斯瑙的療養機構舊大門前，藝術家特地將其擺置於門口，使得經過的人必須從中央穿過。

Courtesy of Horst Hoheisel & Andreas Knitz

感的破除，附加其中的受難者證言更是為整件紀念碑作品賦予重量和歷史。而保留混凝土灰色調的策略，一方面（如同前述的手法）中性化、陌生化了重製一種舊車型容易帶來的懷舊感；另一方面，這個「灰色」彷彿暗示了歷史──紀錄照片中的灰階色調──對彩色調的當下的介入，〈灰巴士紀念碑〉本身正是提供這樣的歷史介入的平台。


## 在空間中移動的紀念

這座供歷史介入當下的巴士平台，並不只固著於拉芬斯堡─維斯瑙，除了二〇〇七年一月廿七日於療養機構舊大門口揭幕後，長期占據該處的〈灰巴士〉之外，藝術家還規畫第二輛〈灰巴士〉，駛向拉芬斯堡─維斯瑙該城靠近一座學校處的交通要衝之地。藝術家原先的規畫，是讓〈灰巴士〉循當年的路線，從拉芬斯堡的療養機構一路移動到格拉芬埃克滅絕設施，沿途依序停靠展出。而後，整個計畫演變成不斷巡迴於曾經有療養機構、滅絕設施或是與「Ｔ４」行動相關的各個城鎮。因為過去對「安樂死」受難者紀念的空缺，〈灰巴士〉所抵之處，無不引起迴響。

實際上，尼茲與霍海塞爾並未對這項紀念計畫的移動有太多干預。他們提供了複製的第二座〈灰巴士〉做為「移動的紀念碑」，但巡迴各地時所需的資

源、協同的活動及規畫，大多是由當地自主組織；也因為藝術家不做過多干預的關係，每個地點的停留亦忠實反映該地在紀念工作上的不同樣態：有的是多樣組成的民間倡議團體為主力（如布蘭登堡），有些地方則官方色彩濃厚（如於柏林蒂爾花園 4 號宅邸舊址前的紀念），有些由身障者為主體主導紀念活動（策畫於諾伊恩德特爾紹），有的地方則更體現了民間和官方對於這段歷史不同態度的張力（Hoheisel & Knitz, 2012: 14-16）。

以斯圖加特為例，當年，該地的內政部正是主責徵收格拉芬埃克滅絕設施用地的單位，故成為〈灰巴士〉巡迴移動的一站，然而因為約莫同時期發生的「斯圖加特２１」鐵路地下化工程[14]的抗議，導致當地致力歷史研究及紀念工作、呼籲保留曾為蓋世太保總部的「銀之酒店」做為紀念館的主要民間團體，在此紀念活動中被政府刻意略過、不被邀請——理由昭然若揭，因為這些團體同時是抗議政府獨斷的地下化工程之主力。民間團體則是以自力組織的連串講演、討論活動做為回應。這時期的紀念工作，已不再僅是一九八〇年代時立碑或不立碑紀念的差異，而是演變為話語權和詮釋權的爭奪。但相同之處在於，當〈灰巴士〉離去、前往下個地點時，地方已然形成永久而持續性的結構，建立了紀念的傳統或是可供公眾利用的檔案、資料或展覽館。[15]

於是，這些地點上演了現身與缺席的變動與交替。在過去的時間之中，紀念與轉型正義工作始終未能被遂行而「缺席」，然而〈灰巴士紀念碑〉的存在以及它所提供的平台，使得社會大眾現身；當「灰巴士」動身離去、前往下一個地點時，這次的「缺席」已經與過去的不同了，此時紀念與轉型正義工作的責任由人們擔負下來，因而不再需要〈灰巴士紀念碑〉做為永久的載體而存在。如同沉入地底的〈漢堡—哈堡反法西斯紀念碑〉，紀念碑消失後，將轉化為人們的記憶（Pakasaar, 1999: 34）。也因為轉移至不同現地展出的方式，不僅使受難者得到悼念，那些曾是暴行加害處的地點和機構過去曾有的負面不義歷史，也得以受到檢視。

總結地說，歸類在「反紀念碑」這個範疇的紀念計畫，藉由其非典型的形式——非固著、非永恆性與開放性，從而避免了紀念工作自身再度樹立、或是協助建立某種絕對的權力象徵；同時，「反紀念碑」也透過各種概念的操演，突破傳統範式下紀念碑的限制，從而提供了一種新的語彙，使得權力關係、規模與架構都異常繁複的暴政或暴行，得以再次透過藝術或者各種文化實踐被紀念。

缺乏實體的物件，確實難以讓散落於個人記憶中的事件，得以依附或做為討論的標的，從而形成集體記憶、導向對歷史的反省；但即使紀念碑／物在紀念工作中不可或缺，並不意味對於紀念碑的設置僅能局限於特地的既有想像和少數幾種特定的形式，亦不表示紀念碑是紀念工作當中絕對不可或缺的。

沒有紀念碑做為提醒、甚至警醒工具的世界，或許才是所有致力於推動紀念與轉型正義工作的人所企及的，正如同紀念碑的設計者蓋茨所說的：

> 當人們都能透過記憶之不可見的圖像而保持警醒時，終有一天，我們將抵達一個不再需要任何反法西斯紀念碑的地方。
> （Miles, 2010: 68）

Courtesy of Horst Hoheisel & Andreas Knitz

Courtesy of Horst Hoheisel & Andreas Knitz

第二階段的〈灰巴士紀念碑〉移動與裝設過程。2008 年 1 月 18 日至 2009 年 1 月 18 日止，〈灰巴士紀念碑〉移動至柏林蒂爾花園街 4 號宅邸，也就是「治療與院內護理慈善基金會」總部，「Ｔ４」行動發動處。當時聯邦政府的中樞紀念碑尚未能設置紀念「Ｔ４」行動受難者的紀念碑。

# 第三節

# 不合時宜或
# 因時制宜的紀念

紀念碑並不體現永久的真實，而是表達特定的、與當下時間結合的看法。

　　——史蒂芬妮・燕德里西，〈活動的紀念碑 —— 行動的人〉，
　　　　　　　　《灰巴士紀念碑 —— 運動的紀念文化》，2012

第一部曾提及，當大多數設立於戰前的紀念碑在德國多次政權轉移之後，受到批判、遺忘甚至移除時，座落於柏林椴樹下大道的「新崗哨」，倒是從十九世紀初迄今一直留存下來，在國家儀典中占據重要地位，並一再受到不同意識型態與政治傾向的作用，以其形態各異的變動，證成了政權與政治環境變化和紀念工作之間的張力。自普魯士國王腓特烈‧威廉三世於一八一六年委託申克爾設計建造以來，它已從崗哨轉為解放戰爭的紀念碑，再變為「世界大戰死難者紀念館」[16]，爾後納粹再次更動，除了加上帶有「為祖國而犧牲」意涵的巨型十字架，也掛上象徵榮耀的橡葉環，加以紀念碑名的調整，此時的新崗哨已從悼念亡者轉為「榮耀為祖國英勇犧牲的士兵」之處所。

## 新崗哨的下半場

一九四五年，柏林遭到轟炸，被納粹改名〈致世界大戰死難者紀念碑〉的「新崗哨」本體半毀、屋頂全塌，內部則被燒盡，成為了一只空的「容器」，正好得以迎來政權更迭下的再一次改建。

1956 年東柏林當局做出決議，將新崗哨改為〈法西斯與兩次世界大戰受難者紀念碑〉，並於 1962 年起設置衛兵。

二次世界大戰結束之後，各式各樣的使用意見激起討論。[17]比如納粹改建前上一個版本的建築師泰森諾，在此時力主保留二戰下轟炸半毀的建物，藉由損毀的樣貌來反映歷史、警醒世人（Spies, 1993: 39-40）；與此同時，亦有聲音主張拆除此建物，特別是自由德國青年團的柏林分會。然而，畢竟在納粹的政治象徵體系下，此處起著重大的作用，已與法西斯有著深刻的連結，若欲立即在此地進行對受難者的紀念，一時半刻間仍難以想像，因此終戰後將新崗哨改建為紀念碑的提案皆無足輕重；即便一九五一年時東德主政的德國社會主義統一黨核准的工程施作，也僅針對建物結構安全進行處置，否決了紀念碑的修建（Günther, 2005）。至於原先立於新崗哨兩側的解放戰爭統帥雕像，也在修復工作中一併移除。[18]

五年過後，（東）柏林市政府終於做成決議，於新崗哨處建立〈法西斯與兩次世界大戰受難者紀念碑〉。此時，新崗哨若必須為東德政權在思想、意識型態塑造上出力，首先需要的就是重整新崗哨內部空間的重新配置，因為戰後的簡易修復狀態對東德政府而言，並不足以擔負訊息傳遞之作用，亦不符合東德政權意識形態之需求。（東柏林）市政府隨即對建築進行分析，除了進行建物維護所必要的結構調查以外，也因應其建築形式本

身所賦予的素樸、莊嚴特質，建議室內空間不應裝設有雕像類型的作品（Spies, 1993: 40-41）。

最後的決定方案是，保留一九三〇年時泰森諾設計案中因戰火而變形的橡葉環底座，移除紀念第一次世界大戰死難者的「1914～1918」字樣，並預計於後方原先納粹設置十字架的牆上新設銘文。按此方案，銘文欲採用布萊希特的詩作，[19]卻遲至一九六〇年紀念碑揭幕之時，後牆仍是空白一片。再過兩年後的五月八日，逢終戰紀念日，「致法西斯與軍國主義受難者」的字樣才被掛上。紀念碑揭幕的五月所進行的閱兵紀念儀式，從此年年進行，取代過去納粹在三月中旬的週日，固定於此舉辦的「英雄紀念日」儀式；自一九六二年起，崗哨前也設置衛兵，每日都有換崗操演等儀式。與館內帶有戰火痕跡的基座及牆上「軍國主義受難者」字樣相互對應下，作為「紀念」，卻不免矛盾──以軍事排場，紀念戰爭亡魂。


## 走馬燈般的新崗哨

一九六九年，值東德建國廿周年之際，新崗哨再次由建築師洛塔・克瓦斯尼察設計改建。儘管「不適合設立雕像」的原則未被打破，但是空間內部卻有一番大規模的改造：重新鋪設淺色大理石，中央原本保存的戰損基座被移除；移除的位置改為一處深綠色的大理石凹陷，上置一塊四方形的玻璃幾何基座，中央燃有長明焰；稍前方則設有兩處墓穴，底下分別埋有一名無名反抗鬥士、一名無名德國士兵的骨灰，以及來自九處集中營、九處二戰戰場的土壤。而一九六二年裝設的「致法西斯與軍國主義受難者」字樣，則被搬至右側，好讓路給置中、巨大而顯眼的石刻國徽。

至此，即使政權更迭，國家、無名的死難以及永恆不朽的象徵，再次於新崗哨這裡，以另一種方式合體現身。以今日的視角來審視，這樣的紀念顯然是有疑慮的，且重複了納粹政權將紀念工作與敵我意識塑造混為一體之策略。據學者考據，這時期東德邊境守衛軍（主要負責衛戍與西德的邊境及柏林圍牆等）也在此處舉行宣誓典禮（Spies, 1993: 44）。

同樣的不滅之火，在牆另一方的西柏林則有對應的版本。一九五五年，曾被稱作「阿道夫・希特勒廣場」的帝國總理廣場上，設立起一座〈永恆之火紀念碑〉[20]。此碑由一座簡練的方形石材底座，及頂上的火盆所組成（雖

1969 年後改建的新崗哨內部。此時背後已是東德國徽，而「致法西斯與軍國主義受難者」的字樣移至側面。

與東柏林版本的材質不同，卻同樣是方形底座，中央設有火缽），底座上寫有「自由、公義、和平」，並由時任聯邦總統豪斯於儀式上親手點燃火苗。按規畫，這把火將持續燃燒至德國統一到來的那天。

對當時的東德政權來說，舊恨（納粹）與新仇（西方陣營）的身影需要被模糊，並折疊成同一個標靶（法西斯）；就西德政權而言，也同樣需要這樣的紀念策略。在「德意志民族」早已成為聲譽掃地的標籤之後，兩方都需要能夠重新標誌出自身的「共同體」與他方的差異，並透過將自身描述為受難者，藉以卸除責任。

從戰前至戰後，這還不是新崗哨走馬燈般變幻的最後一站。兩德統一之後，新崗哨的存在再次變得尷尬，尷尬的並非它身為紀念碑的屬性，而是紀念碑那不合時宜的名字（反法西斯），以及內部空間那些指向舊政權象徵的設置。一九八〇年代末於西德曾有一波關於中樞紀念碑的討論，因為各黨派及群體有其不同主張而擱置（這也是民間「新歷史運動」活躍的時期）；隨著「新德國」的建立，這項議題再次浮上檯面。特別是一九九一年，時任總理柯爾在一次的歷史博物館參訪後，對凱特・柯勒維茨的雕塑〈母親與死去的兒子〉產生極大興趣，並屬意將新崗哨恢復為泰森諾設計的舊貌，將柯勒維茨的雕塑放大後設置於其中，以充作新德國的首座中樞紀念碑（Lange, 1993: 49）。兩年後政府旋即作出決議[21]，將新崗哨改建

| 1-3 |

| 1-4-1 |

為中樞紀念碑，並委任當時是史博館館長的克里斯多夫‧史托徹為專責新崗哨改建為中樞紀念碑事務的專員。同年十一月，在國家級的儀式中，新崗哨再次換上一個新的身分：「德意志聯邦共和國戰爭與暴政犧牲／受難者中樞紀念館」。

這項舉措有多方面的問題。首先，雖然新崗哨內部的改造經由內閣跨黨派一致意見而定案，然而許多決定皆是出於總理柯爾的意志，未經任何競圖的程序，在民主的角度而言有其瑕疵；再者，在藝術語彙上，柯勒維茨的作品原有其所指（悼念在一戰戰場上身亡的兒子），然而二戰的暴政極其複雜且難以一舉概括，那麼形象化且已自帶其脈絡的作品，顯然並不適合在此中樞紀念館中出現——更何況此並非創作者原尺寸，而是擅自放大四倍的版本。此外，多名學者都提及這件作品的母題與「聖殤」（特指聖母懷抱著從十字架上卸下的耶穌形象）的連結，對於非基督信仰的受難者群體，譬如猶太人族群，可能會有排擠與不尊重的疑慮。[22]

然而，最根本的問題仍在於紀念對象的含糊不明。如前所述聯邦政府在紀念工作上，混淆受難者與加害者的案例，於一九八五年的終戰四十周年紀念日時早已發生：當時訪問西德的美國總統雷根偕總理柯爾參訪了位於比特堡的軍人公墓，然而該處亦埋葬有納粹武裝親衛隊成員。國家元首偕重要外賓於終戰日造訪葬有加害者地點，其中的合宜性與否，引發各界的質疑與論辯，被稱為「比特堡論爭」（Röger, 2015: 248-250）。時間跨越到一九九〇年代之後，柯爾政府在新崗哨重蹈當年覆轍。首先，「致戰爭與暴政犧牲／受難者」（Den Opfern von Krieg und Gewaltherrschaft）選用的「Opfer」一字，在德語中無法區分主動犧牲或被動受害，再次承繼了過去戰爭紀念碑當中的含糊曖昧；而「戰爭與暴政」所指的究竟是哪些戰爭與暴政，也有相當寬鬆的詮釋空間；此外，許多二戰中在戰場上或因為空襲而死難的軍人也同時是加害者，所以籠統地將戰爭犧牲者一併納入紀念，是許多納粹暴政底下的受難者及其遺族所無法接受的。以行動博物館協會為主的民間團體，當年正努力倡議對加害者及其運作體系深究的考掘，這種一概而論的紀念方式，當然亦為他們所反對。[23]

至此，新崗哨自建成至今，已歷經共五次改頭換面。

新崗哨內部恢復為海因里希‧特森諾的設計，並加上凱特‧柯勒維茨的雕塑〈母親與死去的兒子〉，易名為〈德意志聯邦共和國戰爭與暴政犧牲／受難者中樞紀念館〉。

| 1-3-2 |

今日的〈三月死難者紀念碑〉樣貌，此側的底座處可見銘文「致 1920 年的三月死難者」。

## 改動、復建：不合時宜或是因時制宜

新崗哨絕對不是紀念碑領域遭遇改動的特例——特別是在「戰士／戰爭紀念碑」範疇中。位於威瑪被納粹拆除〈三月死難者紀念碑〉，在戰後的第一時間，就於當地議會獲得重建的共識，並自隔年的一九四六年三月的紀念活動揭幕後，豎立於原地至今。重建的版本輕微修改，卻有微妙的不同，閃電椎狀碑體的高度、傾斜角度及底座的轉折皆有微調（Winkler & Van Bergeijk, 2004: 66）。此外，復建後的碑文，原碑文「致 1920 年的 3 月死難者——威瑪的工人階級」被改成僅註有「致 1920 年的 3 月死難者」，原先以總罷工對抗極右翼軍隊，反對威瑪共和的「卡普政變」的「工人階級」字樣，則不復存在。即便如此，此碑復建後揭幕的紀念日時，仍成為了一場工人團體集結的大活動。

可能也因為這座紀念碑與工人階級、工會的連結，且位於東德境內，直到一九七〇年代左右，即使這個設計出自包浩斯創建者葛羅皮烏斯之手，亦在西德的藝術史論述中缺席，在討論現代藝術、立體派或是表現主義相關的著作中，也付之闕如（Schubert, 1976: 201）。直到譬如一九七七年柏林新視覺藝術協會策畫的〈誰擁有世界〉展覽，展出威瑪時期藝術與社會狀況，才又再度有系統地對這件紀念碑作品討論，連帶著其他在納粹之後遭到銷聲匿跡、紀念工人運動的紀念碑藝術，在展覽及專書中一起翻案討論（Baacke & Nungesser, 1977: 280-298）。

| 1-1-1 |

〈革命紀念碑〉的原址現今以砌磚基座和一銅鑄標牌呈現（左），銅鑄標牌細部（右）載有最初樣式的〈革命紀念碑〉。

包浩斯末任校長密斯・凡德羅在柏林的〈革命紀念碑〉，儘管也在納粹執政時遭破壞，卻有不同的境遇。戰後隔年一九四六的一月，在紀念德國共產黨創始者（卡爾・李卜克內西及羅莎・盧森堡）遭難的紀念日，時任德國社會主義統一黨的主席皮克[24]的出席下，活動單位以紅色布料、支架搭配金色的立體字形，仿造〈革命紀念碑〉的舊貌，打造一座臨時紀念碑，上面寫有羅莎・盧森堡在〈柏林秩序井然〉一文中，宣告革命的號角將再度吹響的名句：

> 我來過，我又來到，我還將重臨。（Ich war, ich bin, ich werde sein）

搭建了幾年的臨時紀念碑之後，[25]一九五一年，該處重建紀念革命受難者的碑，但由於那個時期的東德雖然標舉自身反法西斯、反納粹的立場，曾經被納粹貶為「墮落藝術」的各種前衛藝術流派依然不具主導地位與主流價值，因此新紀念碑不是按照過去密斯・凡德羅舊碑的樣貌，而是豎立一塊高聳的碑石，四周環繞著著名左翼人士的墓，且立碑處被移到更適於儀式進行、位於該區公墓入口處的廣場，而非原本的墓園園區深處。

東德如此，一九六八年時，反倒是西柏林一個由青年建築師以及相關科系學生組成的團體「五〇七行動」，大力倡導於西柏林羅莎・盧森堡遇難的蘭維爾運河岸邊重修此碑。他們挑在同樣是由密斯・凡德羅設計的柏林國

　　　　　　　　・第二部 記得的方法

Author : Schoening / Source : Alamy Stock Photo

家藝廊[26]開幕啟用當天,舉辦象徵性的奠基典禮,並預計在李卜克內西及
盧森堡遭謀殺五十年紀念時(一九六九年一月十五日)完成修建,並列舉
一串長達千人的聯名清單,可惜最為關鍵的一個人——密斯‧凡德羅本人
卻不支持這項重建案。擁有處置作品權力的作者本人並無再次觸碰此舊事
的意願(Der Spiegel, 1968: 193)。自那時起,一直要等到一九八七年,
西柏林才在民間團體多年的推動下,於河岸建立一座羅莎‧盧森堡紀念
碑。

## 看得見的改動

不僅早年的紀念碑碰到改動的爭議,即便是晚近才落成的紀念碑,也出
現因局勢上的變遷而顯得格格不入的例子——畢竟德國上一次的政治大
變動,也不過就是卅幾年前。位於柏林的〈包姆起義小隊紀念石碑〉於
一九八一年創設,立碑位址是娛園靠近道路的一側,不管是在納粹時期或
是東德時期,這裡都是政權宣揚其威信之地。此地因曾為普魯士皇家庭院
的廣場(直接緊鄰宮殿),凡遊行、聚會或重大宣傳活動,都必於此地舉
辦,其中也包括一九四二年的政治宣傳展覽〈蘇聯天堂〉。當年納粹的宣
傳部在娛園上搭建臨時展場,內容則是模擬蘇聯社會狀況的場景化展品,
並呈現其落後、破敗之樣貌,以便正當化納粹德國對蘇聯的戰事。

「包姆起義小隊」是一個沒有嚴謹架構或規章的左翼猶太裔青年組織，主要以赫伯特・包姆為首，平時以聚會、讀書會的形式交流訊息，並且實際幫助受到迫害的猶太人。因為對〈蘇聯天堂〉展覽的不滿，包姆起義小隊其中一部分人便策畫了縱火攻擊，意圖破壞此展覽。除了起事成員陸續遭處決或長期監禁，納粹當局甚至為此發動大搜捕。

一九八一年，東德政府在包姆起義小隊發動展覽破壞行動的原址，立了紀念此事件的石碑。藝術家尤爾根・饒爾採砂岩材質為碑體，四面刻有兩段碑文，其中一面浮刻著：

> 永誌不忘年輕的共產主義者赫伯特・包姆領導的反法西斯抵抗團體之勇氣和堅毅精神。[27]

另一面則浮刻：

> 與蘇聯友誼長存。[28]

除了包姆本人的名字之外，不管是小隊的其他成員、於該處發生的事件，乃至該組織的其他行動，都不在碑文的記述上。由於政權意識型態先行的狀況下，紀念在此被化約為政治宣傳與外交工具。

東德瓦解後，當年屬於小隊的倖存者之一，在二〇〇〇年找上該區區議員，希望能解決此座紀念碑未說明任何歷史事件始末的狀況，好讓他當年的夥伴不被世間遺忘。[29]他找上的議員屬民主社會主義黨（今左翼黨前身），恰是由東德的德國社會主義統一黨經民主程序轉型而來。解鈴還須繫鈴人，當初紀念碑的策畫者，也正是最應該提出修改方案的一方。二〇〇一年三月四日，這座紀念碑並未受到拆除，而是於寫有「與蘇聯友誼長存」的兩面，各增補上一塊強化霧面材質的玻璃罩，在隱約看得到原碑文的情況下，朝向街道的一面玻璃，補上卅四個當年受難者的名字，朝內的一面則是整個事件與包姆起義小隊的介紹文字。

不同於前幾個例子不留痕跡地移除了上個時期存在的證明，〈包姆起義小隊紀念石碑〉的案例，經由不改動原碑並使觀者一眼就能認出的增補方式，使紀念碑的歷史脈絡變動與政權對紀念工作的左右清楚可見，亦將紀念的意義返還予事件與受難者本身。

1942 年的政治宣傳展覽「蘇聯天堂」（上），以及東德時期重要的政治集會地點娛園（下）。

# 紀念碑並不永恆

就像學者燕德里西指出的，紀念碑並不永恆。於此，再回頭看新崗哨走馬燈般的改頭換面，不管是哪一次改動，都正是跨在權力重組轉移的期間。新的政權透過再詮釋過去的歷史，將自身安放在合於道統的位置——無論是扮演剷除前一階段反派角色的救世主，或者戴上受難者的大帽以模糊自身的加害者汙點。

紀念碑一向好用，不僅專制帝國用它來凝聚民族意識，納粹用它來進行各種政治宣傳，冷戰時期的保守政府與牆內的一黨政權，也都用它來塑造敵人、標榜自我。即使是民主社會之中，紀念碑與連帶的紀念工作，都仍然是烽火連連的戰場。

這並不是說我們就必須竭力於打造萬世永垂、一勞永逸的紀念碑。紀念碑的變動並非孤例，往往只是比例上的多寡——顯然，當歷史與紀念都是動態的時候，紀念碑絕不可能獨自保持鐵打不動，不管是威權時代那些宏大而崇高的紀念碑，又或是今日形式多樣、甚至帶有觀念藝術性質的紀念碑，皆是如此。

既然我們對紀念的現狀不滿意，紀念碑亦絕非神聖不可侵犯或毀壞的領域，那麼，積極地介入並改變，方是可能的解法。以〈包姆起義小隊紀念石碑〉為例證，對紀念碑的改動也能做到修正紀念碑僅被當作權力展演載體的狀態。因此，與其談論紀念碑能否改動或改動的正當性，更不如盡力讓紀念碑在變動中，也能夠保持民主和開放性，具有調整與修正的空間。正如曾任行動博物館協會主席的學者費雪—迪芙伊，在行動博物館協會策畫關於新崗哨之展覽《在德國歷史的迷宮中—新崗哨 1818-1993》開幕時所說的：

> 畢竟新崗哨都已經在本世紀中改造了五次。那為何不能第六次為這座「鏡框式舞臺」——就如在展覽手冊裡的一篇文章中所提的——裝設上新的布景呢？[30]

# 第三部

# 今日，未盡的總總

政治的生機泉源在於不斷的行動；敘述必須持續呈現一種永不止息地再協商、再建構、以及再述說的過稱。

——茉莉·安德魯斯，《形塑歷史：政治變遷如何被敘述》，2007

1807
Helgoland wird britisch

1841 Heinrich Hoffmann v. F
schreibt das Deutschlandlied au

zwischen Insel und Düne
rsnacht im Sturm weg

1826 Jacob Andresen Siemens
gründet das Seebad Helgoland

殖民時期在德屬東非以殘暴聞名的卡爾・彼得斯，在 1966 年於黑爾戈蘭島被重新立碑紀念。因為戰時金屬需求而解體的〈卡爾・彼得斯紀念碑〉在傳統協會的運作下重新豎立，改為僅有胸像與基座的形式。今日則以傾倒的樣貌展示於當地博物館的戶外空間。

Author：鄭安齊

柏林圍牆倒塌後，圍牆本體被轉換、拆解為不同的消費物，周邊商品與觀光行程也逐
步發展。圖中為包於《圖片報》圍牆倒塌紀念特刊封膜內的圍牆碎片。

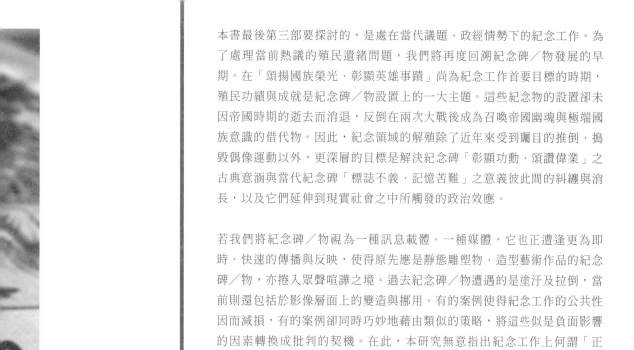

本書最後第三部要探討的，是處在當代議題、政經情勢下的紀念工作。為了處理當前熱議的殖民遺緒問題，我們將再度回溯紀念碑／物發展的早期。在「頌揚國族榮光、彰顯英雄事蹟」尚為紀念工作首要目標的時期，殖民功績與成就是紀念碑／物設置上的一大主題。這些紀念物的設置卻未因帝國時期的逝去而消退，反倒在兩次大戰後成為召喚帝國幽魂與極端國族意識的借代物。因此，紀念領域的解殖除了近年來受到矚目的推倒、搗毀偶像運動以外，更深層的目標是解決紀念碑「彰顯功勳、頌讚偉業」之古典意涵與當代紀念碑「標誌不義、記憶苦難」之意義彼此間的糾纏與消長，以及它們延伸到現實社會之中所觸發的政治效應。

若我們將紀念碑／物視為一種訊息載體、一種媒體，它也正遭逢更為即時、快速的傳播與反映，使得原先應是靜態雕塑物、造型藝術作品的紀念碑／物，亦捲入眾聲喧譁之境。過去紀念碑／物遭遇的是塗汙及拉倒，當前則還包括於影像層面上的變造與挪用。有的案例使得紀念工作的公共性因而減損，有的案例卻同時巧妙地藉由類似的策略，將這些似是負面影響的因素轉換成批判的契機。在此，本研究無意指出紀念工作上何謂「正確」，因為自上而下的論定不再適用於民主化時代下紀念碑／物設置；唯有開放、透明的運作體系、均等的參與機會與合宜的監督、制衡機制，才是使符合民主原則的紀念碑／物設置能夠永續發展的途徑。

第一章

關於現在
未竟的解殖與紀念

# 第一節

# 紀念碑裡的
# 帝國殖民遺緒

1990 年，納米比亞終於取得獨立時，該國首都的主幹道仍叫戈
林街。此名並非源於臭名昭著的納粹頭子赫爾曼・戈林，而是
為了紀念他的爸爸海因里希・戈林，他是 20 世紀第一場種族
屠殺的始作俑者之一。

這個戈林曾被德意志帝國派往這個非洲國家，於 1904 年執行
洛塔・馮・特羅塔將軍發出的滅絕令。〔…〕

大屠殺之後活下來的人進了戈林設計的集中營。於是，德意志
帝國總理馮・比洛得以榮幸地第一次說出「集中營」一詞：
Konzentrationslager。

——愛德華多・加萊亞諾，《鏡子：一部被隱藏的
世界史》，2008

1896 年《第一屆德意志殖民展》海報。當年在柏林舉行
殖民展，逾百人自殖民地被帶至柏林「展出」。

Source：Gallica Digital Library, digital ID btv1b90147111,
Wikimedia Commons

這幾年來，「黑人的命也是命」運動於美國、西歐各地蜂起，獲得大量的關注，其中包括了支持的力量，當然亦有反撲的復辟。不過，在這之前，德國已於二〇〇〇年代的前半，開始醞釀各式的「解殖」行動，對象則是遍布於德國各大小城市中的紀念碑／物等，乃至於深入至生活中的街道、器物名稱等。若要追溯，德國的帝國擴張殖民史、納粹政權的暴行與晚近興起的極右翼暴力間，更有千絲萬縷的交錯關係，所以當我們要談論最為晚近的極右翼暴力及對其受難者的紀念時，便必然地要從一切的源起開始說起。

一八四七年，是往後的德意志帝國對非洲大陸掠奪剝削的起始點。

此時，普魯士尚未一統日耳曼地區諸邦，普魯士邦聯議會發表了《關於提昇普魯士為一流海上、殖民與世界強權的備忘錄》[1]，此後，殖民者從北德的兩座主要海港城市——漢堡與不萊梅——出發，漸次於非洲大陸上設立據點，先是多哥，然後擴展至喀麥隆。

一八七一年德意志統一後，相關的殖民或商貿協會亦於帝國本土各處成立。一八八四年，在帝國宰相俾斯麥的邀請下，各殖民強權齊聚柏林，召開「剛果會議」（亦稱「西非會議」），就各國在非洲的利益進行協調。會議後出爐的《剛果議定書》，大抵畫定了個別國家[2]在非洲的勢力範圍。德國「分得」的有：多哥、喀麥隆、德屬西南非（現納米比亞），以及德屬東非（約為現盧安達、蒲隆地、坦尚尼亞，以及莫三比克北部等地）。

一如德意志帝國統一前後的造像立碑潮，德屬的殖民地也藉立碑傳遞政治訊息——揚威、震懾或是軟性的鼓動順服。


## 納粹之前的暴政史：矗立在殖民地上的紀念碑

在殖民暴政下，最初始立於殖民地的紀念碑，紀念對象多與「開拓」、「發現」以及所謂的「先驅」有關。約莫一八九四年，一座紀念方尖碑，於喀麥隆港口都市杜阿拉的德國殖民地政府前方設立，用以紀念促成德國第一批殖民地的探險者納赫提噶爾。沿西非海岸向南，則有設立於一九〇三年的〈呂德里茨紀念碑〉（於今納米比亞境內），是為了彰顯一八八三年呂德里茨取得土地、設立貿易站成為德屬西南非前身之「貢獻」。於其他殖

民地，如德屬東非甚至是遠東的青島，也都設立有類似的紀念物。這些初期的殖民紀念碑，形式多以碑石搭配碑文的樣貌存在，標記帝國占有事實的意味較強。

隨著德屬各殖民地當地住民的反抗漸起，後來的立碑多與對起義的鎮壓有關。一九〇四年後數年間，對應赫雷羅與納馬人（現納米比亞地區的原住民族）的起義，德帝國在德屬西南非展開世紀初第一場種族大屠殺——赫雷羅人和與納馬人大屠殺，鎮壓赫雷羅與納馬人的反抗。歷史學者估算，當時德軍部隊所做的報復性屠殺，致使一九〇四至〇七年間共有約八萬餘名赫雷羅與納馬人喪命（Schaller, 2004: 395）。

作為殖民者的德方，在這個時期間設立的紀念碑，人物形象開始頻繁地躍於其上。譬如在〈呂德里茨紀念碑〉以北不遠的港口都市斯瓦科普蒙德，此處設立的〈海軍紀念碑〉便是為了「紀念」一九〇四德國海軍的鎮壓——德海軍遠征軍團至此地，鎮壓當地赫雷羅與納馬人的起義行動。此碑主體是一塊巨石，上有兩名無名士兵象徵遠征軍團，一名狀似遭射殺倒臥於地上，另一名手端槍枝做警戒狀站立、目光投向遠方。

再往內陸一些的城市文豪克，一九一二年揭幕〈騎士紀念碑〉以殖民地武裝防衛隊為彰顯對象。平定赫雷羅與納馬人的起義後，文豪克的殖民地總督及武裝防衛隊指揮官發起策畫立碑，公開募款舉辦競圖，確定實行德國雕塑家阿道夫・庫爾勒的設計（Kößler, 2013: 462-466; Zeller, 2007），武裝防衛隊以全身裝束跨騎在馬上，一手握住戰馬的韁繩，另一手則持槍呈停火狀態，仿若戰事已然了結。姿態則一如「海軍紀念碑」上的遠征軍一般，高立於五公尺高的岩塊上且睥睨遠方，同時展現了殖民者對於非洲大陸的自然以及對當地住民的征服。

另一座較具代表性的碑，則是一九〇九年在當時德屬東非的三蘭港揭幕的〈魏斯曼紀念碑〉，紀念一九〇五年過世的德屬東非前總督馮・魏斯曼。 | 3-1-2 |
魏斯曼的塑像一手執雙筒望遠鏡並插腰、另一手執佩劍，立於粗獷岩石狀的底座頂端：一邊是探險的象徵（望遠鏡），另一邊則是用來使人降伏的武力（軍刀）。有別於其他頌讚殖民英雄的紀念碑，底座的一側尚有一名裝束與輪廓顯然是非裔人士的士兵，及一頭趴臥的雄獅[3]，士兵手持軍旗，且看似「忠心耿耿」地仰望身為殖民母國權力代表的魏斯曼。

這個非裔士兵的角色被稱作「阿斯卡里」，該字借自於非洲斯瓦希里文及阿拉伯文，有軍人、士兵的意涵。起初「阿斯卡里」是指東非一帶跨區貿易商隊的武裝隨從、守衛，或是尚吉巴地區蘇丹的軍隊和權力象徵。在殖民者到來後，則指稱當初德國殖民地區採用來擔任翻譯、偵查、嚮導以及軍警功能的非裔雇傭兵。特別是在地的反抗導致殖民軍事配置升級後，更多雇傭兵被投入在殖民地的控管、警備中，「魏斯曼部隊」裡便有大批魏斯曼自開羅親自招募的「阿斯卡里」們（Michels, 2013: 294-308）。即便這些人各有著不同的出身與背景[4]，但總是被一概稱為「阿斯卡里」，更常常被樣板化，塑造其對德國雇主的忠心耿耿，以證明帝國殖民管治教化的成功。〈魏斯曼紀念碑〉便在此再現了兩者之間的位階差異，不僅反映在位置的排列上，也反映於雕像的身形——非裔士兵雕像的尺寸約符合常人比例，岩石上的魏斯曼則有二六○公分高（Speitkamp, 2004）。

西非海岸港口都市斯瓦科普蒙德的〈海軍紀念碑〉，是紀念 1904 年德國海軍的鎮壓。至百年後 2016 年的紀錄照片（右）可見，當地的〈海軍紀念碑〉遭抗議潑漆。

Author : Ji-Elle / CC BY-SA 4.0

德國殖民時期，帝國境內及非洲殖民地之紀念碑

德意志帝國

赫雷羅石

魏斯曼紀念碑（巴德勞特貝格）

喀麥隆

多哥

古斯塔夫・納赫提噶爾方尖碑

魏斯曼紀念碑（三蘭港，原址）

德屬東非　今：坦尚尼

德屬西南非　今：納米比亞

騎士紀念碑

海軍紀念碑

呂德里茨紀念碑

「剛果會議」，居中者為俾斯麥，背後牆上可見巨大的非洲地圖，是列強劃分勢力範圍的對象（阿達柏特・馮・羅斯勒繪製）

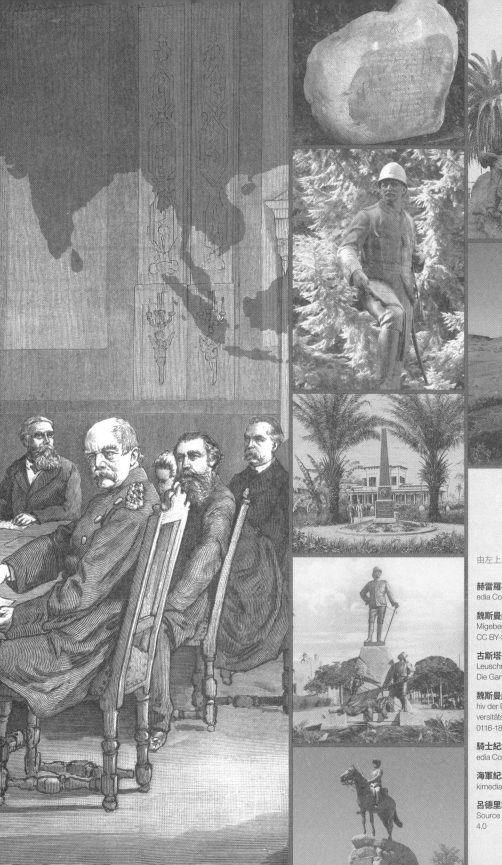

由左上至右下

**赫雷羅石** Author：Aschroet / Source：Wikimedia Commoms / CC0 1.0

**魏斯曼紀念碑（巴德勞特貝格）** Author：Migebert / Source：Wikimedia Commoms / CC BY-SA 3.0

**古斯塔夫・納赫提噶爾方尖碑** Author：F. Leuschner / Source：Wikimedia Commons, Die Gartenlaube, Sammelband 1894, S. 53

**魏斯曼紀念碑（三蘭港）** Source：Bildarc hiv der Deutschen Kolonialgesellschaft, Uni versitätsbibliothek Frankfurt am Main, <011-0116-18>

**騎士紀念碑** Author：Bgabel / Source：Wikimedia Commoms / CC BY-SA 3.0

**海軍紀念碑** Author：Olga Erns / Source：Wikimedia Commoms / CC BY-SA 4.0

**呂德里茨紀念碑** Author：Pemba.mpimaji / Source：Wikimedia Commoms / CC BY-SA 4.0

## 殖民紀念碑的內銷

海外殖民擴張的同時，殖民相關紀念物的設置也於德國境內展開。凝聚國內的支持，是殖民紀念碑在本土需要發揮的功能——安撫征掠過程中的犧牲，亦希望殖民之成就受到認可。柏林的「第二法蘭茨皇帝近衛擲彈兵團」便於一九〇七年其軍營所在地立碑，紀念四十一位該軍團所屬、於赫雷羅與納馬起義中喪生的官兵，並以「自願參與」戰事以及「英勇犧牲」的碑文來描述他們。

Author : Migebert / Source : Wikimedia Commons / CC BY-SA 3.0

立於德國巴德勞特貝格的〈魏斯曼紀念碑〉。

境內的設碑不乏以人物為主體的設計。然而相對立於諸殖民屬地之碑的強悍征服者姿態，這時期在德國境內的紀念碑表現方式略有不同。同樣是〈魏斯曼紀念碑〉，一九〇八年立於巴德勞特貝格的〈魏斯曼紀念碑〉擺設在一片園林池水旁，一腳向前邁開；一隻手持似是地圖的物品，另一隻按著佩劍的手則收斂地內縮靠緊身體（不若三蘭港版本豪氣地又腰展開），眼神直視前方。此外，在三蘭港的紀念碑中展現殖民領主與被殖民者位階等差的「阿斯卡里」，這時並未出現於德國本土版本上，倒是在德國本地碑體的背後、行人路過可見的高度有一串碑文：

> 他成功地對抗了奴隸販運，並為受壓迫者的自由而奮鬥。

實際上，當時東非地區的阿拉伯政權與部分非洲部族在奴隸販運上有其共同利益，並擔心德國人的到來使之瓦解，故串聯對抗德國（Thielke, 2016: 96-99）。魏斯曼的軍隊雖然擊敗他們，但並不代表德國實際上在意該地人民的生存處境，或要解放遭販運到沿海城市的內陸非洲部族；帝國更主要的目的仍是對自身殖民利益的追求。而這段碑文結合了探險家、發現者的軟性形象，無非是對當時帝國殖民行為的美化與合理化。

隨著德意志帝國在第一次世界大戰的落敗，德屬殖民地成為國際聯盟託管地，由國聯所屬的其他大國接手，直到受託管國認可該地「具備自治能力」——這大大推遲了美國總統威爾遜所許諾的「民族自決」承諾。這些前德屬殖民地要擺脫殖民，獲得真正的獨立的時刻，尚在遙遠的未來；另一方面，殖民的思想以及經濟關係依舊在德國之內延續，特別是重新取回對殖民地之控制的訴求（Authaler, 2019: 4-10）。不僅只是官方機構內的單位或職員存在承繼的狀況，各類的殖民協會與商貿公司也都持續運作，也因此殖民紀念碑能夠在德國內部延續甚至新設，不至於因為失去殖民地

Source : Bildarchiv der Deutschen Kolonialgesellschaft, Universitätsbibliothek Frankfurt am Main, <018-0092-09>

重新立於漢堡大學前的〈魏斯曼紀念碑〉。1960 年代漢堡大學的學生稱此碑為「使人丟臉的德皇威廉二世時代殖民主義道具」。

就被掃除到一旁。

德國本土的殖民紀念碑，除了一戰之前便同步設置的，另有許多紀念碑，甚至是已在計畫中但尚未立起的碑體，隨著戰後的權力轉移，被送返當時的威瑪德國。比如三蘭港的〈魏斯曼紀念碑〉在一九二一年抵達德國本土，並於隔年在漢堡大學前重新立起（Speitkamp, 2013: 412）。根據學者齊勒考證，當年在選擇重立地點時，柏林與漢堡都曾在選項內，最後之所以選擇後者，是基於漢堡為當時德國最大進出口港，是海外利益的集中處，在德國本土與殖民地之間有代表性意義（Zeller, 2000: 140-150）；另外，也與當時曾任職於殖民地的漢堡市議員斯特蘭德斯居中的運作有關，因為斯特蘭德斯在漢堡大學的創設過程中（一九一九年建校）著力甚鉅，故最終使這座雕像坐落於大學校園之中（Todzi, 2019）。〈魏斯曼紀念碑〉被運回、重立後，原先帶有殖民地自然風土象徵的岩塊消失，取而代之是四四方方的一般台座。然而「阿斯卡里」以及臥獅依舊分立底座兩側，受殖民者的順服以及悼念陣亡將士這兩項訊息仍於德國重現。

一九二二這年，德國城市聯合會也在德國殖民會社的倡議下，建議各城市採以過去殖民地的名稱，為街道及廣場命名，因此，過去曾與殖民商貿或政治有關聯的大城，經常可見與殖民政策、征掠相關要角的姓名，或是曾遭德國殖民的地名。

在已經沒有任何所屬殖民地的狀況下，德國內部興起殖民修正主義運動，希望恢復對殖民地的主權，不僅在一九二四年重設外交部的殖民部門，也在各大城市再度舉辦殖民展以及「殖民培訓」，且獲得殖民部門的政治宣傳基金挹注（Authaler, 2019: 7）。這股氣氛飽含對帝國時期榮光的懷舊，

柏林近郊都貝里茨的〈殖民紀念碑〉。

洗刷《凡爾賽條約》拔除殖民地、將德國降級的恥辱，以及將德國恢復到一戰前與其他列強並肩的地位之願望。

這樣的願望也展現在紀念碑上，一九三一年設立於柏林近郊都貝里茨的〈殖民紀念碑〉為一直白的案例。設計此碑的雕塑家卡爾·莫比烏斯長年製作各類殖民紀念碑，但此作既未採用碑石或標牌的樣式，也非特定人物的造像，而是一個巨大的地球，上方一隻象徵德國的雄鷹以其腳爪攫住地球，並展翅做出將飛起貌。球體上有數塊地點以深色標記，分別是一戰後因《凡爾賽條約》而變動的領土，其中廣大的非洲德屬領地因置於球體中央更發顯著；另外德意志帝國一戰前在遠東所擁有的殖民地、亞爾薩斯與洛林及一部分的東普魯士疆域，也都在這座球體紀念碑上，劃歸於「落於他人之手的土地」被標記出來。考量到此碑是設置於部隊訓練場所內，由曾駐紮於喀麥隆的指揮官所倡議設碑，而基座上的銘文又是「他人手中的德意志土地」，不無激勵軍隊「收復失地」的意圖。[5]

## 納粹之下的「阿斯卡里」

自詡為德意志帝國的承繼者，「重返帝國榮光」一直是納粹時期政治宣傳的主要議題，殖民紀念碑的設置也因而延續至這個時期。

在雕塑家馮·魯克特謝爾手中，「阿斯卡里」這個強化種族優劣等差並合理化順服之必要角色，持續融入這個時期的紀念碑設計。魯克特謝爾曾自一九〇三年起與陶藝家伴侶克拉拉·特呂布生活在德屬東非，並自一九一三年起以副官的身分，服務於萊托─福爾貝克的殖民地武裝防衛隊。萊托─福爾貝克在非洲殖民地所指揮的部隊中，有為數上萬的「阿斯卡里」，而這些非裔士兵稱萊托─福爾貝克為「為我們織裹屍布的先生」──他殘酷地射殺傷兵與戰俘、絞死逃兵並採用夷平所到之處村莊的暴力戰略；除了在德屬東非領軍時期對當地住民以及從軍者的殘忍行徑外，萊托─福爾貝克也曾在一九〇四年時擔任惡名昭彰的德軍將領馮·特羅塔的副官，參加了鎮壓赫雷羅與納馬人起義的大屠殺。為其塑像的雕塑家魯克特謝爾，在殖民地擔任副官時期所拍攝的照片及繪畫資料，很可能是他往後設計殖民紀念碑的基礎（Zeller, 2021）。更有一類說法表示，根據當年書信往來，魯克特謝爾有極高可能參與在萊托─福爾貝克關於其殖民地經歷的《衝鋒，狩獵隊》一書的出版寫作工作之中（Schulte-

設於奧穆勒的德屬東非紀念碑。可能是萊托─福爾貝克之領頭者的塑像腳底正前方，刻有「德屬東非 1914~1919」，推測立碑目的是為了宣傳東非的部隊戰鬥到最後一刻的神話。

Varendorff, 2006: 104 ）。

即便很有可能知悉「阿斯卡里」的真實遭遇，魯克特謝爾依舊複製了過往殖民紀念碑中的「統治／順服」樣板。一九三二至三三年間，他先在奧穆勒設立一座有三人群像的紀念碑。領頭者身著殖民地熱帶式樣裝束，伸手眺望遠方；他的右側身後是一名「阿斯卡里」，正為其主指出前進的方向，左側地上則是位階更低的挑夫，不僅衣裝較為簡樸，其肢體動作也明確地表現出筋疲力竭的模樣。位階的高低在此一共透過三種不同的語彙傳達：人物的先後位置、穿著的服裝，以及顯露的姿態。

一九三九年，魯克特謝爾再度為緬懷非洲殖民地而製碑，設置於漢堡─延費以「萊托─福爾貝克」命名的軍營大門。這座〈德屬東非戰士紀念碑〉採用浮雕形式，右側的浮雕同是一名著殖民式樣服裝的軍官，後面跟隨四名「阿斯卡里」，左側浮雕則由一位「阿斯卡里」領頭，身後有四名挑夫。其編隊行進的樣式類似紀念一戰陣亡將士的〈第三十九輕步兵軍團紀念碑〉或〈第二連隊第七十六步兵團紀念碑〉，魯克特謝爾在柏林奧運村所設計的浮雕也是類似的形式。而〈德屬東非戰士紀念碑〉與上述三例的不同之處，仍在於位階差異的展現／再現。此外，這座戰士紀念碑設立背後的脈絡，是納粹對萊托─福爾貝克神話的宣傳：直到一戰歐洲戰場上的德軍皆已投降，東非戰線上的他們才停止戰鬥。但研究「阿斯卡里」的學者米歇爾斯指出，真相並非如同納粹的政治宣傳，一大部分的東非部隊早在一戰戰事起頭的幾年陣亡，並且總共賠上約廿萬至廿五萬「阿斯卡里」

|　1-1-1　|
|　2-3-1　|

的性命，「阿斯卡里」中卻沒有任何一人能夠像德國的官兵那樣具名帶姓
地受到紀念（Michels, 2013: 297-98）。

少數至今仍被記得的「阿斯卡里」之一，巴尤姆・穆罕默德・胡森，本名
為馬尤布・賓・亞當・穆罕默德，生於三蘭港，十歲就追隨父親的腳步從
軍，成為一名「阿斯卡里」。當時，生於雇傭兵家庭繼而成為軍人，並非
特殊案例，畢竟雇傭兵多召募自外地，難以在駐紮地點謀生，而成為「阿
斯卡里」是他們能夠謀得在社會上晉升的機會。一戰結束後，馬尤布自行
改名為胡森，繼續為德國公司工作，進而遷居柏林並與德國女子結婚，甚
至曾於漢堡及柏林教授非洲語言。積極試圖融入德國社會的胡森，不僅認
同當時恢復對殖民地主權的運動，更在納粹善用電影做為政治宣傳媒介的
時候，親身參與電影的演出，飾演的角色正好就是他自己——一名「阿斯
卡里」。然而，他在現實中或是銀幕上對納粹德國表現出來的忠誠，卻沒
有為他掙得同等的回報；相反地，他不僅在納粹的種族政策下失去工作，
更因為與德國婦女的親密關係，被指控犯下「種族褻瀆」的罪行，最終喪
命於集中營（Bechhaus-Gerst, 2007: 29-31; Mwilima, 2020）。

### 德意志帝國海外殖民重大事記

| 年分 | 事件 |
|---|---|
| 1847 | 普魯士邦聯議會發表《關於提昇普魯士為一流海上、殖民與世界強權的備忘錄》 |
| 1856 | 不萊梅的貿易公司於多哥建立據點 |
| 1866 | 漢堡的貿易公司於多哥建立據點 |
| 1868 | 漢堡的貿易公司於喀麥隆建立據點 |
| 1871 | 德意志帝國建立 |
| 1879 | 首屆德意志殖民大會 |
| 1884 | 納赫提噶爾被任命為德意志帝國西非海岸地區總督;多哥、喀麥隆、德屬西南非殖民地陸續建立;「剛果會議」於柏林舉行,《剛果議定書》劃定殖民勢力範圍 |
| 1885 | 德屬東非殖民地建立 |
| 1888 | 德國殖民會社成立 |
| 1890 | 喀麥隆發生起義事件 |
| 1891 | 德屬東非發生起義事件 |
| 1896 | 柏林舉行《第一屆德意志殖民展》。逾百人自殖民地簽署了未附帶工作內容(是否有被告知則已無法追溯還原)僅載明薪資的合約後,被帶至柏林「展出」,事後獲得的報酬也未及合約上的一半 |
| 1904 | 德屬西南非的赫雷羅與納馬人起義,兩年間約 75,000 人遭殺害 |
| 1905 | 德屬東非發生馬及馬及起義,動亂期間約有 20 萬人遭到屠殺 |
| 1907 | 自該年起陸續有喀麥隆的起義分子遭處決 |
| 1914～1918 | 第一次世界大戰,德意志帝國戰敗 |
| 1919 | 《凡爾賽條約》簽署後,前德意志帝國殖民地由英、法兩國託管 |

# 第二節

# 對抗再起的
# 殖民幽魂

過去永遠不會死。它甚至還沒有過去。
　　　　　　——威廉・福克納，《修女安魂曲》，1951

亨利微笑說：「我那次在基爾那家酒館裡看到和聽到的，是想
喚回過去的悲哀嘗試，人們試著回到一個偉大的時代，或者回
到他們認為偉大的時代，以證明他們曾扮演過重要的角色；用
過去來證明或合理化我們自身，總是很方便的。」
　　　　　　——齊格飛・藍茨，《失物招領處》，2003

## 翻案的起點：推倒殖民紀念雕像

上文回溯至十九世紀帝國主義時期，德國海外殖民擴張同時於境內設置殖民相關紀念物，以美化、合理化，並凝聚國內對殖民行為及成就的支持與認同，這些目的在紀念碑／物的形制和敘事上一覽無遺。即使第一次世界大戰後權力轉移，仍衍生各種紀念碑／物為形式的殖民遺緒，隨後更進而成為納粹時期政治宣傳的憑藉之一。即便在第二次世界大戰結束、暴政成為過去，極右翼思維依舊依附在這些物件，延續並時而復返。

第二次世界大戰之後，一如對於納粹暴行反思的遲來，針對殖民過往的批判也遭到擱置。即便陸續有學者就殖民與納粹主義之間，在思想上與實際作為上的歷史延續性進行討論，譬如漢娜‧鄂蘭及 W.E.B.‧杜波依斯等人，但這些論點卻未能進入公眾的視野裡，進而產生對生活周遭殖民遺緒的批判（Zimmerer, 2009: 529-531）。反之，漢堡在一九四九年重新修復因二戰轟炸而傾倒的〈魏斯曼紀念碑〉，黑爾戈蘭島也將戰時因金屬需求而解體的〈卡爾‧彼得斯紀念碑〉重新鑄做，其餘與殖民時期歷史相關的紀念碑則多在未經標註的狀況下繼續留存。

| 3-1-1 | 　一九六一年，漢堡社會主義德國學生聯合會出版了名為《觀點》的書冊，抨擊立於校內的〈魏斯曼紀念碑〉，認為繼續留存紀念碑是對非裔學生的侮辱，而德籍學生更應起而反對大學繼續紀念這些人，特別是因為那些殖民者的殘暴統治手段，後來也「被納粹用來對付我們的鄰居和人民」（Bohne, 2018; ASTA der Universität Hamburg, 1969）。藉此，學生訴求校方移除魏斯曼與同樣是從前德屬殖民地被送返本土的〈漢斯‧多米尼克紀念碑〉[6]；接續戰後初期的部分研究論點，當時的學生將殖民與納粹相連，主張兩者之間的延續性。然而，學生的訴求未能立刻生效。

到了一九六〇年代下半，社會輿論改變，反權威、反法西斯、反戰（越戰），以及支持殖民地解放運動的風潮推到頂點之時，結合當下切身的議題，推倒雕像的運動在一九六七年、六八年這兩年進入白熱化，各種針對學生與市民的呼籲傳單、有組織或游擊的行動，和報章上的投書論辯陸續發生。[7]這些行動歷經警察驅離的挫敗──好不容易數度推倒雕像，卻又被校方重立。[8]直到一九六八年的一次推倒銅像行動後，校方終於放棄再次立起塑像，永久地將〈魏斯曼紀念碑〉存放於庫房之中。除了對殖民紀念雕像的直接行動，學生對於殖民思想的書面批判，仍持續

Courtesy of Stiftung Historische Museen Hamburg

2020 年 9 月至 2021 年 7 月漢堡歷史博物館的《無邊無際。殖民主義、工業與反抗》展，將 1960 年代末移除的〈漢斯·多米尼克紀念碑〉以傾倒的方式呈現。

進行，隔年學生聯合會出版名為《永久殖民研究所》的刊物，探討殖民遺緒議題，直指大學作為一個長時間承繼、帶有殖民思想的機構，卻不具相應的批判與自我反思能力（Schröder, 2019; ASTA der Universität Hamburg, 1969）。

## 殖民遺緒的延續

六〇年代學潮時期行動後，保守的勢力倒也仍運作著，且不乏殖民紀念碑修復甚至增補的案例。比如在漢堡大學被推倒的魏斯曼，在他方再次被刻文紀念。前殖民地武裝防衛隊及海外軍團傳統協會（下稱「傳統協會」）一九七一年在巴德勞特貝格的魏斯曼其母、姊墓地，增設紀念魏斯曼的石碑[9]，寫有「致世界知名的非洲研究者、黑人的朋友與幫助者」[10]等字樣，延續將魏斯曼描述為相對軟性甚至正面的角色。

另外，前文中提及的，在赫雷羅與納馬人起義後，為了紀念鎮壓而喪生的德國同胞，被設置在「第二法蘭茨皇帝近衛擲彈兵團」軍營中的紀念碑，在一九七三年時因工程之故預計拆除。這時，柏林非洲同袍會和傳統協會跳出來承接維護工作，將這座紀念碑——後來被廣稱為〈赫雷羅石〉——以未加增補旁注的方式，移置今日的柏林哥倫比亞堤道墓園，修復並重立，甚至於前方增設一面花崗岩製的標牌，上頭寫道：

| 3-1-1 |

Courtesy of Namibia Scientific Society Photo Archive

崇敬地紀念非洲陣亡的德國士兵。

在此，紀念的對象從特定戰事中屬特定軍團的喪生者，擴張到包含所有於
非洲大陸喪命的德國士兵，殖民紀念碑因此不若原先表面聲稱的那樣僅與
其過往同袍有關。

同袍、傳統協會與殖民遺緒（紀念碑、儀式、節日乃至重要人物之墓地）
彼此之間是相輔相成的關係。在同袍、傳統協會的維繫下，透過紀念碑的
建置、儀式的舉行、年復一年的節日乃至對重要人物之墓地的維護，殖
民、帝國等思想就於此過程之中不斷地被「傳承」，特別殖民地與軍團
都已經是過去式時，殖民遺緒物件的維護成為這些團體僅剩的任務。若換
個角度來看，這些物件、所在的地點及特定的紀念日，恰是這些團體仍能
維繫成員的重要因素。

對這類傳統協會而言，「紀念維護」及「歷史研究」是他們自我標榜的重
要工作之一。若我們點開今日傳統協會總會的網站，上頭列了共有六項任
務要點，分別是：傳播區域概況和歷史知識、促進歷史研究、更正相悖於
真實的表述、保持對戰爭受難者的紀念、致力於文化資產／紀念碑的維
護、促進國際／民族間的相互理解。[11]第四、五項，正是前面我們所述的
紀念碑維護工作，其餘四項則可歸至歷史研究的範疇之中。實際上，這類
協會找來的歷史學者多半為業餘人士，學術上普遍不夠嚴謹，但更主要的
問題是選擇性地篩取資料來源。他們進行有利於殖民者的陳述，戰鬥性地

反駁殖民批判論者和去殖民運動者的論述，並在協會支持下發表出版。各種批判性的論點被他們視為「誹謗、名譽的中傷」或是「偽造歷史」，因此有必要對各種史觀進行「更正」或是「平衡論述」。

此外，對殖民遺緒去脈絡的物質崇拜，也是這類協會的一大賣點，特別是各類軍種的服裝形制、紋章、旗幟、以殖民地風土民情為對象所創作的藝術品，以及各類帶有刻板或醜化形象卻未加以評註的圖像，在論述的建構下與這類物件相互強化。仔細閱讀其網站的訊息，即便表面中立，未必一昧地讚頌殖民歷史，卻顯然省略了德國殖民的暴行歷史，並在「文史愛好」或是「史蹟維護」的包裝與號召下，使其行為似乎顯得無傷大雅。

殖民史研究者揚堤耶・柏克—伊岑與約阿希姆・齊勒指出，傳統協會以及一眾具類似意識型態的團體，顯然不僅只是處理殖民歷史，更是在維護國族意識及自信（Zeller & Böhlke-Itzen, 2012: 140-143）。若缺乏批判性的應對，即便殖民地與殖民帝國已成過往，殖民主義卻化身為特定的不平等思考模式，如二分法、汙名、刻板、歧視及各種具階級差異的想法而留存迄今，並持續散播。

## 借殼還魂的極右翼思想

當納粹及第三帝國時期的物件與思想受到廣泛的批判甚至禁絕後，殖民歷史、第二次世界大戰之前的右翼保守思想及其紀念物，反倒更成為右翼國族主義者甚至極端分子的避棲與抒發之處。某種程度上，這些算是納粹起源的帝國殖民主義時期象徵物，在此時起了替代性的作用，使得法西斯的思想有機會借屍還魂。

第二帝國的旗幟或象徵物件，就經常出現在新納粹或是右翼極端團體的集會上，譬如一九七六年由極端右翼政黨重要成員設立的南非援助委員會[12]，就選用庫爾勒設計、「紀念」對赫雷羅與納馬人鎮壓行動的〈騎士紀念碑〉作為協會標誌。此外，設立有殖民紀念物的地點，往往也是他們聚會的選址之一，如退伍軍人協會和右翼極端主義團體，就定期在被移至柏林的〈赫雷羅石〉聚會、獻上花圈（Habermalz, 2018）。

| 3-1-1 |

非洲學與歷史學者約根・齊默爾於〈納粹主義後殖民〉文中指出，德國殖

民者對赫雷羅與納馬人的屠殺，是國家組織及官僚體系介入下的系統性殺戮，這標記了一個重要的轉折，使得暴政統治不再僅僅是殖民管治下偶然、無意，或是個別意志的「副產品」。這場發生於德屬西南非洲的種族滅絕，因而對德國歷史具有兩方面的重要意義：一方面證明早在廿世紀初，德國軍方和行政部門就存在種族滅絕的暴力想像（乃至其後續行動）；另一方面，這場種族滅絕推廣了此暴力行為，從而助長滅絕想像的擴散及其合法化（Zimmerer, 2009: 529-548）。所以批判性的思潮與行動不能僅將其對象限縮於第三帝國之內，而是必須納入系統性暴政的連續性，以及全球關係框架下的德國歷史這兩個要素。同樣的，我們也必須採取批判性的措施，來應對殖民歷史及其紀念物，如同應對納粹時期的遺留物或是「戰爭／戰士紀念碑」這類帶有軍國主義思想的紀念物。

| 1-1-1 |

## 八〇年代：從民間而起的殖民批判

一如對納粹歷史的探查與反思，對殖民問題及其紀念物的批判，約莫於一九八〇年代左右自民間再度形成一股浪潮，與傳統協會、前殖民地退伍軍人協會等組織對抗。政治立場傾向左翼的公民團體、工會或是學生團體，較常對這類議題與事件發表看法並付諸行動。與六〇年代時結合反戰、反帝國主義及支持殖民地解放運動的狀況類同，八〇年代起對殖民紀念碑的批判行動，大多有該時期能夠藉以動員的政治社會脈絡。

一九八二年敏斯特在地的公民團體「敏斯特非洲工作小組」將該市的〈運輸營紀念碑〉以大黑布包裹起來，黑布上還寫著：

> 這座紀念碑是座恥辱之碑

現場同時發放傳單，籲請民眾務必認識、探究及處置德國隱瞞的這一段種族屠殺歷史（Zeller, 2000: 215）。

這座方碑是紀念在赫雷羅與納馬起義及清國義和團運動中殉命的三名運輸營士兵，由皇家西伐利亞第七運輸營傳統協會在一九二五年七月間設立，是當時兩次世界大戰之間殖民修正主義運動在敏斯特留下的證據。揭幕時，紀念碑委員會祈願了：

| 3-1-1 |

Author：鄭安齊

Source：Stadtblatt 1 / 1983；Courtesy of Stadtarchiv Münster

　　我們的人民在經歷恥辱的長夜後重新奮起，戴著鋼盔的士兵縱隊能夠再次守衛萊茵，且我們的後代再次昂首地回到我們死者的紀念碑前的時刻。[13]

（左）敏斯特自 1925 年就存在的〈運輸營紀念碑〉。

（右）1982 年「敏斯特非洲工作小組」的抗議行動，將〈運輸營紀念碑〉包覆起來。

這樣的措辭，其實不單針對殖民過往，因為「守衛萊茵」此一用語顯然是針對德法間的對立。藉由追溯殖民榮光的方式，一戰挫敗的怨懟，在此得到借題發揮的機會。

一九八二年，「敏斯特非洲工作小組」在抗議期間，同時遞交了「公民提案」[14]，促請設立悼念碑，以紀念在德國殖民時期的受難者。然而市府當局拒絕此提案，也未對該紀念碑適當加註批判性的評註。

兩年後的一九八四年，工作小組藉「剛果會議」百年紀念的時機，自行製作一塊石碑，並設立於〈運輸營紀念碑〉的一側。此舉不僅是為了紀念所有在德國殖民統治下的納米比亞地區受難者，也抗議南非對納米比亞的非法占領[15]。當時的南非仍實施嚴格的種族隔離措施，國際間多持譴責立場。「敏斯特非洲工作小組」自成立時就多所著墨種族議題，並支持非洲國家獨立自決，正是在這樣的脈絡下，工作小組以行動批判德國境內的殖民遺緒。可惜的是工作小組所自製的碑未能留存，民間與敏斯特市政府也遲遲未能就加註立碑一事達成共識。

（左）〈帝國殖民榮譽紀念碑〉自設立後
多次增補，反映出反殖民的運動如何結合
當時的議題。

（右）「德國金屬工業工會青年部於 1988
年設立「支持人權，反對種族隔離」的紀
念牌於〈帝國殖民榮譽紀念碑〉旁。

## 殖民之城不萊梅的民間反殖行動

曾被稱作「殖民之城」[16]的不萊梅，長年以來則留著一座巨大大象造形的
〈帝國殖民榮譽紀念碑〉[17]，它同時也兼具戰士紀念碑的功能。其巨大的
大象基座下往地底挖深，拾級而下是一方祭壇，裡頭供奉著一本書，上頭
載有一四九〇名在德屬殖民地喪命的士兵之名。引人注目的是，在此紀念
碑設置之時，除了內部嵌有圓形頭像浮雕，分別為德屬南非殖民地設置的
核心人物呂德里茨，以及「為我們織裹屍布的先生」萊托一福爾貝克，進
到地下祭壇的門楣上，還鑲有「致我們的殖民地」字樣。至二戰後，此字
連帶殖民者頭像雖隨即移除，碑體卻以未帶評註的方式留存。

一九七九年，「不萊梅第三世界與團結團體」藉著「非洲週」的活動，推
動城內一處以呂德里茨命名的街道改名。[18]他們認為該街道應該改以兩位
對抗南非白人政權種族隔離暴政的人物（曼德拉或艾伯特・盧圖利）命名。
歷經兩度努力，街道改名行動功敗垂成，但仍將殖民過往的議題提上政治
討論的檯面，並進入公眾的目光之中。

同時期，反對種族隔離的當地團體還有「德國反種族隔離運動」以及「德
國金屬工業工會青年部」。前者於一九八八年，倡議發起改〈帝國殖民榮
譽紀念碑〉為〈反殖民紀念碑〉；後者於同年稍晚在不遠處立了一塊紀念
牌，中心處是鏤空的非洲大陸，內圈以鐵絲（現已損壞）標誌出南非（含
納米比亞，當初尚未獨立），並寫有「支持人權，反對種族隔離」的字樣。
立牌的同時，更於巨大象碑上懸掛一塊布條，寫著「反殖民紀念碑，致殖

民主義受難者」（Jokinen, 2005）。

不萊梅的市民團體進一步串連一九八九年在海牙的歐洲跨國行動「城市反種族隔離」，並在綠黨與社民黨的支持下，針對當時文資保護局修復象碑計畫提出異議，認為「去政治化的修復」這個選項應該要被排除在外（Zeller, 2000: 223-24）。隨即趁著一九九〇年納米比亞獨立，詳述該碑歷史、德國殖民負面過往，及戰後新殖民運動的一面標牌，終於被設立於象碑前方（Eickelberg, 2012）。碑文指出，必須面對非洲的問題與殖民主義、種族主義與持續的剝削之連結，不應再將殖民主義視為光榮的過去，而今日的殖民遺緒也並不是非關政治的。這座去政治脈絡化的象碑也因標牌補述，而帶有明確的新訊息和功能。


## 漢諾威——殘暴者紀念碑的補註

漢諾威也有一座納粹時期設立的殖民紀念碑〈卡爾・彼得斯紀念碑〉。卡爾・彼得斯在殖民時期以殘暴聞名，即使是在新殖民運動時期，他也不像


不萊梅〈帝國殖民榮譽紀念碑〉的更動、增補歷程

| 日期 | 更動 |
| --- | --- |
| 1932 | 〈帝國殖民榮譽紀念碑〉落成揭幕。 |
| 1945 | 二戰結束，「致我們的殖民地」字樣、呂德里茨以及萊托—福爾貝克頭像浮雕移除。 |
| 1988 | 「德國反種族隔離運動」倡議改〈帝國殖民榮譽紀念碑〉為〈反殖民紀念碑〉；「德國金屬工業工會青年部」於碑旁立下寫有「支持人權，反對種族隔離」的紀念牌。 |
| 1989 | 不萊梅市議會決議更名並修復該碑。 |
| 1990 | 納米比亞獨立，紀念碑前方設置詳述該碑歷史、殖民負面過往及戰後新殖民運動的標牌。 |
| 1996 | 藉著納米比亞總統訪德機會，於左側增列標牌紀念德國殖民時期德屬西南非的受難者。 |
| 2009 | 再度增設〈納米比亞種族屠殺受難者紀念碑〉與標牌，紀念碑取材自當年德屬西南非的反抗者被逼入並死去的沙漠。 |

魏斯曼等人受到推崇。但這個角色卻在納粹時期因為公開的反猶思想，以及所謂「創造德意志民族的生活空間」的主張，與納粹後來正當化侵略的說法相近，而受到吹捧，進而成為許多被納粹植入政治宣傳要素的大眾文化產物，如電影、戲劇裡的要角。一九三五年，〈卡爾·彼得斯紀念碑〉在「帝國殖民集會」上揭幕，碑上的一側寫有：

> 致偉大的，為我們取得德屬東非的下薩克森人卡爾·彼得斯。

同樣在八〇年代中，當地的公民團體，特別是「城南和平論壇」[19]，開始將此碑推上公眾的議論之中，當時不乏拆碑的提案，但後來更廣受支持的模式，是保留原碑但增補加註。地方議會最終通過藝術家約阿希姆·舒伯茨的設計方案，以一塊像是罐頭馬口鐵之類易於塑型的金屬，直接覆蓋於舊碑之上，並移除側面的碑文，新的碑文改寫道：

> 這座紀念碑在一九三五年由納粹設立，以榮耀殖民主義以及統治的上等人種。對我們來說——根據《人權憲章》——它則是個警醒，提醒我們，為所有人類、民族和種族，爭取平等的權利。[20]

（左）漢諾威立於納粹時期的〈卡爾·彼得斯紀念碑〉。卡爾·彼得斯在殖民時期以殘暴聞名，得到譬如「絞刑彼得斯」或「雙手沾滿鮮血的人」的渾號。圖為碑前的儀式活動，可見與會者行納粹禮。最前方的旗幟為德屬東非會社旗，又稱「彼得斯旗」。

（右）1985 年增補碑文後的〈卡爾·彼得斯紀念碑〉。

〈赫雷羅石〉於 2009 年被加上有納米比亞
國土形狀的新碑。

綜上述之案例，這個時期民間改動殖民紀念碑，大抵與國際間的反種隔離
與反歧視運動有關，並且將歐洲在非洲大陸上的殖民視作現存議題的根
源。相較於六〇年代末的推倒雕像運動，這時更能接受殖民紀念碑以一種
特定時代的歷史檔案型態留存，然而必須在兩個大前提之下：進行各種歷
史資訊的批判性補述，以及改變紀念碑本身的功能及訊息指向。


## 全球化時代下的殖民紀念碑

二〇〇〇年代後，德國各地持續批判殖民議題，其中移民及其後裔組成的
移民組織，以及後殖民議題的倡議協會[21]於其中扮演要角，兩者之間通常
也有緊密的合作關係。以二〇〇四年赫雷羅與納馬起義的百周年紀念為觸
發的時機點，並隨著過去對這些碑以及殖民歷史暴行的考察，可掌握的歷
史研究事證亦增加下，對殖民紀念碑進行加註已逐漸成為官民之間的共
識。此時，攻防的重點不再僅是「是否對碑加註」，更細緻的文字描述，
以及精確的呈現形態，都受到眾人矚目與期待──若同意加註卻在碑文或
紀念牌上對殖民歷史批判含糊，又或是對「種族屠殺」概念採用與否，往
往觸發激烈的爭論。

二〇〇四年，柏林的〈赫雷羅石〉出現補註的契機。民間團體[22]與柏林市

2009 年，不萊梅再度增設〈納米比亞種族屠殺受難者紀念碑〉與標示牌。碑體中的石塊取自當年德國軍隊將當地反抗者逼入絕境、孤立無援而死的沙漠之中。

綠黨黨團合作，共組「『紀念—探究德國殖民歷史』支持小組」，建請移除傳統協會與同袍會在〈赫雷羅石〉增補上的「崇敬紀念非洲陣亡的德國士兵」碑文，該小組也製作臨時資訊標牌，上頭載有德國於德屬西南非／納米比亞的殖民暴行，以「紀念 1904 ～ 1908 年間德國於納米比亞種族屠殺的受難者」[23]。可惜，資訊牌與增補的臨時標牌當時未能常設化，隨後遭盜取而消失（Zeller, 2004）。

二〇〇九年十月二日，也就是當年殖民地將領馮‧特羅塔發出屠殺令的一〇五周年紀念當日，官方代表（包括納米比亞大使、聯邦外交部代表、該碑所在地新克爾恩區區長、各黨團議會代表等）盡皆出席，為移除傳統協會的石碑後增立的新碑揭幕。雖然不乏民間團體的出席，但推動標牌增補的主要成員，譬如「『紀念—探究德國殖民歷史』支持小組」、非洲議會、柏林後殖民協會等，卻無一受邀在該儀式上發言。

爭議的根源正是揭幕的新版碑文。碑文刻在一塊納米比亞疆域形狀的石碑上，寫著：

紀念 1884 ～ 1915 年在納米比亞於德國殖民統治下的受害者，特別是 1904 ～ 1907 年的殖民戰爭。

其後，加註了威廉‧馮‧洪堡的一句話：

　　　只有了解過去的人才有未來。[24]

新版碑文既未提及受屠殺的赫雷羅與納馬人，也沒有相關死難數據資訊。持批判態度的這些民團在新聞稿中抨擊，採用「殖民戰爭」的表述，淡化了「種族屠殺」的事實，而受難群體代表也未有人獲邀至揭幕儀式上。[25]在新碑文上的「戰爭」表述，似乎暗示著兩方的地位與傷亡至少在一定程度上是可相抗衡、可比較的，但很明顯的是，當年殖民者與被殖民者的傷亡數字完全不可一概而論。二〇〇四年，此「種族屠殺」概念已於官方層級受到認可，當年聯邦發展援助部部長曾以國家代表的身分，在納米比亞的中樞紀念活動上，正式使用「種族屠殺」這個詞；[26]二〇〇九年，不萊梅的象碑旁再度增設〈納米比亞種族屠殺受難者紀念碑〉，將「種族屠殺」一詞放入碑名與標誌之中；[27]然而柏林的〈赫雷羅石〉，經歷漫長的移位、修註、重立，乃至近年的新增補碑文，依然未見對「種族屠殺」的肯認。

時至今日，殖民時期的各種遺留，並非都已獲得應有的加註或改動。不過隨著研究的擴散、各式後殖民協會與移民團體的努力，加以「黑人的命也是命」運動所激起對平權的關注，過去與納粹歷史相比之下獲得較少關注的殖民遺緒，已成為近幾年來主導的核心議題。在德國的「黑人的命也是命」有著從長年的解殖、反殖民運動、批判殖民遺緒而來的脈絡，因此議題處理的範圍，也從明顯與軍事相關的單位、保守派團體製作的紀念物，或是有明確劣跡的殖民者（例如彼得斯、馮‧特羅塔或魏斯曼），擴展到過去長時間被認為是偉人／值得崇敬的對象，他們未必曾涉及暴行，卻在殖民時期涉及結構性、政策性的殖民決策（譬如俾斯麥）。這讓人們能一一審視今日的政治施為中，是否仍帶有過去遺留之不平等的成分。過去鮮少獲得成果的更名運動，如針對殖民相關街道、廣場或歷史建物及位址的行動，也終於在近幾年成功推行，使得對於殖民遺緒的商榷得以從點狀的個別紀念物上，進而滲入日常生活空間之中，達到網絡狀、更為全面的空間解殖。

# 移民、難民與
# 新納粹暴力

沒有所謂的回歸常軌。這個日子、這個時刻留下了伴隨且永遠
影響著我們的傷疤。

> ──涅羅茲·都曼（移民、難民、種族等議題的社會運動
> 者）及娜歐蜜·漢克－居姆貝爾（哈勒猶太教堂襲擊
> 事件倖存者）於 2021 年 4 月 18 日在紀念默爾恩縱火
> 攻擊事件活動上的發言

前一個篇章我們曾提及，新興右翼及殖民紀念物互相憑藉而迴返，因此德國對自身殖民歷史的遺緒處置及紀念，直至今日仍然是進行式。然而，還有一條在當代德國紀念工作上重要的支線，便是極右翼暴力下的受難者。

兩德統一前，極右翼勢力仍未達到高峰。長年研究德國極端右翼發展的理夏德·斯托斯分別將戰後至一九六一年、六二至八二年，視為極右翼勢力發展的兩個早期階段；而自一九八三年之後乃至於九〇年代起，極端右翼勢力才真正急速壯大，並且帶給民主社會極高的威脅（Stöss, 2007: 72-81）。

除了自二戰之前就已生活在德的移民，加上東西兩德的客工、移民及其後裔，兩德統一後的新德國移民人口[28]已逾五五八萬，約占一九九〇年當時人口總數（六二六八萬）的百分之八·九，且持續以極快的速度增長中（Statistisches Bundesamt, 2012: 1）。約莫一九八三年左右，冷戰即將進入尾聲而「全球化」取而代之，各種國境、國際的障礙與壁壘去除後，人與貨物的流動進入前所未有的高峰期。同一時期，經濟增長卻逐步趨緩，併有大規模的失業問題。西德內部社會民主黨－自由民主黨的執政聯盟瓦解，即便同一時間有綠黨的成立，保守政治仍是這段期間的主調；東德則面臨東歐政治局勢動盪、經濟蕭條的狀況，且在高壓的國家社會主義下，促進了獨裁、民族主義和仇外傾向的萌生。即便東德政權上有國家機器、下有警察體制的控管，極右翼依舊在青年之間形成一種次文化（Stöss, 2007: 209-210）。

這樣的脈絡下，極右翼找到了滋養他們成長的環境，並試圖為他們挫敗的工作、對生活條件的不滿情緒尋找出口，並在兩德統一之後，趁著舊秩序與新體制的交接縫隙間尚不穩定的政經態勢下，一口氣爆發。


## 仇恨的滋長

一九九〇年代的前半，不僅極右翼政黨陸續在地方選舉中跨過門檻、取得席次，大規模的種族主義暴力攻擊事件更達到高峰。當時騷亂的部分背景因素為尋求庇護者數量大增。一九九一年底蘇聯解體之後，許多前加盟國政治動亂、經濟凋敝，當中有許多人只能出外求生，這時期爆發的南斯拉夫內戰[29]，更使得難民數量大增。然而德國自一九八〇年代中期起執政的保守黨基督民主黨，以仇外政治宣傳的策略，應對增長的難民潮。[30]

（右）1992年8月22日至26日間發生的羅斯托克－利希滕哈根極右翼騷亂事件，數百名極右翼分子聚於此地對該幢建物發動破壞攻擊並縱火，並投擲石塊。

（左）埃森的居民聲援羅斯托克，發起反對種族歧視的遊行。圖為抗爭者舉著「庇護是人權」以及「反對極右翼恐怖！」的標語。

一九九二當年，總理柯爾甚至公開宣稱，大量的尋求庇護者與難民可能導致「國家的緊急狀態」，更將致國家無法治理，右傾的媒體更是大肆宣揚此類觀點（Eschenhagen & Judt, 2014: 345, 350-351）。這也導向一九九三年的憲法修正案：來自歐盟國家或者所謂「安全國家」的公民，不再具有申請庇護的資格，得在不具理由下予以拒絕。這在當時引發巨大爭議。此外，德國與羅馬尼亞之間更是簽訂了條約，申請庇護遭拒者更容易被遣返。

| 2-2-3 |

這個年代的極右翼暴力事件，最具代表性的是發生於羅斯托克－利希滕哈根的暴力排外騷亂事件。[31]在德國政府消極應對下，該地的尋求庇護者中央接待處始終缺乏相應的措施，致使當年尋求庇護者——主要包含許多辛堤與羅姆人——處境艱難，在缺乏水源、遮蔽與食物的狀態下，僅能於庇護申請接待處外的空地就地野營。而此景象再度迴向施力，引發當地人的不安，使得已逐漸崛起的極右翼團夥有了大作文章的溫床。原先針對辛堤與羅姆人的敵意，最後演變為盲目的仇視，並將長年工作與居住於該處的越南裔移民也一併視作攻擊對象（Hasselmann, 2017）。同一年發生的事件還有薩克森豪森集中營紀念館遭縱火，其中一間展館因而焚毀。[32]而最惡名昭彰且至今未能徹底水落石出的極右翼團伙，要屬「NSU」（國家社會主義地下組織），他們於二〇〇〇年代初期犯下連環謀殺案，造成多人受傷，並有九名具移民背景者及一名警察身亡，受攻擊的對象多為小商販——因德國當時大多數移民難以與本地居民在職涯上均等競爭，因而多以小商販作為謀生途徑，比如經營小吃攤、花店、蔬果攤、鎖鋪等。[33]

## 困難的紀念

對於極右翼暴力受難者的紀念，在幾個不同的面向上遭遇困境。

首先，這些九〇年代以降的極右翼暴力事件受難者，因為邊緣的社會經濟地位，除了遭遇暴行，同時面臨多重的結構性歧視，使得他們的受害案件往往被消極處理，當中部分案件至今仍難有真相，而針對加害者的究責亦一再延宕。再者，許多地方的主管機關皆對這類暴力事件的紀念缺乏興趣。對地方主管機關而言，處理時間跨距較遠的納粹歷史或東德獨裁不義，因在今日已具有一定程度的社會共識，往往可以為該地帶來良好的聲譽；然而，若要著手紀念方在眼前發生的暴力事件，讓他們擔心只會為地方的形象和極右翼與暴力畫上等號。因此，最初對於極右翼暴力事件受難者的紀念，就像過去對納粹政權或者東德獨裁政權受難者的紀念一樣，都是從公民社會由下至上地發起。

較早期的案例發生在索林根，民眾先是即刻發動抗爭，隨後在官方的延宕下，主動進行紀念。一九九三年五月廿八日，位於北萊茵—西伐利亞邦的小城索林根，發生了一起縱火謀殺案，土耳其裔移民彥奇家族住所遭新納粹年輕成員縱火，造成五死十七人輕重傷（Schmidt, 2018）。隔日即刻有聚集於該處的反極右翼抗爭。雖然遺族得到設立紀念碑的承諾，市議會也做出相關決議，但是卻遲未有任何進展，至今，仍未有公設的紀念碑。官方延遲進度的同時，民間則積極行動，遇難者其中之一哈蒂切·彥奇就讀的學校以及在地的公民團體主動發起紀念工作，將紀念碑設於校地上，並於縱火事件發生滿一年時揭幕。[34]

這座紀念碑的外貌略顯樸拙，設計者薩賓娜·梅琛斯打造了一對金屬人物，他們看似正用力地拆毀一個鐵鑄的納粹ᛋᛋ字標誌——當時新納粹的象徵，底座上則嵌有一個又一個的金屬環。最初裝設的金屬環寫有五位受難者的姓名，這幾個環打造後由該城居民組成人鍊，將五個金屬環從受難者身亡的縱火地點，儀式性地送抵立碑處，再裝設上碑。往後，只要是有儀式性的活動以及紀念日時，負責照看此碑的學生會協助參加紀念活動的人，將他們的名字刻在新的金屬環上，並沿著紀念碑底座焊上去。[35]這些一圈接著一圈的環，象徵著無分你我、共同生活的願望——曾經受困於利希滕哈根暴亂事件當中的越南社工之名，也由同為移民的土裔參與紀念行動，以實際行動刻上名字支持。[36]直到今天，中間致力拆毀ᛋᛋ字的人以及

索林根青年福利工坊策畫設立、薩賓娜·梅琛斯設計的紀念碑，今日已被象徵受難者的銅色金屬環包圍。

⺌字，已幾乎被一圈又一圈的環掩蓋住。[37]

羅斯托克－利希滕哈根的居民，也有著相似的經驗。此處的紀念亦是由公民自主發起，他們於二〇一二年九月成立名為「紀念」的工作小組，捲動其他公民團體加入，如九二年排外暴亂事件後由越南裔成員為主成立的「奠紅」協會[38]。工作小組的成立，成為紀念受難者的契機，該城輿論逐步升溫，進而推動政府階層再次正視此事件。事實上，此前曾發生過三次紀念的嘗試，但都以失敗收場。第一次是事件發生不久後的九二年十月十九日，民間的猶太人團體「從法國被遣送的猶太人兒女」為聲援移民，於市政廳立了一塊紀念牌，卻在不久後被市府拆除；二〇一二年的排外暴亂廿周年紀念之際，納粹受難者聯合會重新複製了一塊紀念牌設於市政廳，而後卻遭新納粹分子盜走；同一年，市府以官方名義在當年事件發生地的「向日葵之屋」舉辦紀念活動，並種下橡樹，以資紀念，卻在不久後遭左翼團體鋸斷——只因橡樹在德國是帶有國族主義意味的象徵，並且納粹時期廣泛使用橡樹葉做為圖騰。[39]

二〇一五年，該地議會決議舉行藝術競圖，以「紀念與警醒羅斯托克－利希滕哈根 1992」（簡稱「紀念 1992」）為計畫名稱，募集到共八十九件作品提案。「紀念 1992」工作小組也在同時成立社會教育協會，並致力於蒐集彙整各種分散的文件、證言以及後果等，準備建立一處關於九二年排外暴動的檔案中心。[40]

選擇在二〇一五年推動這座紀念碑，並不是容易的決定。這一年夏天，正是歐洲的難民潮抵達高峰的時刻。據聯邦移民與難民局的統計數據，當年登記有案的尋求庇護者有八十九萬餘人，社會上瀰漫著不安的氣氛，原本屬性上偏向「疑歐派」[41]的德國另類選擇黨，也約莫於這時期開始快速地朝向仇外、歧視以及反伊斯蘭的路線，徹底右傾並主導該類言論至今。

這種狀況下，二〇一五年的德國似乎再次站在了一九九二年種族主義暴行的交叉口上。而此時，在地公民選擇豎立起紀念碑，或許也能成為對這一危機的宣言，表達以過去為鑑的決意。

經過兩年的競圖過程，藝術家團體「泡沫」提出〈昨日、今日、明日〉此一提案，團隊事先研究一九九二年的騷亂暴動後，決定以去中心的紀念碑形式，呈現「空缺」這一主題，內容共分作六個部分，各自對應與該事件有關的決定性要素。這項提案最終獲得首獎肯定，並在二〇一八年實現。若非以這樣多面向的紀念模式，一九九二年的事件之複雜與多樣，難以受到完整談論。

〈昨日、今日、明日〉第一部分「政治」位於市政廳前，白色大理石的基座上方有一塊下凹的臉，基座上還刻有像是引流槽的溝，彷彿提供了一個靜默致哀處（可彎腰鞠躬，以臉靠近凹槽），也像是呼籲當年消極處理的政治單位應為此道歉。第二部分「私刑」則立於事件原地，一塊自一九九二年時就已破損的地磚上，基座上的凹陷，約莫可擺放下一塊拳頭大小的破損地磚。當年的暴亂者破壞地磚、橇起碎片做為凶器投擲，此處不僅使人憶起當年的事態，同時也藉由破損的地表與基座上的碎磚，暗示了今日仍持續存在的極右翼威脅。第三部分「國家權力」則是立於當地警察局前，基座傾斜並刻上了當地關於公共安全與秩序的法條，直指當年警察體系的失能。

名為「媒體」的第四塊碑設於在地媒體《波羅的海報》建物前，以拼圖與字詞的組合，指涉當時媒體在報導上的選擇，或者曾經加深又或緩和了事態。[42]「社會」位於當地的「青年另類中心」，碑上有房屋形狀的鏤空，碑旁則撒滿了向日葵種子——於一九九二年暴動騷亂期間，這裡一度是反法西斯社運分子的集中地，他們在政府與警察體系失能之際，嘗試了多種行動，試圖對抗極右翼團夥，並救援房屋內受困者。最後一塊碑名為「共感」，設立於羅斯托克的市中心廣場處，碑體的形狀是兩人擁抱時的凹陷

空缺，目的是邀請民眾在此做出擁抱的動作，在此，擁抱不僅是溝通與交流的姿勢，同時也象徵和解。除此之外，這件紀念碑計畫還包括教育活動：藝術家製作了以該事件為內容的動物繪本，希望能藉這個媒材與年輕一代的住民談論極右翼、仇恨與共生的議題。[43]

藝術家團體「泡沫」製作的紀念碑〈昨日、今日、明日〉

Author : dpa / Source : dpa picture alliance, Alamy Stock Photo

Author : dpa / Source : dpa picture alliance, Alamy Stock Photo

第二部分「私刑」(Selbstjustiz)

Author : Schiwago / Source : Wikimedia Commons / CC BY-SA 3.0

第三部分「國家權力」(Staatsgewalt)

Courtesy of SCHAUM, 2017 / Source : Rathaus Rostock

第四部分「媒體」(Medien)

## 與難民一起的紀念碑

自九二年起的歐洲難民潮時期，歐盟自身築起堡壘、拒有需求者於門外的不人道舉措，也隨之見諸於世。

這個時期出現了一些帶有紀念性質，或者是以紀念碑為計畫對象的創作、更接近於藝術行動，意圖化解社會對難民的敵視、闡明難民之苦難或揭露結構性歧視。

來自伊斯坦堡的視覺藝術家巴努・傑內圖奧盧長期與非政府組織「跨文化行動聯合會」合作，將一九九三年起在歐洲邊境罹難者的姓名 —— 共三三二九三位 —— 張貼於公共空間，並以附刊的形式在各地的報紙上呈現。〈清單〉計畫自二〇〇七年起持續至今，已在包括柏林在內的十二個城市發表。[44]

這份名單是聯合會自一九九三年來累積的研究成果；二〇〇六年組織與傑內圖奧盧開始合作，規畫對公眾呈現名單。藝術家針對各城市空間，選用了不同的形式。以柏林為例，這份清單張貼於城市裡常見的圓柱型廣告架，這些位置原先用來張貼文化活動宣傳或政令廣告，故長年呈現色彩繽紛的圖樣。當廣告柱被藝術家覆以全柱白底黑字的清單文件後，原先的調性被扭轉，廣告柱變得更接近像是紀念碑或紀念柱一樣的物件 —— 實際上，該清單載有遇難日、地點、姓名、出身地及死因等資訊，並設於公共場所中尺度巨大、可見的物品之上，正符合一般對紀念碑的定義；差異僅在於，這裡紀念的對象與地點距離之遙，是柏林的日常難以觸及的歐洲邊界處。然而，一般傳統形式上的紀念碑會位於一塊特別分離於日常的場地

Author : Lutz Knospe

巴努・傑內圖奧盧與非政府組織「跨文化行動聯合會」合作的紀念計畫〈清單〉，於柏林街頭展出紀錄。

Author: Ruben Neugebauer / Courtesy of Zentrum für Politische Schönheit

（左）紀念柏林圍牆罹難者的〈白十字紀念碑〉。
（右）持〈白十字紀念碑〉於歐盟邊境梅利利亞（又
譯為白石角）的難民。此地位於西班牙的北非海外屬
地，其特殊地理位置使得該地成為非洲入歐最著名的
跳板。

之中，這些紀念柱卻是矗立在最人聲鼎沸的鬧市中，或者在最為平常的街
道與公寓旁。藉由彷若製作紀念碑的舉動，這些犧牲從離觀眾所在處最遠
的歐洲邊緣，被帶到了觀眾的身邊。

傑內圖奧盧提及，當與聯合會在不同地方展出這些名單時，經常被當地的
媒體視作突發新聞報導。但荒謬之處正在於，歐洲邊境的不人道是一件存
在已久的事實，卻總是被忽略不顧。對藝術家及聯合會而言，即使是對此
不關注的人，也都應該要「看見」這份清單，而他身為藝術家所能運作的
方式，就是藉由在不同地方展覽的機會、運用資源，讓這些罹難者名單有
更多機會被披露。

二〇一四年，正值柏林圍牆倒塌廿五周年紀念時，則有另一項與紀念碑及
難民都相關的行動。

| 1-2-1 |

十一月三日，一早八點半，巡邏政府機關區域的員警回報，設置於保羅·
洛貝大樓和國會大廈之間、紀念柏林圍牆罹難者〈白十字紀念碑〉處，原
先的十四枚十字碑不見蹤影，只留下空蕩蕩的底座。當晚，群眾募資網站
「Indiegogo」上，新出現一個引人注目的計畫——〈首次歐洲圍牆倒塌〉。
發起者希望募得至少五千九百歐元的車資，資助自願參與者旅行至保加利
亞的歐盟邊界，將所謂「歐洲的新鐵幕」推倒。

經詳閱說明並看完解說影片，觀眾方能恍然大悟，原來將白色十字「偷」
走的人就是發起群募的「政治美學中心」。募資的說明影片開頭，是他們
扮成維修人員、拆卸紀念碑的畫面。接著，畫面帶到白色的十字架，完好
無缺地裝設在滿布逆刺刀片的牆上——這是歐盟的邊界的牆。下一幕，數

Author : Patryk Witt / Source : Zentrum für Politische Schönheit

名在梅利利亞邊界等待渡歐機會的難民[45]，手持這些來自柏林的紀念碑。
再下一幕，旁白解釋道，現今每年有萬餘人次的難民，基於各種理由不得
不涉險越過這道邊界；同時，畫面上呈現難民嘗試攀過圍牆，受到邊界警
察暴力伺候的景象。他們是正在歐盟邊界被犧牲的人——就像白色十字架
紀念的柏林圍牆受難者們過去在兩德分斷時期所經歷的。過去東德的邊界
制度，並未真的隨著冷戰結束、東德獨裁政權瓦解而消失，也未因對這些
受難者的紀念而隱沒，因為今日歐盟的邊界上仍存在著眾多受迫害者——
柏林圍牆廿八年間的受難者人數，計約有二四五人之譜，而在歐盟邊界受
難的數字，早就必須以萬為單位來計算。

「政治美學中心」的目的，除了希望在柏林圍牆倒塌紀念日的這天，象徵
性地前往邊界，「推倒」歐盟邊界的牆，他們也希望這些白十字架紀念碑，
能夠維持其原初目的，使後來的人們真正對國家權力的暴力保持戒慎，並
不忘協助在類似狀況中的遭難者們——以今日來說，即是在歐洲邊界的難
民。

事實上，雖然政府機關以及部分社會保守勢力撻伐盜走紀念碑的行動，然
而真實的情況是，即使這十四個白色十字就位於總理府以及國會所在的政
府區，卻缺乏維護與照顧，早已破損不堪。是故，「政治美學中心」相當
堅持，它們並非「盜」走紀念碑，在行動完成之後「政治美學中心」歸還
的十字碑，也盡皆是修復如新的樣貌。

這項計畫,無疑是對於疆界、對於人權,或者對於紀念碑的本質思考的一記震撼。


## 紀念並非終結

對於二○○○年代初期「NSU」(國家社會主義地下組織受難者)的紀念,也終於在此案事隔多年再次重啟審理之後,逐漸受到關注,如卡塞爾在二○一二年、紐倫堡二○一三年三月、多特蒙德二○一三年七月或茨威考在二○一九年,皆設有實體的紀念碑。至於在科隆發生的 NSU 謀殺案,因背景脈絡而有不同的紀念形式。

二○○四年九月,科隆市中心的移民聚集地寇伊普街,遭 NSU 設置釘子炸彈,爆炸後四處飛濺的釘子傷及廿餘人,當中四人重傷,街道也嚴重受損。更糟的是,一直到二○一一年十一月 NSU 露出行蹤之前,警方的調查因為結構性歧視,始終針對移民社群內部,認為暴力事件僅是社群內部的互鬥,嫌疑犯來自移民社群。這使得移民社群之間的不信任被加深,更承受外部將移民與暴力連在一起的汙名。

出於這樣的背景脈絡,該地的居民則選擇了一個特殊的紀念形式。二○一六年,在地方居民與倡議協會的推動下,科隆市政府舉行了藝術競圖,藝術家伍爾夫・阿敏德以〈大家的廣場。寇伊普街邊的反種族主義警醒碑〉計畫受到居民及專家在內的審查委員團支持,從競圖中脫穎而出。阿敏德挑選了一處空地,製作長約廿六公尺、寬約六公尺的混凝土板覆蓋此空地,這一底座尺寸及其形狀,是複製自二○○四年遭炸彈攻擊的店鋪房屋地基[46]。這塊地板略有凹凸,在藝術家的規畫中既是一座極簡雕塑,也是一塊聚會場地;既可以當作滑板族發揮想像、遊戲其中的空間,卻也可以是肅穆的紀念地。

紀念碑的另一重要組成部分是虛擬的:藝術家視其為一「未來的共生之屋」,觀眾在此處只要啟動各種類型的行動載具(手機或平板)、連上該處提供的公共網路,一片片虛擬的牆壁將透過擴增實境技術,呈現於載具的螢幕中。每一片牆板都是一塊螢幕,當觀眾朝向特定的牆並點擊時,預先以程式設定好的影片便會開始播放,內容則有專家談論極右翼及移民議題,或者是在地的見證者說明其日常生活,談論對攻擊的恐懼等等,影片

內容更可以隨著時間或政治社會上的必要性隨時替換。[47]這些虛擬的內容全部集合在一起時，便將此處化為關於移民知識的學習場所——不只是移民議題的知識，亦包含出自於移民身上的智慧。紀念、社會與學習，這個街區的轉角廣場因此將成為一個三位一體的場所。

這些以移民（及其後裔）或難民為對象的紀念計畫，皆設立於晚近十年左右，多針對仍是進行式的極右翼暴力。他們大多具有同一個特質：這些碑無一是設立之後即靜止不動，並且常在多方的協力下，繼續創造出新的意義，連結了德國範圍內的各個種族主義暴行，甚至連結過去與現在的暴行。而出自布痕瓦爾德集中營倖存者所訴求的「永不再來」（Never Again）[48]，已不再是當今紀念工作強調的概念了；相對來說，二〇一八年在NSU審判再開的五周年之際，民間團體便發起了以「並非終結」（Kein Schlussstrich）為訴求的示威抗議[49]。在德語之中，「Kein Schlussstrich」（並非終結）的反義詞「Einen Schlussstrich ziehen」意味畫下一道休止符，也就是不再進行討論之意。而訴求真相與懲兇的民間倡議團體，並不希望只停留在自己的案子水落石出，又或者是僅有茨威考三名被判刑的成員[50]就代表NSU或極右翼的全貌。大家都相當明白，就算個案清楚了，但若未能徹查其背後複雜極右翼勢力網絡，那麼日後形式不同、但本質邏輯上雷同的暴行，將一再地出現。

也就是說，在紀念工作發展了這麼長的時間之後，今日從中得出的新理解是，若將紀念僅僅圈限於一個國族的範圍，或者是框限於單一的事件，意義並不大。「並非終結」這樣的訴求正是告訴我們，紀念的工作應當是不休止地動態持續著。「並非終結」也正好是當代徹底相對於「永不再來」的一種紀念範式，也是對於「超克過去」（隱含揮別過去、忘卻過往的意涵）的批判。

## 1990 年代以降至 2000 年代德國極右翼暴力事件節選

| 日期 | 地點 | 事件內容 |
|---|---|---|
| 1990.12 | 布蘭登堡邦，埃伯斯瓦爾德 | 出身安哥拉的阿瑪迪歐·安托尼奧遭十名極右翼分子毆打重傷、昏迷致死，為東西德統一後的新德國首名因極右翼暴力致死的受難者。 |
| 1991.09 | 薩克森邦，霍耶斯韋達 | 極右翼分子攻擊一處難民庇護居所，最終造成 32 人受傷。 |
| 1991.10 | 北萊茵－西伐利亞邦，欣克塞 | 尋求庇護者的住所遭燃燒瓶攻擊，導致 4 人受傷，當中 2 名女童嚴重燒傷。 |
| 1992.04 | 柏林邦，馬爾燦區 | 一名德國人民聯盟（極右翼政黨）的支持者持刀刺殺過去曾為東德客工的越南人阮文秀，導致重傷並於當夜死亡。 |
| 1992.07 | 巴登符騰堡邦，肯納 | 7 名極右翼分子闖入宿舍襲擊外籍工人，導致一死一重傷。 |
| 1992.08 | 梅克倫堡－西波美拉尼亞邦，羅斯托克－利希滕哈根 | 極右翼團夥聚集數百人發動數波打砸，並縱火焚燒尋求庇護者接待處及越南裔移民住所。政府的消極處理致使事態激化，是德國戰後最大規模的極右翼暴亂。 |
| 1992.11 | 什列斯維希－荷爾斯泰因邦，默爾恩 | 極右翼分子縱火焚燒土耳其裔移民住所，造成 3 死 9 傷。 |
| 1993.05 | 北萊茵—西伐利亞邦，索林根 | 土耳其裔移民彥奇家族住所遭新納粹成員縱火，造成 5 死 17 人輕重傷。 |
| 1994.05 | 薩克森—安哈特邦，馬格德堡 | 極右翼分子於市中心追襲外國人，並攻擊了有數名非裔人士躲藏的酒吧，造成多人受傷。 |
| 1999.02 | 布蘭登堡邦，古本 | 一群極右翼青年追襲一名阿爾及利亞人並致其死亡。 |
| 2000.09～2007.04 | 紐倫堡、漢堡、慕尼黑、羅斯托克、多特蒙德、科隆、卡塞爾、海爾布隆等地 | 「國家社會主義地下組織」連環謀殺案，共造成 9 名具移民背景者及一名警察身亡。其中 2004 年 6 月 9 日於科隆的的移民聚集地寇伊普街設置釘子炸彈，爆炸傷及 20 餘人，當中 4 人重傷。 |
| 2003～2004 | 布蘭登堡邦 | 名為「自由軍團夥伴團體」的極右翼團夥多次對亞裔或土耳其裔所經營的小吃攤進行縱火攻擊。 |

# 第二章

## 關於方法
## 紀念的動員、
## 普及與民主實踐

# 第一節

# 消費與公共間的
# 紀念難題

莫里斯·哈布瓦赫認為，人在社會化的過程當中才形成記憶。即使記憶的主體是個人，卻受到集體的影響、受制於外在的框架，個體的記憶在群體的互動關係之間受到形塑。若我們將時間線拉長到代際間的記憶傳承，便更仰賴這種超越個體時間尺度的力量。於是我們得以判斷，紀念工作是高度社會性的。當問題關乎群體時，「何種紀念方式和行為才合宜？」「誰能夠決定怎樣紀念？」這些倫理性的問題便也隨之而生。紀念工作普及、大眾化並逐漸整合至日常生活的過程中，如何能不失其民主與公共性，是當代紀念工作中的一大課題。

## 李麥克與柏林圍牆

一般而言，當我們談論到柏林圍牆倒塌、冷戰落幕這樣的事件，多半還是伴隨著肅穆、嚴正的感受。不過，若在德國詢問經歷過當時的人們關於那一刻的記憶，卻很意外地重疊了一個乍看之下完全無關，甚至還帶些芭樂、庸俗流行文化氣質的人──大衛·赫索霍夫。換個名字，或許讀者會比較熟悉：「霹靂遊俠李麥克」。台灣人所熟知的「霹靂遊俠李麥克」正是由大衛·赫索霍夫飾演。

德國人對於圍牆倒塌和赫索霍夫的這段記憶，還需要再補上一句歌詞：「我一直在尋找自由」（I've been looking for freedom）。〈尋找自由〉是一九八九當年西德最暢銷、最廣為傳唱的一首歌，[1] 當年的新年前夕，也就是十一月九日圍牆被推倒的數週後，赫索霍夫登上了雲梯車、被抬昇到布蘭登堡前的圍牆上面，對著下方萬頭鑽動的群眾唱出「我一直在尋找自

大衛‧赫索霍夫在圍牆被推倒後的 1989 年新年前夕，在布蘭登堡前的圍牆上高歌〈尋找自由〉。

Author : Wöstmann / Source : picture-alliance / dpa

由」的那刻，一段德國人集體「尋找自由」的片段，被深深銘刻進集體記憶裡。多年以來，許多人排排跨坐在圍牆上的畫面，在全世界的媒體上廣為人知（但其中有的錯將畫面誤植為十一月九日，有的畫面則正確註明出自於新年音樂會）。

自德國第二度開始反省不義，也就是反省東德政權的那刻起，當中便已帶有節慶的氣氛，媒體的傳播則為其效應加成。當年赫索霍夫獻唱的跨年音樂會，是由德國公視二台轉播，也是家家戶戶必定關注的節目之一，其效應甚至可說與發生在數週前以及數月前的真實政治事件——圍牆倒塌或東德各地的大規模遊行示威——不相上下。


## 紀念的慶典化

這樣應對不義歷史的態度，若將背景代換成二戰結束納粹政權初垮台之時，是難以想像的。扣除戰後初期一小段百花齊放的時間，直到一九七○年代對於納粹不義歷史的態度大幅翻轉前，大部分的紀念儀式或者是立碑工作，不僅在形式與意義上都有其矜持，且一般民眾亦較難以涉足。特別是在兩德分立的冷戰態勢下，要不就是以事件之悲愴強調自身曾奮力一

| 1-1-2 |

搏、對抗暴政，譬如西德的〈一九四四年七二〇謀刺案受難者紀念碑〉，要不便強化自身的受難者角色，譬如東德的拉文斯布呂克集中營紀念館的〈承擔者〉。這些皆不脫維護政權合法性、正當性的任務，其內容與傳遞之訊息的縫隙中，容不下一點任憑詮釋或者歡愉的成分，否則恐怕皆是對這些紀念活動之褻瀆。

| 1-3-1 |

| 1-3-2 |

一九八〇年代之後，紀念工作打開了一點可能性。八七年西德的柏林建城七五〇周年紀念活動，是一次大規模的演練：雖然整體活動是由上而下辦理，但政府當局釋放出資源與自由度，讓次級地方組織有機會在中樞紀念，或主活動的時間與地點之外，做出多元的表述。當時的紀念慶典上，也包括了對不義歷史的紀念，加以從民間而起的歷史考掘運動，紀念工作的形式與主導權開始鬆動。自此，城市的主管機關也理解到，如何將一座城市的歷史（無論是正面或不義的）作為資源，轉化為城市行銷的素材。政府當局藉此將意識形態滲透至民眾生活中的一部分，並最大程度地創造了使各類型的民間組織主動贊同其政策並協力的條件，歷史詮釋就此逐步地進入穩定的狀態。這些活動一方面是連結歷史記憶的媒介，既聚集共同體的認同也強化集體記憶，另一方面也意味著，對於紀念工作的批判或進一步的革新，必須在國家權力和民間社會的繁複權力關係之間展開。

柏林城成為執行這種策略的翹楚，每當整數的紀念年分到來，必有大規模的紀念活動於布蘭登堡門前舉行。二〇〇六年，柏林市成立「柏林文化企劃公司（下稱「柏林文化企劃」）」[2]，由市政府提供基本營運資金，主責官方大型活動的規畫，而各類紀念儀式也是其業務的一環。三年後，他們便辦出一場令眾人印象深刻的紀念活動，名為「自由慶典」。圍牆倒塌廿年紀念日時，「柏林文化企劃」與勞勃·哈費曼協會[3]合作，以圍牆為設計概念，在當年示威群眾聚集的亞歷山大廣場上排出一段段的圍牆，上面展出關於當年東德人民「和平革命」的各種歷史資料。文化企劃公司視這場展出為一座「臨時的統一紀念碑」。[4]

當年活動的最高潮是在十一月九日當晚，一千塊由發泡合成材料製成的「圍牆骨牌」，由事先分配好的藝術家、組織、政治人物、歷史見證者或者是柏林各級學校的班級繪製，並預先擺設在布蘭登堡門為中心、總長約一·五公里的舊圍牆路徑。在眾人的倒數、歡呼和煙花之中，第一塊圍牆被推倒，然後產生骨牌效應，柏林圍牆再次象徵性地倒塌。雖然每人／組一塊的分配創造了齊頭的民主形式，但這樣的象徵卻實則與歷史事件沒有

Courtesy of Kulturprojekte Berlin

Courtesy of Kulturprojekte Berlin

（左）亞歷山大廣場上關於當年東德人民
《和平革命》的歷史資料展。

（右）2009年的「自由慶典」當夜推倒圍
牆骨牌瞬間。

直接的關聯，因為圍牆既非物理性的「倒塌」，當時對東德政權的示威亦
非均質的分配抽樣，而是誕生自一批具有勇氣的市民，他們即便不久前才
看見六四天安門事件，仍願以肉身衝撞——更別說東德的人民當中尚有相
當比例的自願及非自願線人。另外，推牆行動雖然引入了藝術創作的要
素，但繪製的圖面卻是準備被推倒的、即將被其他骨牌擋住的牆面，即便
每個單位都有想表達的內容，但側面露出的各組織及贊助者標誌卻更為搶
鏡，霎時，一千塊圍牆板變相成為廣告區。

二〇一四年的廿五周年紀念，奇觀繼續擴大。五年前僅延伸了一・五公里
的象徵性圍牆，這次則擴大至原本橫亙市中心的圍牆，總長約十五・三公
里的路徑上，擺設有藝術家克里斯多弗與馬克・包德設計的八千餘只發光
氣球底座。當晚時間一到，由氣球底座的認養者扳下開關，發光的氣球即
脫離底座飄走，正如同邊界的消失。雖然「柏林文化企劃公司」這次的紀
念活動規畫，在藝術策略或參與者的規模上，都讓視覺效果更進一層，但
是紀念物件與其指涉物之間的關係則更加模糊了。一般而論，我們會將發
光之物視為希望之象徵，這次的發光氣球卻成為圍牆的譬喻。柏林圍牆，
以及由柏林圍牆的形象所衍生的物件，至此已不再是血腥、冷酷或暴虐的
同義詞，而是大家趨之若鶩的蒐藏品。

## 消費不義歷史

據學者羅尼・海登萊希的研究發現，在圍牆倒塌的隔日，東德政權方面就
已收到報價，表示願意用外匯購買東德政權不需要的圍牆段。東德外貿部

2009 年洛杉磯文德博物館以紀念冷戰結束 20 周年的名義，於威爾夏大道上一幢大樓外安裝了 10 個柏林圍牆段，並由藝術家重新繪製 5 個牆體，其中包括諾爾的標誌性塗鴉。此裝置大約花費了該館創辦者之一的查士汀尼恩‧簡姆波爾約 50 萬美元。

長研究後發現，這些圍牆確實身價不斐，便拆卸了最有價值的一些段落變賣，如帶有哈林或諾爾塗鴉的牆段。一夜之間，柏林圍牆使用價值消失，交換價值卻迅速水漲船高。《南德日報》在報導上諷刺道，原本這些保護東德公民免受邪惡資本主義侵害的「反法西斯防禦牆」，馬上變成了資本主義投機的對象，當中絕大多數被運往美國，也就是冷戰中獲勝的一方。[5]

一批批紀念物因而為了獲利而被「創造」出來，包括委請藝術家「後製」牆面上的塗鴉創作。學者里歐‧施密特曾指出，民眾敲碎圍牆，或者攜帶碎片回家的行為，帶有庶民節慶的意味，就像是在打敗怪獸之後接著一起肢解它並慶祝勝利（Schmidt, 2009: 175）。這種帶一部分圍牆回家的行為，就好比擁有一塊戰利品，而此戰利品是「自由」戰勝「獨裁」、「資本主義」擊敗「共產主義」的象徵。如果你是消費不起整座圍牆的一般人，可以試著購買圍牆段的碎片——即便大部分都是贋品。這些碎片有些單賣，也有些被附在明信片上或是隨報紙贈送。而一旦商品化的門一打開，品項便也開始多面向地發展起來。

過去屬於不義體制的一部份物質，進入一般人的生活之中，成為擺飾器物般的存在，這種效應也擴延到紀念碑上，並且好發於最受人關注的幾座紀念碑上，特別是〈歐洲被害猶太人紀念碑〉的周邊商品。

但是發生在紀念碑及其周邊隨附場域的，除了商品化事例，更多是隨著觀光而衍生的占有，而占有的方式則是透過影像，在各種社群平台上，攝製於〈歐洲被害猶太人紀念碑〉的影像每天都以驚人的數量增長。當今許多

Author：鄭安齊

Author：鄭安齊

紀念碑的形式及概念，已與過去有很大的差異──它們打破階層、走下台座，並且以可親的距離與民眾接觸。這些紀念物因而未必被以崇敬的方式掠入影像之中，民眾與它們的互動之間，存有著諸多衛道主義者與受難者遺族所無法接受的舉動，並進而引發與這類行為對抗的計畫，譬如藝術家沙哈克‧夏皮拉的〈Yolocaust〉。

〈Yolocaust〉的計畫名稱來自於「你只活一次」（Yolo – You Only Live Once）及帶有指涉「大屠殺」之意的「Holocaust」的結合。之所以採用「你只活一次」作為作品名稱的前綴，是因為此詞在先前一段時間廣受青少年族群熱愛，但在其他族群眼中卻是代表「中二」和「愚蠢」──而這種狀態用來描述於紀念碑間的自拍者似乎相當貼切。夏皮拉將社群網站上在〈歐洲被害猶太人紀念碑〉的自拍照與集中營內的景象合成在一起，意在藉此諷刺在紀念場所歡欣嬉鬧的不適切。當中幾幅特別引人注意的照片，譬如以「在死去的猶太人身上跳躍」、「日耳曼黑幫」為標題的照片[6]，在國際各大媒體間廣傳。最後在原照片主人皆聯絡夏皮拉，希望他撤下合成照後，十二幅合成作品皆已不存在原始網站上。[7]

不過，這些計畫雖能激起討論，但總還是抵不過觀光的浪潮。

## 紀念碑與訪客之間

即便有各類具批判性的計畫，觀光的浪潮仍然繼續。關於柏林甚至德國的旅遊手冊，又或是今日較為風行的旅遊部落格上，總少不了將〈歐洲被害

各種附有柏林圍牆段碎片的明信片。

猶太人紀念碑〉、東邊藝廊以及查理檢查哨這幾處列為必訪地點的介紹。扣除疫情的影響不計，二〇一九年時〈歐洲被害猶太人紀念碑〉的地下展覽空間，參觀人數甚至達到開放以來的新紀錄（四十八萬人）[8]，更遑論地上碑群的訪客原就數倍於參觀展示者。

歷史學者塞巴斯提安・珥侯茲認為，隨著歷史的商業化生產，公共紀念也成為一種娛樂商品。他提到，這使紀念物逐漸朝向互動式的、體驗式的趨勢得以理解，並且解釋了現今人們對紀念碑的解讀（Huhnholz, 2018: 459）。譬如即將設置於柏林市中心、過去曾是〈德皇威廉一世紀念碑〉舊址的〈統一紀念碑〉，就因為其擺動的設計被譏為「統一翹翹板」。

針對這種使用者與紀念碑之間的緊張關係，《明鏡週刊》早在二〇〇五年〈歐洲被害猶太人紀念碑〉初落成時，就對建築師艾森曼提出過挑釁式的問題：

> 大概過不了多久，紀念碑上面就會出現納粹卐字塗鴉？（Hawley & Tenberg, 2005）

對此，艾森曼持極度開放的態度，近似於一般建築委託案件之中，建築師與案主關係的延伸。他認為，紀念碑群所在處並非神聖之地，而一旦計畫完成轉交給委託者（公眾），那麼委託者便可在此空間內進行所有他想做的事。艾森曼甚至反對為紀念碑體做防塗鴉的塗層保護，又或者想像此地會是諜報槍戰片的最佳拍攝場地等。即便在多年後面對〈Yolocaust〉與自拍群眾間的矛盾，艾森曼依舊不改其態度，堅持民眾有權在那做任何他們想做的事情，他甚至認為，紀念碑所在之處畢竟並非死亡現場，[9]所以〈Yolocaust〉合成集中營的屍骸照用以批判自拍者，是種過度的舉措（Gunter, 2017）。

對於歐洲被害猶太人紀念碑基金會副執行長烏里希・鮑曼[10]而言，雖然基金會亦不認為在社群媒體上這些行為全然是負面的，但是態度也不若艾森曼那樣開放，當紀念碑的內容或空間被濫用時，他們便會出面制止。然而，該空間仍屬開放空間，實際做法是得編制人力，試圖與在紀念碑空間內進行特定活動者（譬如時尚攝影、野餐、捉迷藏或製造噪音等）對話溝通，進行軟性規勸，基金會也為這些人員準備了相應的培訓及研討課程，以便對應現場各種狀況，譬如遭遇右翼極端分子挑釁時所應採取的對話策略

等。而對於觀光的風潮，鮑曼則自陳，其實基金會也會投放旅遊廣告，並認為這可能也是一種機會，但如何藉著這些機會傳遞更深入的教育性內容，在執行上確實有其困難度。扣除明確的激進侵犯，紀念物的設計者與經營紀念地的專業執行者之間，對於紀念碑是否不可侵犯，在此尚難定下明確的共識及結論。

## 反朝聖

以〈歐洲被害猶太人紀念碑〉的當代困境為例，當基金會本身正面對觀光行銷與紀念工作上的平衡難處時，柏林當局則是持續地貫徹以紀念作為城市行銷的政策。近十年內，每年幾乎皆有大規模的周年紀念主題與相關慶典，有時甚至還出現兩個。再加上聯邦以及各地方政府等不同層級原先即每年辦理的特定紀念日，各處的紀念碑皆須面對紀念的節慶式通貨膨脹。

於是，在紀念工作推展之際，附帶的作用卻是紀念物變成了一種私有化的慾望對象。綜上述之案例，這些私有化約莫可分為兩種方式：其一是成為勝利的證明、一種戰利品般的存在，擁有的方法是購買；另外一種則是觀光產業的衍生，證明曾經的造訪，為一段經歷作見證，如同朝聖，而此擁有的方法則是擷取影像。

部分紀念碑／物進入這套邏輯之中，取得大量關注，其中最甚者莫過於查理檢查哨——因其整座紀念物適於影像化，成為便於服膺觀眾想像的樣貌。

柏林圍牆倒塌後，哨站和圍牆一樣，一度被視作欲除之而後快的目標。而後，希爾德布蘭夫婦於二〇〇〇年重新打造的哨站卻不是圍牆倒前的版本，而是六〇年代圍牆初立時的縮小版本。追根究柢，它既非冷戰時期哨站設施的嚴謹重現，也未藉其設置呈現懷舊以外的內容；連同〈燈箱〉士兵肖像作品，兩者共同搭起了最符合遊客需求的「記憶得來速」。[11]

| 1-4-2 |

重製版的哨站前，一直以來都吆喝著扮裝士兵、吸引遊客合照，收費並為遊客蓋上通關護照章。這是拍照場景所衍生的周邊產業。根據警方及秩序局調查，這些街頭藝人日收甚至可達五千歐元。扮演士兵並簽發通關章的表演興起於二〇〇三年左右，起初是「舞蹈工廠」團體所經營，名義上他

在腓特烈斯海因－十字山區政府明令禁止
扮演士兵之前，遊客於 2019 年 7 月造訪該
地的查理檢查哨留下的合影。

們收取的是遊客的「捐贈」以規避公共街道營利的相關規範，其表演內容實際上卻不經考據、混淆歷史而飽受批評。此外士兵起初扮演東德的邊境警察，卻受到「未顧及受難者遺族感受」的抗議，改著美軍軍服。對他們來說，歷史的考究並非要點，因此「再現」的更動便不是問題。位於米特區的布蘭登堡門，過去也曾有這類街頭藝人，但該區早已於二〇一四年禁止這類表演。二〇一九年八月起，柏林市腓特烈斯海因－十字山區政府才終於明令禁止在該處扮演士兵。

此處形成的關注，卻仍多由希爾德布蘭夫婦私人運營的圍牆博物館所收割。〈歐洲被害猶太人紀念碑〉的地下展室參觀人數，如前述於二〇一九年達到新高的四十八萬人次，而圍牆博物館的參觀人次則更早於二〇一八年時即突破八十五萬（Schulz & Katholische Schule Liebfrauen, 2018）。獲取關注與收益的額外效果，便是使這些參觀者接受了博物館及其周邊團體單方面對歷史的詮釋及改動為「真實」。

另外有一項與紀念相關，且約莫與查理檢查哨站重製同時發生的計畫，卻洞察了紀念碑／物真正的矛盾之所在——既想吸引關注，卻又擔心意義遭到稀釋的糾結；紀念碑／物的日常化與世俗化，則在這計畫中被推至極致。這項計畫名為〈白色 104〉，由藝術家維克多・克雷格利和菲洛梅諾・富斯科共同製作。

自二〇〇〇年的九月一日至十月三日，兩位藝術家將他們口中所稱的「臨時國家紀念碑」設置於前東德的共和國宮前方，也就是過去德皇威廉一世紀念碑基座處[12]。從〈白色 104〉的設置日期開始，就已隱含了藝術家細緻的設定——九月一日是一八七〇年普法戰爭中，普魯士於色當會戰擊敗法國、奠定統一基礎的日子（也因此才有後來〈德皇紀念碑〉的設立），至於十月三日則是兩德統一之後的新國慶日。開始與結束的日子，各是過去與現在的國家神話（Wiehler, 2000）。

過去位於此基座上的紀念碑，是用來彰顯德意志帝國的國家統一、頌揚專制君主的貢獻。東德政府成立之後，先是拆除這座與其意識形態全然不符的紀念物，而原本預計要於此地設置的反法西斯紀念碑，後來以其他地點的方案替代，於是該基座一直保留空缺，也因此提供了〈白色 104〉一處設置紀念碑的臨時基地。

Author: Paul Tomlins / Source : Alamy Stock Photo　Courtesy of Victor Kégli

這座臨時紀念碑的本體，其實是總計一〇四部的滾筒式洗衣機。展出期間，所有人都可以攜帶自己的衣物來到此處使用洗衣機，現場甚至設有晾衣繩，供使用者晾乾衣物。於是，在城市的中心部分，本應設有重要建物或者紀念物、最大程度彰顯象徵性意義的位置，卻以自家後院的樣貌、意義模糊交雜且難以統合為單一符號的方式，長出了一幅日常風景。將洗衣機做為紀念碑的譬喻，其功能不外乎「清洗與消除」：統治者總希望對外的形貌是「單純且潔淨的」。藝術家利用了這項譬喻以及過去傳達國族神話的地點與日期，紀念碑的內容卻被置換成物理意義上的「清洗」，徹底地成為最平庸的行徑，從而拒絕於此地點再度附加帶有國族意義或者各種崇高、神聖的象徵。

不像〈歐洲被害猶太人紀念碑〉那些在計畫本體外偶然衍生的自拍事件，〈白色 104〉有意識地將日常的生活引入紀念碑計畫中，以此解構過去僅被掌權者獨占的歷史性空間與時間，讓過去受到意義壟斷的地點，重新開放予民眾。這件臨時性紀念碑計畫，自始即主動從形式上消除自身的神聖性，使得民眾不管在此聽音樂、閱讀、打鬧甚至自拍，也無害於紀念碑的意義，因為此處早已無「聖」可朝；藉著民眾日常行為改寫場所與日期的性質，也是對於所有大張旗鼓的節慶式紀念的反動，反對節慶當天例外性的關注。正如圍牆並非只在倒塌那一刻前橫亙在東西柏林之間，而是每日每刻綿長的壓迫，其苦難無法僅具現化在慶典中短暫之一瞬。

## 在民主與私有之間

在紀念工作中，每個人都有詮釋的權利，且不存在一個絕對正確的版本。

而在紀念碑／物的領域也是一樣的，不僅是設置的過程應予民主化，即使設置完成之後，也應開放詮釋與使用。門一旦被打開，往後便是意義鬥爭的時代，隨著社會、政經背景之轉變，對於不義的紀念也勢必再度調整，透過一次次的論辯，對歷史進行再一次的評價，甚至是將碑推倒或補述，都是可能的。若要想著一旦設置完成，便能透過規約來長期維護、固著紀念的意義，絕對是民主的怠惰。

同時，紀念的公共化亦是必要的。立碑這項工作根基於歷史考證，但紀念碑／物並非歷史本身的再現（何況歷史書寫自身亦即是建構），而是一個全新的符號。即使承載著一定的訊息量，但內部的意義還有待各種不同的實踐來填補、累積，甚至是被更新。對於未能見證歷史事件，或者未能親身聽取見證者證言的世代來說，維持紀念工作與他們（也就是當今的社會群體）的聯繫，是相當必要的，也唯有如此，才能夠使過去的不義不至於變成靜態的典藏品，而人們卻對當下身處政經情勢中的不義無感。

紀念的公共化和空間的民主化卻不等同於消費，無論是物件的擁有或者是影像的擷取。消費是單向的意義提供與接收，然而為了對抗淺薄、促成對暴政的思考與反省，設置紀念物過程中不厭其煩的對話與教育活動，是十分重要的。多方的徵詢、報告與分權，這些事務的實行除了能夠給予多方群體尊重，也可以藉此使每個人可以找到不同的切入點，與紀念碑建立多樣且積極主動的關係。專職從事紀念碑／物設計的赫嘉·李瑟（〈柏林圍牆歷史道標〉設計者）就表示[13]，許多紀念碑／牌在申請設立的時候，便必須知道維護者將由那些群體擔當，而除了維護工作以外，更常有社區內的學校班級，自設碑之始便密切合作。比方在奎佐街為了紀念自莫阿比特區貨運車站被遣送至集中營的猶太人立碑處，正位於學校對面，李瑟即長年與該校特定年級的歷史課程合作，學生不僅須負起維護的責任，課程內容也與該碑相結合。不過這也意味著，記憶政治的工作和論辯，將隨之延伸至教育、日常等不同場域之中，不再容有可自外於繁複的記憶政治之處。

倘若各處的人們，都與紀念碑／物存在著這樣的連結，與紀念碑的關係將不會是戲謔、消費或特定日期下的特殊狀態，但也不必然是基於強制性的規範與距離所帶來的尊崇，而是真誠地面對有依據、可採信的資料或證言，並發揮藝術與文化的轉化能力，將紀念置放於日常生活實踐的一環。

# 第二節

# 紀念碑的設置程序

在綿長的藝術史之中，「委託製作的藝術」這種類型幾乎占去了絕大多數的篇幅，反倒是「自主性的藝術」是在現代時期才後起的範疇。而當我們談論紀念碑／物的設置時，必不能忽略它是委託製作的創作，其過程當中亦存在各式的程序與規章。

德國紀念碑／物的設置，多是依循《公共藝術條例》的框架而行。加以德國在文化政策上採邦聯主義，亦即文化事務為地方事務，故相關的規定也因各地而有些微的差異，以下呈現的圖示，將是大原則下基本的狀況。另外值得一提的是，一九七〇年代之前，因為公共藝術設置的經費提撥來自於公共建設，部分地方政府的公共藝術設置尚屬建築管理或城市空間規畫等部門所管轄。往後才逐步因為改革，轉移至文化事務部門之下。

一九五〇至六〇年代左右的公共藝術競圖、審核的規定相對封閉，獲得委託的通常是一小群為建築師和建築事務官員所認識和熟悉的知名藝術家，當中不僅少有女性，圈外或者是生涯剛起步的年輕藝術家也相對沒機會。在製作上，藝術也更從屬於建築，必須遵從建築師及主管官員方面的意見，使其創作與建物保持和諧及一致性（Endlich, 2017: 9）。六〇年代末起包括藝文等各領域對民主化的要求，以及一九七一年於法蘭克福保羅教堂舉行的藝術家大會，將公共藝術的提案、製作過程以及競圖規章的改革等等提上議程，其中的訴求包括使藝術家的製作得以獨立於建築、改良競圖規章以及由委託人、藝術專業者以及民眾代表三方共同對提案進行評選等等（Bildungswerk des BBK Berlin, 1980: 280），公共藝術的製作脫離從屬於建築或公共設施的狀態，也就給予了這些計畫帶有更多內容敘事的機會，[14]並逐步能夠將更為當代的藝術語彙引入至計畫中。

這些在公共藝術範疇內的變化，都創造了更適於帶有紀念性質的計畫實施的條件。而柏林市設置於藝術家職業工會下之公共藝術辦公室以及專員，也是前述背景脈絡下之產物。這個單位長久以來提供專業的諮詢與協助，伴隨著無數公

共藝術——當中包括了許多紀念碑／物計畫——的設置至今。

接下來透過圖表，我們將以德國紀念碑設置的程序為例，理解在每個環節當中運作的方式，以及涉及其中與從旁側協助的各方角色。

競圖過程中最主要的差異，即是邀請制或開放制競圖，以及「藝術」及「設計」競圖（有時甚至有混合式的「藝術＋設計」競圖）排列組合之差異。選擇哪種競圖方式端看該計畫發起時的任務設定及外在條件，舉例來說，二〇一六年十二月十九日位於布賴特沙伊德廣場（旁為威廉皇帝紀念教堂）聖誕市集，發生卡車衝撞的恐怖攻擊事件，隨後決議立碑紀念時，就刻意地不採用藝術競圖。一方面因為此事件涉及敏感的族群議題以及重大死傷，相對上來說需要形式上較為收斂的計畫；另一方面，官方有於周年紀念時揭幕的時間要求以及經費上的限制，故最終決定採以邀請景觀設計師與建築師的非公開設計競圖。

整個評選中相當重要卻不易受注意的關鍵，是協調員／預審員的角色。預審員負責消化、理解作品構想後，代藝術家於評委前進行匿名的介紹呈現，同時預審者亦先行對計畫進行分析，可以在徵件數量眾多時，為評審委員分攤繁複的工作。過去亦曾經有過由藝術家自行呈現作品的方式，其優點在於即刻的提問與回答，且藝術家是最為理解作品內容者；缺點則在於，由藝術家呈現時，其表達能力也成為左右競圖成敗之因素，但是言語表達能力卻與紀念碑／物設置計畫無高度相關。預審者則相對能夠以客觀的方式呈現，且因匿名呈現，排除了評審委員先入為主對提案作品判斷的可能性。

即便已有層層互相制衡的設計，歷史上依舊發生過數度官方直接介入、無視評審委員會建議以及授獎順序，將計畫直接委由屬意的藝術家或者團隊執行的事件，譬如時任總理的柯爾介入新崗哨的雕塑作品設置；另外亦曾有過疲憊於漫長的競圖爭議，故直接委託官方及民間倡議團體皆能夠接受的人選來執行，例子是〈納粹時期歐洲受迫害辛堤與羅姆人紀念碑〉與藝術家丹尼·卡拉凡。然而此案並未因為跳過競圖程序而加速立碑，藝術家與執行的市府工程單位在施作環節上，以及對於碑文的輿論爭議，依舊使得此案自發起至揭幕，共歷經了廿年的歲月。這足以顯示，充分的共識並不會因為跳過程序而加速形成，反倒是公開透明的評選框架，更能有助於公共討論的發生，讓民眾在最大範圍下以積極介入的生產者角色參與到設置工作之中，方能於過程中認識到各方的歧見，找到不同階層、不同群體與利益者間彼此共通的、認可的價值，實現紀念工作之中的民主。

公眾輿論／行動／運動
Author : Claudia Quaukies / Courtesy of Berliner Geschichtswerkstatt

舊型態的碑／負面遺產
Author : Jürgen Henschel / Courtesy of: Aktives Museum Faschismus und Widerstand in Berlin e.V., Archiv

# 前置

**公共輿論**  ................................................ 影響／形塑 ▶

**民間團體**  ................................................ 推動／影響 ▶

1. 其推動工作可能持續數年，通常是漫長的過程。

2. 往往是一座紀念碑最早的起始點，也是設立的關鍵。

3. 成案後持續對委託方產生影響。

**負責的相關政府部門機關**  ................................ 執行／資助 ▶

1. 通常也直接是後續的委託者。

2. 在德國執行層級因文化事務的架構，分為聯邦或地方層級，其規則、法源依據略有不同，也必須通過各自的國會／議會決議並受監督。而在地方層級也可能有來自不同的預算項目。

3. 例外：唯一一個聯邦級紀念碑設置但卻未通過國會決議的，便是由新崗哨在統一之後，由總理柯爾擅做決定改建完成的〈德意志聯邦共和國戰爭與暴政犧牲／受難者中樞紀念館〉。